부의 기회,
ESG에
투자하라

부의 기회, ESG에 투자하라

초판 1쇄 발행 2021년 10월 23일

지은이 인해욱
펴낸곳 (주)이레미디어
전화 031-908-8516(편집부), 031-919-8511(주문 및 관리) | **팩스** 0303-0515-8907
주소 경기도 파주시 회동길 219, 사무동 4층
홈페이지 www.iremedia.co.kr | **이메일** mango@mangou.co.kr
등록 제396-2004-35호

편집 허지혜, 심미정, 정슬기 | **표지디자인** 유어텍스트 | **본문디자인** 늦봄
마케팅 최민용, 박주현
재무총괄 이종미 | **경영지원** 김지선

ISBN 979-11-91328-35-6 (03320)

- 가격은 뒤표지에 있습니다.
- 잘못된 책은 구입하신 서점에서 교환해드립니다.
- 이 책은 투자 참고용이며, 투자 손실에 대해서는 법적 책임을 지지 않습니다.

당신의 소중한 원고를 기다립니다. mango@mangou.co.kr

자본주의 대전환 시대, 새로운 투자를 말한다!

부의 기회, ESG에 투자하라

Environment
Social
Governance

인해욱 지음

이레미디어

"위대함은 과연 어디서 오는가? 어떤 사람이 위대한가? 사람들은 어째서 그를 위대하다고 하는가? 무엇이 그를 위대하게 보이게 하는가? 그것은 자기 자신에 대한 성실함을 그가 일생 변함없이 보여주었기 때문이다. 그것이 그를 위대하게 만들었으며, 위대하게 보이게 하는 것이다."

_ 프리드리히 니체 Friedrich Nietzsche

코로나19 시대를 이해하고 살아가는 길!

느닷없이 연락을 받았습니다. 인해욱 교수님께서 은퇴하시고 그동안 미뤄두었던 책을 내신다고. 나는 천주교 신부라 주식도 안 하고 투자도 안 합니다. 아니, 천주교 신부는 법적으로 못 합니다. 전문가도 아닌데 세계적 권위를 가진 인해욱 교수님의 책《부의 기회, ESG에 투자하라》추천사를 부탁 받은 사실이 약간 어리둥절했습니다.

아무것도 모르는 내가 선뜻 추천사를 써주겠다고 약속한 이유는 이 책의 저자인 인 교수님이 좋은 사람이기 때문입니다. 해외 순회 강연을 다니다 보면 참 좋은 사람을 만나는 경우가 종종 있습니다. 인 교수님은 바로 그 '참 좋은 사람'이었습니다.

강연한다고 전 세계를 떠돌아다니는 나그네 황창연에게 꿀맛 같은 휴식을 제공해주고 맛난 음식을 마련해준 인 교수님과 아내 이영숙 님께 항상 감사합니다. 멜버른의 교수님 댁에서 먹은 양고기는 10년이 훨씬 지났는데도 언뜻언뜻 생각날 정도입니다. 기나긴 여행에 지쳤다고 유칼립투스 향으로 거칠어진 내 발을 씻어주었던 추억도 새록새록 솟아납니다. 손님을 잘 대접하면 언제가 그 공이 나에게 돌아온다는 이야기가 있듯 이번에는 내 차례인 듯합니다.

마음이 따뜻한 사람이 썼으니 이 책은 분명 뜨근뜨근할 겁니다. 미리 원고를 보내주어서 읽어보았습니다. 이 시대에 참으로 필요한 내용이 많이 들어 있다는 생각을 했습니다. 이 책은 돈에 눈이 멀어 깜깜한 어둠 속에서 황당한 투자를 하는 분들에게 한 줄기 빛이 되어줄 것입니다.

원고를 읽다 보니 돈을 벌기 위한 투자 방법을 말하고자 한 책이 아니었습니다. 코로나19 시대를 이해하고 살아가는 길을 제시하였습니다.

나 역시 국산 콩 살리기 차원에서 장류를 만들어 파는데, 연간 150억 원의 매출을 올리는 착한 기업 CEO입니다. 사원이 60명 있는데 평균 연령이 32세입니다. 나처럼 사업체를 운영하는 사람이라면 꼭 읽어야 할 책입니다. 특별히 환경 문제를 어떻게 풀어 나가야 하는지 명확한 길을 제시했습니다. 전환점을 찾지 못하는 지구 온난화 문제도 제가 이제까지 보아온 어떤 책보다도 속시원하게 해결책을 제시했습니다. 이 책을 통해 환경도 살리고 사회도 살리는 해법을 찾길 바랍니다. 21세기 4차 산업혁명 시대를 살아가면서 지녀야 할 덕목을 조목조목 분석했고, 설명까지 친절하게 곁들여 놓았습니다.

평생 연구를 담아내시느라 애쓴 인해욱 교수님에게 깊은 존경과 박수갈채를 보냅니다. 수고 많이 하셨습니다.

성 필립보 생태마을 원장
황창연 베네딕도 신부

Chapter 1.
투자에 대한 새로운 시각, ESG

01. ESG란 무엇인가?　　　　　　　　　　　　　　　　　　036

02. 왜 ESG 투자를 해야 하는가?　　　　　　　　　　　　　045

03. EGS 투자의 성장 요인은 무엇인가?　　　　　　　　　068

Chapter 4.
기후 위기에 주목하는 ESG ETF

Chapter 5.
기업의 사회적 책임과
지속가능성을 강조하는 ESG ETF

Chapter 6.
ESG 혁신 : 위대한 밥상에 차려진 ARK 메뉴

Chapter 7.
위대한 투자의 철학과 원칙

부의 대전환 시대,
이제 ESG ETF에 집중하라!

코로나로 얼어붙은 시장, 개인·ESG로 일어서다

코로나19 팬데믹의 영향으로 2020년 전 세계는 그야말로 얼어붙었습니다. 상점과 학교는 문을 닫았고 거리도 텅 비었으며 도시는 봉쇄됐습니다. 주식시장도 폭탄을 맞기는 마찬가지였습니다. 기관과 외국인이 앞다퉈 매도 물량을 쏟아내며 국내 주식시장은 한순간에 무너져내렸습니다.

공포와 경악의 순간에 개인투자자들이 발 빠르게 움직이기 시작했습니다. 과거처럼 무작정 소문을 따르거나 외국인의 뒤를 밟는 것이 아니라 펀터멘털이 탄탄한 대형주 중심의 매수에 나섰습니다. 그 대표적인 종목이 삼성전자로, 이 같은 개미들의 행보에 언론은 '동학개미'라는 이름을 붙이며 이들을 주시하기 시작했습니다.

이후 개인들은 대형주 위주의 조심스러운 행보에서 벗어나 코로나19 관련주에 눈을 돌려 비대면 종목, 2차전지 관련주, 바이오 종목 등 다양한 투자 대상에 관심을 보이기 시작했습니다. 이런 분위기가 일시의 유행이 아니라 새로운 투자 흐름으로 자리 잡으면서 대외변수가 다소 불안해지더라도 개인투자자들을 중심으로 국내 주식시장은 탄탄한 모습을 보이고 있습니다. 그 결과, 최근의 공모주 열풍에서도 알 수 있듯 개인투자자들은 명실상부하게 주식시장의 큰손으로 자리 잡았습니다. 그러면서 주식시장의 문턱은 점점 더 낮아졌고, 이제 주식 투자는 한국 사회의 큰 화두로 떠올랐습니다.

동학개미 투자자들이 등장하면서 대한민국 주식시장의 투자 환경은 이처럼 크게 바뀌었습니다. 이에 그치지 않고 우리는 전 세계 투자 환경이 어떻게 바뀌고 있는지 살펴봐야 합니다. 밀레니얼 세대를 중심으로 전 세계 투자의 중심축은 ESG 투자로 옮겨가고 있습니다. ESG 투자는 4차 산업혁명기술 발전과 융합하면서 새롭고 지속가능한 성장 패러다임의 중심축으로 굳건히 자리 잡았습니다. 하지만 국내 주식시장에선 ESG 투자에 관한 목소리가 아직 미약한 편입니다. 이 책은 세계 주식시장의 큰 흐름을 자리 잡은 지속가능한 투자, 즉 ESG 투자에 관한 책입니다.

ESG 투자를 논의하기에 앞서 짚어보고 싶은 것이 있습니다. 바로 투자 그 자체에 대한 질문입니다. 수익률에 집중하는 일반적인 투자 패턴에서 벗어나 지속가능한 투자를 추구하는 '위대한' 투자를 하기 위해선 어떻게 해야 할까요? 위대한 투자를 위해서는 지켜야 할 몇 가지 중요한 원칙이 있습니다.

첫째, 위대한 투자를 하기 위해선 깨어 있어야 합니다. 시대의 흐름을 읽고 세상이 지금 어디로 움직이고 있는지에 대한 깨어 있음이 요구됩니다. 지구 온난화로 인한 기후 위기는 전 세계가 힘을 합쳐 극복해야 하는 과제입니다. 아울러 우리는 현재 4차 산업혁명 시대로 매우 빠르게 이동하고 있습니다. 국지적인 문제에서 거대 담론으로 눈을 돌려 큰 흐름을 보는 안목을 길러야 합니다. 상황에 대한 정확한 인식을 바탕으로 시대의 엄중한 과제를 해결하기 위한 문제의식을 지니는 한편, 이 같은 과제들을 해결할 열쇠를 가지고 있는 핵심 산업이 무엇인지 파악해야 합니다.

둘째, 위대한 투자를 하기 위해선 장기 투자해야 합니다. 위대한 투자는 주가의 흐름에 따라 단기 투자하는 게 아니라 좋은 기업이나 펀드를 찾아 그 가치에 장기 투자하는 것이 원칙입니다. 단기 투자에 집착해서 수익성만 추구하는 것은 투기나 도박과 다를 바 없습니다. 이는 결코 건강한 투자가 아닙니다

셋째, 위대한 투자를 하기 위해선 가치를 추구해야 합니다. 인류 역

사학자 유발 하라리Yuval Noah Harari는 인류의 종말 가능성을 이야기하면서 인류가 당면한 시급한 과제의 하나로 기후 변화를 꼽았습니다. 현재 전 세계를 휩쓸고 있는 코로나19와 기후 위기의 폐해는 너무도 심각합니다. 특히 기후 위기에 대응하기 위해 우리에게 주어진 시간은 앞으로 10년 정도에 불과합니다. 현 시대가 당면한 문제와 위기를 극복하기 위해서 각 개인은 깨어 있는 시대 정신과 뚜렷한 가치관을 갖고 이를 자발적으로 확실하게 실천하는, 행동하는 투자자가 되어야 합니다.

무엇보다 위대한 투자를 하기 위해선 투자가 기술이 아니라 철학이자 가치 추구라는 것을 명심해야 합니다. 가치를 추구하는 투자자는 수시로 팔고 사는 트레이더trader가 아니고 진정한 인베스터investor입니다. 투자는 수익(돈)을 얻기 위한 것이기도 하지만, 새로운 가치를 실현할 수단이기도 합니다. 위대한 투자는 개인의 수익(이익) 증가와 더불어 사회의 공동 가치(예를 들어, ESG 투자로 지구 온난화 해결)를 최대로 증대시키는 것을 목표로 해야 합니다.

앞에서 인용한 니체의 위대함에 대한 정의를 위대한 투자자에게 대입해 질문해봅니다. "투자자의 위대함은 어디서 오는가? 어떤 투자자가 위대한가? 사람들은 어째서 그를 위대한 투자자라고 하는가? 무엇이 그를 위대하게 보이게 하는가?" 그것은 투자자 자신이 가치 투자를 통해 보다 나은 세상을 만들기 위해 일생 동안 꾸준히 노력하기 때문입니다. 그것이 투자자를 위대하게 만들며, 위대하게 보이게 합니다.

19세기 말 유럽 사회가 병들고 퇴화해가는 가운데 니체가 '위대한 건강'을 화두로 시대가 당면한 문제를 해결할 인식의 전환을 이루어 냈다면, 우리는 지금 코로나19와 함께 지구 온난화라는 심각한 위기 상황을 해결해내는 '위대한 투자자'로서 인류의 미래를 열어갈 책임감 있는 리더가 되어야 합니다.

지구 온난화 위기를 극복하기 위해서는 무한한 경제 성장이 아닌 지속가능한 성장을 추구해야 하며, 지속가능한 성장은 지속가능한 투자로서만 가능합니다. 기후 위기 문제를 해결하기 위해서 전 세계 주요 국가가 집중해서 투자하고 있는 재생에너지는 머지않아 탄소 제로 문명 시대로 진입할 것을 약속합니다. 재생에너지를 기반으로 삼아 그와 연동된 혁신 산업들이 상호 작용하고 수렴해서 이루어내는 4차 산업혁명의 빠른 발전은 인류가 당면한 기후 위기, 코로나19 팬데믹 위기를 극복하고 더 진화된 문명으로 나아가는 출발점이 될 것입니다.

ESG ETF, 위대함에 투자하라

이 책은 30여 년간 쌓아온 제 연구 사례를 바탕으로 선정한 50여 개의 지속가능한 가치를 추구하는 ETF, 즉 ESG ETF 펀드를 설명합니다. ESG ETF 투자는 가치투자이며 위대한 투자입니다. 나를 살리고 남을 살리는 이타적 투자입니다.

이 책에서 주장하는 바는 명확합니다. 위대한 투자자는 시대의 흐름을 읽고 당면한 과제가 무엇인지 파악해 이를 해결해내기 위해 싸우는 사람들입니다. 예를 들어 지구 온난화와 관련, 일론 머스크Elon Musk나 빌 게이츠Bill Gates처럼 수천억 달러의 자산을 지닌 부자들이 기후 변화와 맞서 싸우는 위대한 투자자로 나서기를 기대해봅니다. 기후 위기를 극복하기 위해 청정에너지에 투자하는 많은 개인투자자역시 위대한 투자자라고 할 수 있습니다. 왜냐하면 청정에너지를 생산, 보급해서 이 세상이 지속가능하게끔 해주기 때문입니다.

밀레니얼 세대가 주도하는 ESG 투자자 혁명은 깨어 있는 투자자들의 의식 혁명이라고 할 수 있습니다. 깨어 있는 선조 개개인의 의식을 바탕으로 동학혁명이 주도되었던 것처럼, 동학개미 투자자들이 깨어 있는 의식을 바탕으로 가치투자의 중요성을 깨닫고 이를 개개인 차원에서 실천하기를 기대해봅니다. 니체의 '정신적 귀족주의'를 빌려 이들 개미 투자자를 '정신적 귀족 투자자'라고 부르고 싶습니다. 의식 있는 투자에 앞서는 동학개미 투자자들은 새롭게 업그레이드된 '가치투자자' 또는 '1등 투자자'라고 할 수 있습니다. 이는 하나의 시대적 요청이기도 합니다.

일찍이 함석헌 선생은 사회혁명 이전에 자기 혁명을 이뤄야 한다고 강조했습니다. 지속가능한 세상은 현 인류가 나아가야 할 새로운 방향이자 절체절명한 과제입니다. 새로운 문명의 도래를 희망하고 그것에 헌신하는 사람일수록 스스로 깨어 있고 끊임없이 자신을 혁명해야 합니다.

　30여 년간 대학교에서 금융학을 가르치고 연구하는 학자로서 저는 많은 연구 결과와 논문을 남기는 등 나름의 업적을 쌓아왔습니다. 그러나 제 학문적 노력이나 열정과 비교해 이 세상에서 일어나는 문제들을 해결하는 데 과연 얼마나 보탬이 되는 일을 했나 하는 물음에는 너무나 부족함을 절감합니다. 그래서 금융 전문가로서 저는 이 책을 통해 동학개미 투자자들에게 ESG 투자의 중요성과 위대함을 알려야겠다고 결심했습니다.

　기후 위기, 4차 산업혁명 등 전 세계 금융 투자 환경은 변화의 급물살을 타고 있습니다. 행동하는 철학자 최진석 서강대 교수가 《탁월한 사유의 시선》에서 설파했듯, 투자에서도 우리는 지금 새로운 '전략적' 판을 짜야 하는 시점에 와 있습니다. 아직도 '전술적' 차원에만 머물러 있다면 대한민국은 현재 재편되고 있는 새로운 금융 투자 환경에 제대로 적응하지 못할 게 분명합니다. 대한민국이 금융 선진국으로 나아가기 위해서는 투자의 시선을 높여 탁월한 눈높이에서 새로운 전략을 짜야 합니다. 이런 맥락에서 볼 때 BTS가 세계에서 K팝K-pop 문화를 선도하고 있는 것처럼, 동학개미 투자자 중심의 K-ESG 동학투자 팬덤이 형성되어 전 세계에 영향을 주고, 행동하는 ESG 투자라는 새로운 투자 문화를 이끌어 나가길 기대해봅니다.

　K-ESG 동학개미운동을 투자 철학으로 삼아 실천한 세대들에 의해 향후 10년 이내 지구를 위기 상황으로 몰아가고 있는 다양한 문

제들이 확실하게 극복되기를 기원합니다. 또한 4차 산업혁명으로 나아가는 시대의 전환기를 맞아 대한민국이 1등 투자 문화를 정착시켜 세계 일류 투자 선도국이 되고, 인류의 발전에 한몫하기를 바랍니다. 이 책은 이런 간절한 소망을 담고 있습니다.

2021년 9월

호주 멜버른 세심헌洗心軒에서

위대한 투자,
변화를 실천하라

지구의 숨통을 조이는 기후 위기, 패러다임의 변화가 필요하다

유발 하라리는 인류 종말 가능성을 제기하면서 이를 막기 위해 인류가 반드시 해결해야 할 시급한 과제로 크게 3가지를 꼽았습니다. 첫째, 화석연료의 과다한 사용입니다. 화석연료를 태우는 과정에서 초래된 기후 변화는 인간을 비롯한 지구상의 다양한 생물종을 여섯 번째 대멸종 위기로 몰아가고 있습니다. 둘째, 2008년 글로벌 금융위기 이후 전 세계적으로 점점 심각해져가는 불평등 문제입니다. 빈익빈 부익부로 표현되는 부의 편중 현상은 국가와 국가 사이의 격차를 점점 더 크게 벌리고 있습니다. 게다가 최근의 코로나19 위기로 한 국가 내에서도 경제적 불평등은 더욱 심각해지고 있습니다. 셋째, 핵

무기의 위협과 지역 중심의 전쟁 가능성입니다. 미국과 중국 간의 군사 대결, 보이지 않는 무역 전쟁과 패권 싸움으로 그 위험은 점점 더 고조되고 있습니다.

지금 이 글을 쓰는 현재, 미국 조지아주 상원의원 결선투표에서 두 곳 모두 민주당 후보가 승리했다는 소식이 들려오고 있습니다. 이로써 민주당은 백악관과 상하원 의회를 모두 차지하게 되었습니다. 저는 작년 11월부터 마음 졸이면서 미국 대통령 선거 결과를 지켜봐 왔습니다. 이번 대통령 선거 투표율은 66.8%에 이릅니다. 미국 대통령 선거에서 이렇게 많은 유권자가 투표한 것은 1900년(73.2%) 이래 120년 만의 기록이라고 합니다. 조 바이든Joe Biden이 미국 대통령이 되기를, 특히 상원에서 민주당이 과반을 차지하기를 그 누구보다도 간절히 원했기에 이 글을 쓰고 있는 지금 이 순간, 기쁨이 더 큰 것 같습니다.

저는 개인적으로 바이든이 대통령이 되어야 하는 이유로 지구가 당면한 가장 큰 문제인 기후 변화와 불평등을 해소하고자 하는 그의 비전과 새로운 뉴딜 정책을 꼽습니다. 실제로 바이든은 대통령이 되자마자 트럼프Donald Trump가 탈퇴한 파리기후협약에 다시 가입하겠다고 선언했습니다.

기후 변화, 지구 온난화, 아니 기후 위기는 상상을 초월하는 속도로 우리 삶을 잠식해가고 있습니다. 지구 온난화로 인한 기후 변화로 장기적인 가뭄과 끔찍한 산불, 홍수, 해수면 상승, 허리케인 등 이상 현상이 전 세계적으로 나타나면서 실로 막대한 인명 및 재산 손실과 생태계 파괴가 이어지고 있습니다. 2019~2020년 사이 6개월간이나 계속된 호주 산불은 인류 역사상 가장 큰 산불 피해로 기록됐습니다. 2020년 캘리포니아에선 미국 역사상 최악의 산불로 재앙 같은 상황이 빚어졌습니다.

기후 변화에 관한 정부간 협의체IPCC, Intergovernmental Panel on Climate Change는 2018년 10월 지구 온난화가 가속화되고 있으며, 일련의 기후 이변으로 지구상의 생명체들이 곧 위험에 처하게 될 것이라는 대단히 심각한 경고를 내놓았습니다(제러미 리프킨Jeremy Rifkin의《글로벌 그린 뉴딜》). 양적 팽창만 추구해온 인간의 활동 때문에 현재 지구의 기온은 산업화 이전 수준보다 섭씨 1도만큼 올라간 것으로 추산됩니다. 이런 추세가 계속돼 만약 섭씨 1.5도라는 한계점tipping point을 넘어서면 설사 온실가스 배출량을 극적으로 감축하더라도 지금의 추세를 되돌려 전 세계를 덮친 비극적 재앙을 막기에는 너무 늦습니다. IPCC는 우리의 목전에 닥친 재앙의 심연을 피하려면 온실가스 배출량을 2010년 수준에서 45% 정도는 줄여야 한다고 결론지었습니다.

다시 말해서 IPCC는 지구가 감당할 수 있는 이산화탄소 배출량을 4200억 톤 정도로 보고 있습니다. 2018년 420억 톤을 배출했으니 이런 추세가 계속된다고 가정하면 10년 후쯤 지구 온난화는 한계에 도달하게 됩니다. 다시 한 번 강조하지만, 우리에게는 시간이 많지 않습니다. 우리에게 주어진 시간은 10년 남짓에 불과합니다. 그렇다면 우리는 기후 위기에 맞서 무엇을 할 수 있을까요? 기후 위기라는 엄청난 인류의 과제를 앞에 두고 우리가 자신에게 던져야 할 가장 중요한 질문은 '내가 지금 당장 무엇을 해야 하는가'입니다. 나 자신과 이웃, 공동체를 위해 우리는 무엇을 할 수 있을까요?

지금 현 상황에서 우리에게 필요한 것은 무엇보다도 사고와 인식의 전환입니다. 앞으로도 지금 같은 성장 전략을 그대로 유지한다면, 걷잡을 수 없는 속도로 증가하는 온실 가스로 인해 지구 멸망이라는 결말로 치달을 수도 있기 때문에 기존 우선순위와 가치관을 완전히 바꾸는 사고의 대전환이 시급합니다. 경제 성장을 최고의 가치로 둔 상태에서는 시장에 맞춰 사회경제 시스템을 만들고, 자연은 경제 성장을 위한 착취의 대상으로 전락할 수밖에 없습니다.

지금 이 순간, 우리는 우리 삶을 근본을 뒤흔들 수도 있는 철학적 질문을 던져야 합니다. 기후 위기로 인해 지구의 생존이 위험에 처한 상황에서 현재의 자본 시스템을 계속 유지해야 할까요? 우리는 언제까지 대량 생산과 대량 소비, 그리고 그 결과 이어지는 대량 폐기 시스템을 유지해야 하나요? 지금까지는 신자유주의, 자본주의를 중심으로 한 성장과 효율, 자본 중심의 가치관이 중시돼왔습니다. 그러나 이제는 무한한 경제 성장이 아니라 지속가능한 성장에 주목해야 할 때입니다. 지속가능한 성장만이 지구를 온난화 위기에서 구할 수 있는 유일한 길이기 때문입니다.

지속가능한 성장은 지속가능한 투자로 만들어진다

그러면 지속가능한 성장은 어떻게 만들어낼 수 있을까요? 지속가능한 성장은 지속가능한 투자로만 이루어낼 수 있습니다. 지속가능한 투자로 지속가능한 녹색경제 기반을 만들어야 합니다. 코로나19 이후 무너진 경제를 재건하는 과정에서 화석연료를 기반으로 한 과거의 경제 체제로 돌아갈 것인가, 아니면 새로운 패러다임에 맞춰 지속가능한 녹색경제를 만들어갈 것인가는 우리의 선택에 달려 있습니다. 그리고 우리가 어떤 선택을 내리는가에 따라 인류 문명이 생존할지 여부가 결정될 겁니다.

다시 한 번 강조하지만, 지속가능한 성장을 위해서는 지속가능한 투자가 필요합니다. UN은 지속가능한 투자에 세계 총생산의 2% 미만만 할애해도 핵전쟁을 억제하는 것은 물론 인류의 가장 큰 위협으로 떠오른, 탄소 연료를 기반으로 한 경제 체제로 인해 초래된 기후변화 문제를 해결할 수 있을 뿐만 아니라, 모든 형태의 빈곤을 해소하는데 충분할 것이라고 밝혔습니다. 또한 기후 위기 같은 범세계적인 문제는 전 세계 정부들의 공동 노력, 세계 자본의 큰손인 자산운용사, 연기금들의 협력과 연대 노력 없이는 해결하기 힘들 것이라고 지적했습니다.

앞서 언급했지만, 우리가 기후 문제에 대응할 수 있는 시간은 앞으로 10년 정도밖에 남지 않았습니다. 기후 재앙 혹은 기후 위기는 이미 모든 사람에게 현실적으로 영향을 미치는 절체절명의 문제가 되었습니다. 우리 모두가 기후 위기의 위험성을 실감하고 있습니다. 그럼에도 불구하고 많은 사람이 기후 위기를 극복하기 위해서 개인적으로 할 수 있는 일은 없다고 생각합니다. 기후 위기를 극복하고 지속가능한 성장을 위해 우리 개인이 할 수 있는 일이 정말 없을까요? 지구 온난화를 방지하기 위해 어떻게 해야 이산화탄소 배출량을 줄일 수 있을까요?

일상생활에서 실천할 수 있는 방법은 너무나 간단합니다. 샤워 시간 2분 단축하기, 생활 쓰레기 줄이기, 일회용기 사용하지 않기, 육식 줄이기, 비행기 덜 타기, 소비 줄이기, 악성 탄소 배출 기업의 상품 불매 운동 등 일상생활에서 실천할 수 있는 작은 일을 행동에 옮기는 것으로 우리는 지구를 구하는 위대한 한 걸음을 내디딜 수 있습니다. 이와 더불어 근본적으로 개인의 물질적인 욕망을 줄이고, 물질적인 소비를 줄이고, 나아가 환경 공해 기업을 고발하고, 정부에 압력을 행사하고, 국회에 목소리를 내보내는 것 같은 집단행동, 연대 행동도 필요합니다. 물론 이렇게 직접적인 행동에 나서는 것도 중요하지만, 경제학자로서 저는 다른 시각을 제시하고자 합니다.

스웨덴의 노르디아은행 Nordea Bank Abp은 최근 지속가능 투자 또는 ESG 투자로 위에 언급한 모든 방법보다 27배 이상 큰 영향력을 발휘할 수 있다고 보고했습니다. 위에 소개한 이산화탄소 배출량을 줄이는 방법은 모두 그 효과가 입증된 것이지만, 지구 온난화를 억제하기 위해 개인투자자들이 투자 포트폴리오를 지속가능한 자금으로 전환하는 것이 지속가능한 지구를 지키기 위한 보다 효과적인 방법이라는 것이지요.

그렇다면 투자자 입장에서 근본적인 질문을 제기하고자 합니다. 기후 위기를 극복하고 지속가능한 발전과 성장을 위해서 개인투자자로서 우리는 무엇을 할 수 있을까요? 그 답은 너무나 분명합니다. 지속가능한 가치를 추구하는 기업에 투자함으로써 우리는 지구를 기후 위기에서 구해내는 것은 물론 지속가능 성장이라는 미래를 일궈낼 수 있습니다. ESG ETF는 이를 위한 가장 손쉬운 방법입니다.

ESG 투자의 가장 현실적인 접근법, ESG ETF를 파헤친다

이 책은 모두 7장으로 구성되어 있습니다.

1장에서는 사회책임투자, 즉 ESG 투자를 소개합니다. 먼저 ESG 투자의 정의와 현황을 설명하고 ESG 투자가 왜 지속가능한 투자인지 알아봅니다. 이어 왜 ESG 투자를 해야 하는지 그 이유를 설명하고, 최근 급격히 부각되고 있는 ESG 투자의 성장 요인을 알아봅니다.

2장에서는 ESG 투자의 한 방법으로 ESG ETF를 소개합니다. 먼저 ESG ETF가 무엇인지 구체적으로 정의 내린 후 ESG ETF의 세계적인 추세와 ESG ETF가 급성장한 이유를 짚어봅니다. 이어 ESG ETF가 왜 지속가능한 발전 목표에 적합한 투자 방식인지 생각해봅니다. 아울러 ESG ETF의 등급을 설명하고 ESG ETF의 투자 전략과 10년 장기 전망을 알아봅니다. 마지막을 ESG ETF를 선택하는 방법을 소개합니다.

3장에서는 운용 규모 면에서 상위 10위 글로벌 ESG ETF를 소개합니다. 먼저 수익률을 중심으로 이들 ESG ETF의 기초적인 데이터를 분석하고, ESG와 수익률의 관계성을 알아봅니다. 마지막으로 일반 ETF와의 수익률 비교를 통해 우리가 왜 ESG ETF에 투자해야 하는지 그 이유를 설명합니다.

4장에서는 기후 위기 극복을 목적으로 설정된 21개 ESG ETF를 소개합니다. 구체적으로 21개 ESG ETF를 모두 8개의 그룹으로 나누어 집중적으로 분석합니다. 또한 지난 2020년 12월에 발표된 ETF.com 보고서를 소개합니다. ETF.com이 발표한 수익률 상위 20위 ETF 가운데 이들 21개 ESG ETF 중 10개가 포함돼 있는 것을 확인할 수 있습니다. 이로써 ESG ETF가 수익률 성과 또한 우수하다는 객관적 증거를 제시합니다.

5장에서는 기업의 사회적 책임을 강조하는 ESG ETF를 소개합니다. 예를 들어 양성 평등, 다양성 등의 가치를 강조하고 이를 구체적으로 실천하는 기업들을 중심으로 편성된 ESG ETF를 살펴봅니다.

6장에서는 ESG 혁신을 통한 지속가능한 투자를 다룹니다. 구체적으로 ESG 투자 혁신의 최첨단에 있는 ARK 인베스트ARK Invest를 집중적으로 분석해봅니다. ARK 인베스트의 대표적 ETF를 통해 ESG ETF의 성과를 짚어봅니다.

마지막 장인 7장에서는 3가지 목표를 제시합니다. 첫째, 위대한 투자(ESG 투자)를 이끄는 새로운 포트폴리오 이론을 소개합니다. 둘째, 4가지 위대한 투자의 철학과 원칙을 강조합니다. 셋째, 위대한 투자가 왜 그린 뉴딜과 디지털 뉴딜, 즉 4차 산업혁명의 핵심 동력이고 전 지구적 위기를 극복하는 해법인지 설명합니다.

포스트 코로나 시대, 투자의 눈높이를 바꿔야 할 때

전 세계, 특히 금융 시장은 지금 현재 역사상 가장 큰 패러다임의 변화를 겪고 있습니다. 역사적으로 어느 시대를 보나 당대에 처한 문제(병)를 해결하려는 노력에서 인류는 항상 새롭고 '탁월한 전략적 시선'을 모색했습니다. 그 과정에서 새로운 패러다임이 형성되었고, 그로 인해 재편된 부와 힘의 질서가 탄생했습니다. 대한민국이 선진국으로 갈 수 있는 금융, 투자 선진화의 길, 그 새로운 눈높이가 바로 사회적 가치투자, 즉 ESG 투자입니다.

현재 인류의 생존을 위협하고 있는 문제로 기후 위기 외에 최근의 코로나19 팬데믹을 빼놓을 수 없습니다. 전 세계가 죽음의 공포에 휩싸인 채 직장과 학교의 문을 닫으며 도시를 봉쇄했습니다. 사람들과 도시와 나라는 마비 상태에 빠지기도 했습니다. 절망과 체념을 모르는 인류는 바이러스의 위협에 굴하지 않고 점점 앞으로 나아가고 있습니다. 그러나 다가올 미래에 또 다시 처방을 모르는 미지의 바이러스가 출현해 전 인류를 공포와 혼란에 빠뜨린 코로나 위기보다 더 큰 재앙을 가져올지도 모릅니다.

코로나19 팬데믹 위기는 기후 위기와 함께 우리 삶을 본질적으로 되돌아보게 했다는 점에서 인류가 더 나은 삶을 향해 한 걸음 나아갈 수 있는 소중한 기회입니다. 코로나19 팬데믹은 전 세계 경제·사회는 물론 인류 문명에 새로운 변화를 불러일으켰습니다. 투자와 관련, 우리는 포스트 코로나 시대가 어떤 모습일지 고민해봐야 합니다. 지금까지는 신자유주의, 자본주의를 중심으로 한 성장과 효율, 자본 중심의 가치관이 중시돼왔습니다. 포스트 코로나 시대에는 친환경, 지속가능한 성장, 생명, 인간 존중 등이 새로운 가치관으로 떠오를 것으로 보입니다. 이제는 무한한 경제 성장이 아니라 지속가능한 성장에 주목해야 할 때입니다. 지속가능한 성장만이 지구를 위기에서 구할 수 있는 유일한 길입니다.

인류가 당면한 다양한 위기, 특히 기후 위기와 특히 코로나19 팬데믹으로 고통 받는 지금, 생산과 소비의 분배 방법은 완전히 새롭게 재편성되어야 합니다. 그에 맞춰 투자 역시 새로운 시각으로 바라봐야 합니다. 이와 관련, 우리 앞에는 ESG ETF라는 '위대한 투자'의 길이 열려 있습니다.

지속가능한 투자는 세상을 조금씩 바꾸고 있습니다. 더 나은 세상, 더 나은 수익을 의미하는 지속가능한 기업이 좋은 기업이며 우월한 기업입니다. ESG ETF와 함께 새로운 투자의 눈높이를 높이는 긍정적이고 '위대한 투자'로 미래에 투자하십시오. 지금 바로 실천해서 변화를 만드십시오.

Chapter

1

투자에 대한
새로운 시각, ESG

투자시장의 새로운 화두, ESG를 정의한다

성장과 발전을 최고의 가치로 내세우던 투자 시장에서 지속가능 경영과 관련, ESG가 새로운 화두로 떠오르고 있습니다. 기업이 얼마나 돈을 잘 버는지 가시적인 성과에 주목하던 데서 기업의 사회적 영향력에 주목하는 방향으로 시각의 변동이 이뤄지고 있는 것입니다. 환경Environment, 사회Social, 지배구조Governance의 앞 글자를 딴 ESG는 과연 무엇을 의미할까요? 이 장에서는 먼저 ESG가 무엇인지 정의하고, 전 세계적인 투자 현황을 소개합니다. 아울러 ESG 투자가 왜 지속가능한 투자인지 설명합니다. 이런 추세에 발맞춰 우리가 왜 ESG 투자에 관심을 기울여야 하는지 그 이유를 여러 가지 측면에서 짚어보고, ESG 투자가 급성장하는 이유를 분석해봅니다.

01

ESG란 무엇인가?

세상을 바꾸는 새로운 흐름, ESG

'ESG'란 무엇일까요? 이와 관련, 가장 많이 사용되는 용어는 '사회책임투자socially responsible investment, SRI' 혹은 '윤리 투자ethical investing'입니다. '지속가능 투자sustainability investing' 혹은 '임팩트 투자impact investing', 녹색 환경을 강조하는 '그린 투자green investing'도 쉽게 볼 수 있습니다. 이처럼 다양한 용어들이 사용되고 있지만, 그 정의에는 어느 정도 합의가 이루어져 있습니다. ESG는 투자 의사를 결정할 때 기업의 재무적 요소뿐만 아니라 ESG 요소, 즉 환경, 사회, 지배구조처럼 기업의 지속가능성에 영향을 미치는 비재무적 요소를 동시에 고려해 투자하는 가치투자를 의미합니다.

ESG 구성 요소를 좀 더 자세히 설명하면 다음과 같습니다. 'E', 즉 환경Environment은 기후 변화, 탄소 배출, 자원 고갈, 환경 오염, 신재생에너지, 친환경 제품 등과 관련된 이슈를 의미합니다. 'S', 즉 사회Social는 노동 환경(노예 및 아동노동 포함), 지역사회 발전, 이해 상충, 건강과 안전, 피고용자 관계 및 다양성을 아우릅니다. 'G', 즉 지배구조Governance는 임원 급여, 뇌물 및 부패, 로비, 주주 권리 보호, 이사회 구성 및 활동, 감사 제도 등과 관련한 이슈를 포함합니다. 이 같은 ESG 구성 요소는 UN 책임투자원칙PRI, UN Principles of Responsible Investment을 참고한 것입니다. ESG 구성 요소들은 시대의 흐름에 따라 진화하면서 다양한 요소를 아우르고 있습니다. 앞서 예시한 요소는 설명을 위한 것으로, 고정되어 있는 것은 아닙니다.

■ **표 1-1** ESG 요소 ■

환경	사회	지배구조
• 기후 변화	• 노예, 아동노동 등 노동 환경	• 임원 급여
• 탄소 배출	• 지역사회 발전	• 부패 및 뇌물
• 식수 등 자원 고갈	• 이해 상충	• 정치적 로비와 기부금
• 환경 오염	• 건강과 안전	• 이사회 구성 및 활동
• 신재생에너지와 친환경 제품	• 피고용자 관계 및 다양성	• 세금 등 감사 제도

* 출처: UNPRI

과거에는 투자 기회를 선택하는 데 있어 전통적 재무 지표가 중요한 기준이었는데, 기업의 청렴성과 윤리에 대한 의식, 기업의 정책이 사회 및 환경 생태계에 미치는 영향으로 초점이 이동하기 시작했습니다. 바로 이 지점에서 ESG 투자가 등장합니다. 한마디로 ESG 투자는 기업의 지속가능성에 영향을 미치는 비재무적 이슈를 바탕으로 투자를 결정하는 데 반영하는 것을 의미합니다. 올해 초 세계 최대 자산운용사인 블랙록BlackRock의 화석연료 관련 매출 비중이 높은 기업들에 대한 투자를 철회 선언, ESG 등급이 낮은 기업에 대한 의결권 행사, 저탄소·신재생에너지 등 친환경 관련 사업에 적극적으로 투자하는 임팩트 투자 등을 예로 들 수 있습니다.

ESG 골드러시, 유럽 · 미국 넘어 아시아로

2000년 UN은 기업의 지속가능성 향상을 목표로 글로벌 협약 UN 글로벌 콤팩트UNGC, UN Global Compact를 창설했습니다. UNGC가 2004년 작성한 보고서 〈후 케어스 윈스Who Cares Wins – Connecting Financial Markets to a Changing World〉에 ESG라는 용어가 처음으로 등장합니다. 이후 ESG는 전 세계 금융 투자의 새로운 표준, 즉 뉴노멀로 자리 잡으며 그 역사가 20년이 넘어가고 있습니다.

2019년 유럽의 폭염, 호주와 캘리포니아의 산불, 그리고 현재 전 세계적으로 유행하고 있는 코로나19의 극한 상황에서 ESG 투자는 더욱 주목을 받고 있습니다. 투자 결정을 추진하는데 ESG 관련 데이터를 적용하는 글로벌 자산의 가치는 2020년 6월 기준 40조 5000억 달러로 4년 동안 거의 2배, 8년 동안 3배 이상 증가했습니다. 2021년 2월 23일 블룸버그 인텔리전스Bloomberg Intelligence에 따르면, ESG 관련 전 세계 운용 자산 규모는 연평균 15%에 이르는 지난 5년간 평균 성장률이 유지된다면 2025년 53조 달러 이상으로 증가할 것으로 기대됩니다. 지역별로 보면, 유럽이 전 세계 ESG 자산의 절반가량을 차지합니다. 미국은 매우 빠른 확장세를 보이며 2020년 ESG 관련 운용 자산 규모가 17조 달러를 넘어섰습니다. 다음 성장의 물결은 아시아, 특히 일본에서 나타날 것으로 예상됩니다.

ESG 채권 시장은 어떨까요? ESG 채권은 크게 전기차, 청정에너지, 저탄소 등 환경 문제 개선에 투자하는 녹색채권Green bond, 사회 취약 계층 지원, 의료·교육·주거 등 사회 인프라 구축 같은 사회문제 해결에 투자하는 사회적채권Social bond과 이 둘이 결합된 특수목적 채권인 지속가능채권Sustainability bond으로 나눕니다. 특히 코로나19 팬데믹 위기가 전 세계를 휩쓰는 동안 사회적채권이 급등하면서 2020년 말 2조 달러 규모에 이르는 등 전 세계 ESG 채권 시장의 규모는 크게 성장했습니다. 현재 2조 2000억 달러 규모인 ESG 채권 시장은 지난 5년 동안 기록한 속도의 절반 정도의 성장을 유지할 경우 2025년까지 11조 달러로 확대될 것으로 예측됩니다. 기업, 개발 프

■ 표 1-2 ESG 역사: ESG 글로벌 투자 자산 ■

ESG의 역사	
2000년	UN 산하기구 UN 글로벌 콤팩트 UNGC 설립
2000년	탄소정보공개프로젝트 CDP 발족
2005년	UNGC가 ESG를 공식 용어로 채택
2006년	UN 책임투자원칙 UN PRI 제정
2010년	ISO(국제표준화기구) '기업의 사회적책임 가이드라인 ISO 26000' 발표
2011년	지속가능회계기준위원회 SASB 설립
2015년	UN의 지속가능발전목표 SDGs 발표, 파리기후협약 체결
2016년	글로벌 보고 이니셔티브 GRI 설립
2017년	기후행동 100+ Climate Action 100+ 글로벌 투자자들의 이니셔티브 결성
2019년	미국 비즈니스라운드테이블 BRT '이해관계자 경영' 선언, EU 유럽 그린딜 Europe Green Deal 발표
2020~2021년	다보스 세계경제포럼 '이해관계자 자본주의' 실천 선언과 재정립

로젝트 및 중앙은행이 주도하는 ESG 채권의 유기적 성장세는 코로나19 팬데믹 충격을 회복하기 위해서도 계속 유지될 것으로 보입니다. EU는 고용을 지원하기 위해 1000억 유로를, 코로나19 팬데믹의 피해를 복구하기 위해 2250억 유로를 지원하기로 약속했습니다. 조바이든 미국 대통령은 새로운 에너지 전략을 위해 2조 달러를 투자하겠다고 밝혔습니다. 이와 함께 2023년 만기가 돌아오는 중국의 녹색채권 문제는 새로운 채권 발행을 위한 충분한 동기를 제시합니다.

ESG 뮤추얼펀드와 ESG ETF는 어떨까요? 유럽에서 나타난 ESG

골드 러시는 전 세계적으로 확산되고 있습니다. 펀드평가사 모닝스타Morningstar에 따르면, 유럽의 ESG 펀드 성장세는 ESG가 미래 투자의 주요 지표로 활용될 것이라는 전망을 강하게 확신시켜줍니다. 〈파이낸셜 타임스Financial Times〉에 따르면 2020년 말 현재 유럽 펀드 가운데 ESG 전략으로 전향한 펀드는 253개에 이릅니다. 2020년 한 해 동안 새로 출시된 ESG 펀드는 505개입니다. 모닝스타는 이로 인해 지난해 유럽의 ESG 관련 운용 자산 규모가 역대 최대치인 1조 1000억 유로를 기록했다고 집계했습니다. 이는 전체 유럽 펀드 자산의 거의 10%를 차지합니다. 또한 글로벌 ESG ETF 및 인덱스 뮤추얼펀드 자산이 2020년 5월 31일 기준 1700억 달러에서 2030년 1조 3000억 달러 이상으로 거의 8배 증가할 것으로 예상되는 등 강력한 성장세가 이어질 것으로 기대됩니다.

ESG 투자에 대한 관심은 최근 UN PRI의 꾸준한 성장에서도 엿볼 수 있습니다. 유럽에 기반을 둔 기관투자가들이 이끄는 UN PRI 서명기관의 관리 자산은 2006년 출범 당시 6조 달러 미만에서 2020년 1분기 103조 4000억 달러로 성장했습니다. 특히 2019년 20% 증가한 후 2020년 1분기 현재 3000개 이상으로 28% 넘게 증가했습니다. UN PRI의 꾸준한 성장은 많은 자산 소유자와 투자 회사가 ESG 문제에 점점 더 중점을 두고 있다는 견해를 뒷받침해줍니다.

■ 표 1-3 UN PRI 서명기관 ■

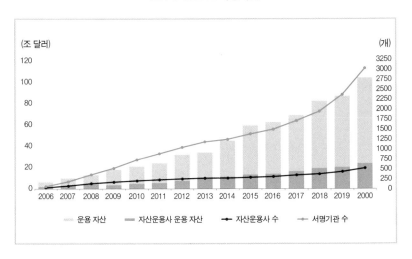

■ 표 1-3 UN PRI 서명기관 ■

세계가 지속가능성에 주목한다

2020년 모건스탠리의 지속가능투자연구소Institute for Sustainable Investing가 설문 조사한 결과는 자산 소유자들의 자산 운용 방식이 빠르게 변하고 있음을 보여줍니다. 설문 조사에 참여한 110개 북미, 유럽 및 아시아·태평양 금융기관, 보험사, 연금 및 기타 대규모 자산 소유자 중 95%가 포트폴리오 전체 또는 일부에 지속가능한 투자를 통합하거나 통합하려고 고려 중이라고 밝혔습니다. 설문 조사 결과, 다음과 같은 5가지 주요 트렌드를 찾아볼 수 있었습니다.

첫째, 지속가능 투자의 중요성은 날로 커지고 있습니다. 이제 자산 소유자 10명 중 8명이 ESG 요소를 전체 투자 프로세스 또는 포트폴리오의 일부에 통합하고 있습니다. 이는 2년 만에 10% 정도 증가한 수치입니다. 구성 종목의 수요, 재무 수익의 잠재력, 전 세계 ESG 정책 및 규정의 변화가 이 같은 성장세를 일궈낸 주요 동력입니다. 지속가능성을 추구하는 사람들은 엄청난 명성과 수많은 이해관계자의 동감이라는 혜택을 이끌어낼 수 있습니다. 게다가 환경과 사회에 대한 긍정적 영향력을 갖게 됩니다. 종종 재무 성과가 향상되는 효과가 나타나기도 합니다.

둘째, ESG는 지속가능성을 측정할 수 있는 좋은 도구입니다. 응답자의 거의 절반이 사회적·환경적 수익 창출이 재정적 수익 창출만큼 중요하다고 답했습니다. 또한 응답자의 80%는 ESG 관행이 기업의 장기 투자 실적을 개선한다는 데 동의했습니다. 한편 ESG 관련 데이터가 전반적으로 부족한 상황은 지속가능 투자에 있어 중요한 장벽으로 간주됩니다.

셋째, 테마 투자와 임팩트 투자를 선호하는 투자자들은 기후 변화, 환경오염, 플라스틱 폐기물 등 환경 문제를 ESG 요소 중 가장 중요하다고 봤으며, 환경 문제가 사회경제적 요인보다 우선한다고 생각했습니다.

넷째, 지속가능 투자에 대한 가장 일반적이고 인기 있는 접근 방식은 ESG 통합입니다. 설문 조사 결과, 응답자 10명 중 9명은 재무 분석과 함께 ESG 기준을 적극적으로 고려하는 기업에 주목했습니다.

이는 2017년보다 41% 증가한 수치입니다. 또한 10명 중 8명은 제한 심사 또는 배제, 네거티브, 가치 기반 투자 심사를 사용했습니다. 이는 무기, 담배 및 석탄과 관련된 투자에서 가장 일반적으로 사용되는 방법입니다. 보고서에 따르면 주식에 투자하는 사람의 78%와 고정 수입을 가진 사람의 69% 등 대부분의 투자자가 지속가능 투자에 관심을 보였습니다. 고정 수입의 경우, 사람들은 거의 절반 정도를 녹색 또는 지속가능성 채권 또는 채권 펀드에 투자했습니다.

다섯째, 설문 조사에 참여한 자산 소유자의 3분의 2가 조직의 주요 이해관계자로 ESG 통합, 임팩트 투자 및 주제별 투자에 대해 자세히 알아보기를 원했습니다.

전 세계를 뒤흔든 코로나 충격으로 이제 모든 사람이 '뉴노멀', 즉 새로운 표준을 받아들이기 위해 노력하면서 세상은 빠르게 변화하고 있습니다. 모건스탠리의 설문 조사가 보여주는 주요한 결론 한 가지는 확실합니다. 투자에 대한 고려 사항으로 지속가능성은 이제 한 회사의 미래를 논하는 데 있어 핵심적인 가치입니다.

02

왜 ESG 투자를
해야 하는가?

ESG, 신념에 투자한다

우리는 왜 ESG 투자를 해야 할까요? ESG 투자를 해야 하는 이유는
다양합니다. 크게 투자자의 가치 실현, 자신과 세상을 바꾸는 이타심,
보다 높은 수익률, 최선의 기후 변화 대응, 지속가능 발전의 동력, 기
업 가치 제고 등 적어도 6가지 이유를 들 수 있습니다. 이에 대해 조
금 더 자세히 살펴봅시다.

먼저, ESG 투자는 투자자에게 자신이 믿는 가치를 실현할 수 있는
기회를 줍니다.

ESG 투자의 시작은 종교적 신념에 기반을 둔 윤리적 투자로, 그

시기가 1920년대로 거슬러 올라갑니다. 미국이 영국의 식민지였던 시절, 종교적 신념을 바탕으로 퀘이커, 감리교 등 기독교 종파 신자들은 노예무역, 담배·도박·알코올의 생산 및 판매, 살상 무기 등 종교적 가치에 위배되는 업종을 투자 대상에서 배제함으로써 윤리적 투자를 실천했습니다. 바로 이것이 ESG 투자의 태동입니다. 이후 ESG 투자는 본격적으로 발전하기 시작해 1960~1980년대 종교단체, 시민단체, 대학 등이 윤리적 가치관, 종교적 신념, 그리고 사회적 가치에 따라 윤리적 투자를 실현하는 모습을 보였습니다.

ESG 투자가 태동하는 과정을 살펴보면 ESG 투자의 근본 원칙이 무엇인지 알 수 있습니다. 투자로 수익률, 즉 돈의 가치가 실현되어야 할 뿐 아니라 비재무적 가치도 실현되어야 한다는 것을 대전제로 합니다. 이 가치는 여러 가지 다양한 측면, 다시 말해 윤리적, 사회적, 그리고 환경적 가치를 모두 아우르는 폭넓은 개념입니다.

먼저, 윤리적 가치에 대해 생각해봅시다. ESG 투자는 우리가 믿고 추구하는, 보다 나은 사회를 만들기 위한 구체적인 실천 전략을 제공합니다. 만약 당신이 투자한 기업이 담배, 술, 도박, 포르노, 살상 무기 등을 생산해 당신의 종교적 신념, 사회적 가치와 어긋나는 행보를 보인다고 가정해봅시다. 구체적으로 어떤 행동을 취할 수 있을까요? 네거티브 스크리닝 negative screening 을 적용해 투자 대상에서 특정 산업이나 기업들을 배제함으로써 당신이 믿는 가치를 실현할 수 있습니다.

예를 들어봅시다. 서울 강남에는 초대형 교회가 많이 있습니다. 만

약에 그 교회에 다니는 부유한 기독교 장로들이 카지노 주식이 잘 오르고 술, 담배 회사가 배당이 많다고 이런 주식, 소위 말하는 '죄악 주식sin stock'에 투자한다고 가정해봅시다. 이런 투자 행위를 과연 신앙적이라고 할 수 있을까요? 신앙적, 윤리적 가치를 추구하는 교회 지도자들이 복음의 가치와 투자를 따로 생각해도 될까요? 당신이 종교적 신념, 윤리적 가치를 추구하는 신앙인이라면 담배, 술, 카지노 기업의 주식이 상승세를 보이고 수익률이 날로 높아질 때 과연 그런 주식들을 배제하고 사회적 가치를 추구하는 기업에만 투자할 수 있겠습니까? 신앙을 가진 투자자로서 수익(돈)을 추구할 것인가 아니면 종교적 신념을 추구할 것인가 하는 문제는 신념과 금전적 이익에 대한 근본적인 질문을 던집니다. 이렇듯 신앙(가치)과 생활(투자)이 일치하지 않으면 대부분의 경우, 타인의 지탄을 받기 쉽습니다.

또 다른 예를 들어봅니다. 투자 규모가 2조 달러에 이르는 아베 마리아 펀드Ave Maria Fund는 가톨릭 신앙의 핵심 가치를 실천하는 전 세계에서 가장 규모가 큰 가톨릭 뮤추얼펀드입니다. 아베 마리아 펀드는 이름에서 알 수 있듯, 종교인 투자자에게 가톨릭 신앙에 입각한 자본 가치를 제공하는 사회적 책임 펀드입니다. 아베 마리아 펀드는 가톨릭 투자자를 대상으로 하며, 종교적 스크린을 적용해 배아 줄기세포 연구에 관여하거나 포르노를 생산하는 기업, 낙태에 관련된 기업들을 투자 대상에서 엄격하게 제외합니다.

ESG 투자는 이런 방식으로 단순히 알코올, 담배 제조, 마약, 노동

착취, 도박, 무기 제조 판매 등 반사회적 가치 기업을 투자 대상에서 배제할 기회를 줄 뿐 아니라 나아가 더욱 긍정적, 적극적이고 선별적인 책임투자positive screening를 통해 우리는 자신이 믿는 윤리적 가치를 실현할 수 있게 도와줍니다.

선별적 책임투자는 환경, 사회, 지배구조 등 모든 영역에 적용 가능합니다. 예를 들면, 환경 이슈 중 기후 변화 관련 이슈에서 모범적인 성과를 내는 기업, 우수한 고용 정책을 펼치는 기업, 지배구조 등에서 사회적 공헌도가 높은 기업, 경영 투명성 개선을 통해 조직 투명성을 제고한 기업 등 환경, 윤리, 지배구조, 사회적 가치가 높은 기업에 선택적으로 투자함으로써 투자자들이 자신들의 투자 철학, 신념, 가치를 실현할 수 있게 해줍니다.

가치투자를 실현하기 위해서는 발상의 전환이 필요합니다. 기업들이 솔선수범해서 환경적인 가치를 지킬 때 수익이 늘어나고 기업 가치도 커진다는 것을 기업이 먼저 깨달아야 합니다. 이제 자신이 추구하는 가치에 투자해야 할 때입니다. 자신의 가치에 맞게 사는 것이 강조되는 사회적 분위기가 형성되면서 투자 대상을 선택하는 데 있어 투자자들은 점점 더 자신의 가치를 강하게 표현하고 있습니다. 바야흐로 ESG 투자가 투자 포트폴리오의 기본 구성 요소에서 모든 포트폴리오의 필수 요소로 전환되는 순간이 온 것입니다.

ESG, 함께하는 세상을 만드는 위대한 한 걸음

우리가 ESG 투자를 해야 하는 이유는 ESG 투자가 자신과 세상을 바꾸는 이타심을 키워주기 때문입니다.

ESG 투자를 이야기하면서 인간의 본성과 이타심을 논하는 이유는 도대체 무엇일까요? 왜 ESG 투자를 해야 하는가 하는 질문은 우리가 투자에 나설 때 인간의 이기적인 본성에 기초해 오직 이익 극대화만을 동기로 움직이는가 하는 질문과도 일맥상통합니다. 여기서 한 발 더 나아가 근본적으로 투자 행위뿐만 아니라 인간의 모든 행위는 항상 이기적인 동기에만 기초하는가 하는 질문을 던질 수 있습니다.

그렇다면 인간의 본성은 정말 이기적일까요? 진정한 이타심은 존재하지 않을까요? 우리 인간의 본성이 언제나 이기적이지만은 않고 이웃, 사회, 그리고 주변 환경을 배려하는 마음도 있다고 볼 수는 없을까요? 인간의 본성에 이기적인 면이 있는 것은 분명한 사실이지만 인간은 또한 이타적이기도 한 존재가 아닐까요? 인간은 효율적으로 계산하는 합리적 존재인 호모 이코노미쿠스Homo Economicus라고 보는 신고전주의 경제 이론은 인간 본성에 대해 어떤 가정을 가지고 있을까요?

호모 이코노미쿠스는 기본적으로 우리 인간의 본성은 항상 이기적이고, 우리 인간은 항상 자신의 욕구를 잘 알고 있으며, 항상 자신의 이익 극대화를 도모하고, 이의 실현을 위해 항상 합리적으로 행동한다고 가정합니다. 이 같은 가정은 지난 300년 동안 주류 경제학의 기초로 받아들여졌습니다. 이런 이유로 인간은 호모 이코노미쿠스라는 가정에 따르면 보다 나은 세상을 만들기 위해 우리가 할 일은 애덤 스미스Adam Smith의 '보이지 않는 손invisible hand', 즉 효율적 시장이 자유롭게 작용하도록 하는데 주력하는 것이라고 주장해왔습니다.

시장의 보이지 않는 손이 저절로 효율성을 끌어낸다고 믿는 근대 자본주의 시스템에 이타심처럼 강력하고 긍정적인 동기 요인이 끼어들 여지는 없습니다. 하지만 최근 수많은 심리학과 신경과학 연구 결과에 따르면 기존의 주류 경제 모델을 뒷받침하는 인간 본성에 대한 단순한 가정들이 잘못되었다는 사실은 의심의 여지 없이 분명해 보입니다. 심리학과 신경과학 연구 결과들은 다양한 인간의 행동을 이해하기 위해선 무엇보다 유기적인 동기 유발 시스템을 가진 복잡한 인간 본성을 이해해야 한다고 말합니다. 최근의 행동경제학 연구 결과들도 호모 이코노미쿠스가 가정하는 합리적이고 이기적인 경제인 개념이 지나치게 좁고 비현실적이라는 비판에서 출발합니다.

자본 시장에서 사람들의 경제 행동을 제대로 설명하기 위해서는 복잡하고 때로는 비합리적이기도 한 인간 심리와 정서를 이해하지 않으면 안 됩니다. 인간의 친사회적pro-social 행동은 이윤 추구와 소비 욕구에 의해 동기가 부여될 뿐만 아니라, 남에 대한 보살핌과 연민 같은 이타심에 의해서도 동기가 부여됩니다. 예를 들어, 우리는 완벽하지는 않지만 이웃과 사회를 위해 최선의 선택을 하려고 노력하는 친환경, 친사회적 기업에 투자할 때 보람을 느끼고, 우리의 투자로 인류의 삶과 환경이 개선될 때 행복감을 느낍니다.

여기서 중요한 질문이 제기됩니다. 어떻게 하면 사회를 변화시키고 경제 시스템을 바꾸는 이타적인 조직(기업)을 만들 수 있을까요? 하버드대학 경영대학원 경영 실무 교수로 리더십 개발과 윤리학을 가르치고 있는 빌 조지Bill George는 이타심에 기초한 자비롭고 진정한 리더십이 문제를 해결하는 핵심 열쇠라면서 본인이 직접 이타적 기업을 운영했습니다. 실제로 그는 미국 의료기기 회사인 메드트로닉Medtronic CEO를 거쳐 회장을 역임했는데, 빌이 경영할 당시 메드트로닉은 시가총액이 11억 달러에서 600억 달러로 증가하는 등 35퍼센트의 연평균 성장률을 기록했습니다. 이와 관련, 빌 조지 교수는 다음과 같이 말했습니다.

제가 경영한 메드트로닉은 의료기기를 생산하는 기업입니다. 메드트로닉은 돼지의 심장판막을 이용해 사람의 심장판막을 만들어 소중한 생명을 구하는 일을 하고 있습니다. 이로써 사람들이 건강을 회복해 온전하게 생활하도록 돕는 것이 기업의 사명이라고 할 수 있습니다. 메드트로닉의 회사 가치를 평가하는 기준은 주당 이익이 아니라 우리가 도움을 제공한 사람들의 숫자입니다. 제가 가장 크게 자부심을 느끼는 부분은, 제가 메드트로닉에서 일하는 동안 우리의 노력으로 질병에서 회복해 건강한 생활이 가능해진 사람들의 숫자가 1년에 30만 명에서 1000만 명으로 늘어났다는 사실입니다. 우리는 직원들에게 이런 의미를 알리려고 노력했습니다. 사람들은 주가나 실적보다 그런 의미에서 영감을 받기 때문입니다.

메드트로닉의 사례에서 알 수 있듯, 이타심에 기초한 기업 경영을 통해 우리는 보다 나은 사회를 추구할 수 있습니다. 영어 표현에 '필링 웰 바이 두잉 굿feeling well by doing good'이라는 말이 있습니다. 타인에게 도움이 되는 일을 하고 나서 우리는 만족감과 행복을 느낍니다. 메드트로닉의 사례에서 사람을 살리는 자기 주도적 리더의 삶을 사는 CEO를 볼 수 있습니다. 이렇듯 타인에 대한 자비심, 친사회적 행동, 이타적인 행동과 행복감이 밀접한 관계가 있다는 것은 이미 많은 연구에 의해 입증된 바 있습니다. ESG 투자도 마찬가지입니다. ESG 투자는 인간을 완전한 존재라고 보기는 어렵지만, 우리가 사회를 위해 활동하는 좋은 기업에 투자하면서 보람을 느끼는 것 또한 엄연한 사실임을 보여줍니다. 우리는 각자 가진 자산으로 ESG에 투자하면서 인류가 더 나은 세상에 한 걸음 다가서고 우리를 둘러싼 환경이 조금이라도 개선될 것을 기대하고, 그런 기대가 현실화되는 모습을 보며 행복감과 만족감을 느낄 수 있습니다.

ESG, 수익·가치 두 마리 토끼 잡는다

ESG 투자는 수익률 면에서도 투자자에게 만족스러운 결과를 선사합니다. 많은 전통적인 투자자들이 ESG 투자의 중요성과 필요성에 공감하면서도 ESG 투자는 수익률이 낮다는 선입견 때문에 투자하기를 주저합니다. 과연 ESG 투자는 논non ESG 투자, 즉 전통적인 투자와 비교해볼 때 수익률이 낮을까요? ESG 투자를 권하기에 앞서 ESG 투자가 재무적 수익을 희생하지 않는다는 점을 강조하고 싶습니다. 높은 투자 수익률을 도모하면서도 윤리적 투자, 즉 ESG 투자를 충분히 할 수 있습니다. ESG 투자가 전통적인 투자, 즉 논 ESG 투자보다 나은 수익률을 기록했다는 실증적 증거가 많이 있지만 여기서는 최근에 발간된 4건의 연구 보고를 인용해 ESG 투자의 우수성을 증명해보고자 합니다.

가장 먼저 소개하고 싶은 것은 2019년에 발간된 모건스탠리Morgan Stanley의 연구 보고서입니다. 이 연구 보고서는 1만 개 이상의 ESG 펀드와 전통적 펀드의 성과를 비교한 결과, 놀랍게도 ESG 펀드의 투자 수익률이 더 높게 나타났다고 밝혔습니다. 이 보고서는 ESG 인덱스로 가장 높은 ESG 수준을 보여주는 대표적인 MSCI KLD 400과 S&P500의 투자 성과를 비교 분석했습니다. 연구 기간이 1990년부터 2018년까지인데, S&P500의 연평균 수익률은 9.7%이고 같은 기간 MSCI KLD 400의 연평균 수익률은 10.2%로, ESG 투자 성과가 일반 시장 투자 성과보다 높은 것으로 나타났습니다. 여기서 재미있는 사실은 S&P500의 경우 총 투자 금액의 10분의 1 이상이 화석연료, 담배, 그리고 총기 같은 무기에 투자됐다는 것입니다.

더욱이 2020년 5월 모닝스타Morningstar의 보고서에 따르면, 지난 5년 동안 여러 개의 ESG 포트폴리오 수익률이 벤치마크인 MSCI ACWI의 수익률을 능가한 것으로 나타났습니다. 〈표 1-4〉에서 보듯, 모닝스타는 코로나 팬데믹으로 시장이 침체된 기간을 포함해 2015년 3월부터 2020년 3월까지 4개 ESG 펀드(ESG 유니버설ESG Universal, ESG 포커스ESG Focus, ESG 리더스ESG Leaders, SRI) 모두가 기존 벤치마크인 MSCI ACWI를 능가하는 수익률을 보였다고 밝혔습니다. 2020년까지 ESG를 추구하는 4개의 MSCI 지수가 모두 1분기에 벤치마크 시장을 추월한 것입니다.

■ 표 1-4 수익률 벤치마크 대비 ESG 펀드 ■

	MSCI ACWI (벤치마크)	ESG 유니버설	ESG 포커스	ESG 리더스	SRI
연간 누적 수익률	-21.3	-20.1	-20.6	-19.9	-18.4
1년	-10.7	-8.4	-9.2	-8.5	-5.2
3년	2	3	3	3	4.9
5년	3.4	4	4.3	3.9	5.1

* 단위: %
* 참고: 조사 기간은 2015년 3월 31일부터 2020년 3월 31일까지입니다.

모닝스타의 보고서는 코로나19 위기가 전 세계를 휩쓴 시기를 포함해 최근 5년 동안 ESG 투자가 꾸준히 높은 수익률을 기록했다는 사실을 보여줍니다. 코로나19 위기 기간에 단기 하락이 발생했을 때도 ESG 평가점수가 높은 기업들은 낮은 변동성을 보이며 상대적으로 높은 수익률을 기록하는 등 강세를 나타냈습니다.

최근에 발표된 ESG 투자 수익률에 관한 또 다른 연구 결과도 매우 흥미롭습니다. 슈로더Schroders는 2020년 4월 30일부터 6월 15일 사이 세계 32곳에 위치한 투자자 2만 3000명 이상의 견해를 조사해 〈글로벌 인베스터 스터디 2020Schroders Global Investor Study 2020〉을 발표했습니다.

과거 투자자들은 ESG 혹은 지속가능성을 추구하다 보면 수익률이 희생될 수 있다고 우려했습니다. 하지만 슈로더의 보고서를 보면 투자자 중 42%가 지속가능 투자가 더 높은 수익률을 안겨줄 것이라고 믿기 때문에 이를 선택한다고 응답했는데, 이는 매우 고무적인 사실입니다. 또한 투자자의 4분의 3 이상(77%) 수익률이 더 높은 다른 투자 대상이 있더라도 투자 시 개인적 신념을 저버리지 않겠다고 했습니다. 투자는 개인의 선택에 달려 있는 문제로, 투자 대상을 선택하는 데는 여러 가지 요인이 영향을 미칩니다. 개인의 가치관 역시 그러한 요인 중 하나로, 대부분의 사람에게 이는 타협할 수 있는 기준이 아닙니다. 이 설문 조사 결과가 보여주는 바는 명확합니다. 즉, 수익률이 투자 결정을 좌우하는 결정적 요인은 아니라는 점입니다. 이제 사

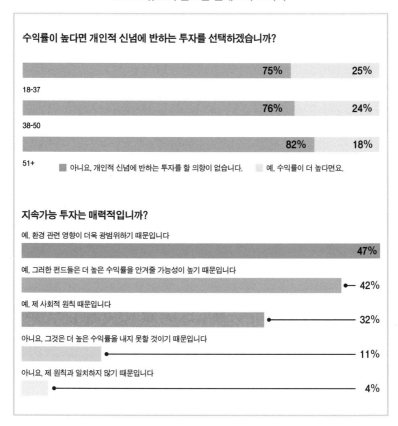

수익률이 높다면 개인적 신념에 반하는 투자를 선택하겠습니까?

18-37 | 75% | 25%
38-50 | 76% | 24%
51+ | 82% | 18%

■ 아니요, 개인적 신념에 반하는 투자를 할 의향이 없습니다.　■ 예, 수익률이 더 높다면요.

지속가능 투자는 매력적입니까?

예, 환경 관련 영향이 더욱 광범위하기 때문입니다
47%

예, 그러한 펀드들은 더 높은 수익률을 안겨줄 가능성이 높기 때문입니다
42%

예, 제 사회적 원칙 때문입니다
32%

아니요, 그것은 더 높은 수익률을 내지 못할 것이기 때문입니다
11%

아니요, 제 원칙과 일치하지 않기 때문입니다
4%

람들은 투자 방식에 자신의 가치관을 반영하고 싶어 합니다. 점점 더 많은 사람이 투자를 통해 지속가능한 사회를 만드는 데 기여할 방법을 모색하고 있습니다.

마지막으로, ESG 투자가 논 ESG 투자보다 더 높은 수익률을 기록했음을 보여주는 최근의 데이터가 있습니다. 현재 전 세계적으로

순위	티커	펀드명	연수익률
1	ARKG	ARK Genomic Revolution ETF	185.32%
2	TAN	Invesco Solar ETF	179.35%
3	PBW	Invesco WilderHill Clean Energy ETF	162.00%
4	ARKW	ARK Next Generation Internet ETF	150.77%
5	QCLN	First Trust NASDAQ Clean Edge Green Energy Index Fund	149.12%
6	ARKK	ARK Innovation ETF	148.25%
7	IBUY	Amplify Online Retail ETF	112.22%
8	PBD	Invesco Global Clean Energy ETF	112.10%
9	IPO	Renaissance IPO ETF	110.43%
10	ACES	ALPS Clean Energy ETF	108.95%
11	KGRN	KraneShares MSCI China Environment Index ETF	107.37%
12	ICLN	iShares Global Clean Energy ETF	104.88%
13	CNRG	SPDR S&P Kensho Clean Power ETF	104.76%
14	ONLN	ProShares Online Retail ETF	104.58%
15	LIT	Global X Lithium & Battery Tech ETF	101.83%
16	OGIG	O'Shares Global Internet Giants ETF	101.57%
17	WCLD	WisdomTree Cloud Computing Fund	101.41%
18	ARKF	ARK Fintech Innovation ETF	101.33%
19	XVZ	iPath S&P 500 Dynamic VIX ETN	96.64%
20	SMOG	VanEck Vectors Low Carbon Energy ETF	93.97%

* 출처: ETF.com

* 관련 데이터는 2020년 12월 14일까지 연간 누계 기간YTD 동안 총수익total return을 측정했습니다.

6000개가 넘는 ETF가 운용되고 있습니다. 이 중에서 사회적 책임을 추구하는 ETF, 곧 ESG ETF는 2021년 2월 현재 겨우 500여 개에 불과합니다. 하지만 ESG ETF는 2020년 코로나19 팬데믹 위기 속에서도 우수한 수익률을 보여주었습니다. 예를 들면, 2020년 한 해 동안 최고의 성과를 올린 상위 20위 ETF 중에서 4개가 혁신 기술을 다루는 ESG ETF였습니다. 그리고 상위 20위 ETF 펀드 중 10개가 환경, 지속가능성, 그리고 재생에너지를 추구하는 ESG ETF였습니다. 이 10개 ESG ETF의 연간 누적 수익률은 94~180%에 이릅니다. 최고의 ESG ETF는 태양광 에너지 관련 산업에 투자하는 ETF인 TAN으로 수익률이 무려 180%에 이릅니다. 결론은 분명합니다. ESG 투자로 지속가능성을 추구한다고 해서 수익률을 포기할 필요는 없습니다. 이런 사실이 해마다 데이터를 통해 더욱 명확히 증명되고 있다는 점은 매우 고무적입니다.

ESG, 달궈진 지구를 식힌다

앞서의 이야기로 돌아가봅시다. 우리는 왜 ESG 투자를 해야 할까요? 기후 변화에 대응하는 방법으로도 ESG 투자는 최선의 대책입니다.

ESG 투자에서 가장 큰 영역을 차지하는 것은 바로 환경 관련 이슈입니다. 지구 온난화의 근본 원인은 산업화로 시작된 석유에 기반을 둔 허약한 현대 문명입니다. 지구에 구멍을 뚫어 석유를 끝없이 퍼내고 그것을 태우는 과정에서 지구가 오염되고 지구의 온도가 상승해 이제는 다시 회복시키기 어려울 정도로 심각한 환경 문제가 일어난 것입니다. 그러면 우리는 왜 환경 문제에 관심과 책임을 가져야 할까요? 환경 문제는 정치적으로, 경제적으로, 과학적으로 매우 어렵고 복잡하게 얽혀 있습니다. 그런데 기후 변화, 환경 문제에 대한 핵심적인 질문은 이타주의 대 이기주의의 문제로 단순화시킬 수 있습니다.

기후 온난화와 관련, ESG 투자의 가장 중요한 동인은 이타주의입니다. 환경 문제에서 흥미로운 것은 기후 온난화 등 환경 파괴가 당장 우리에게도 큰 피해를 주지만 미래를 살아갈 우리 후손들에게 더 큰 피해를 준다는 사실입니다. 지금 함께 사는 우리 이웃들뿐만 아니라 미래에 태어날 세대들까지 염두에 두는 이타적인 삶만이 기후 온난화로 인한 환경 문제를 해결할 수 있는 최선의 방법입니다. 이는 현 세대뿐만 아니라 미래 세대를 염두에 두고 지속가능 발전을 도모하기 때문에 ESG 투자를 해야 하는 이유이기도 합니다.

코로나19 팬데믹 이후 우리 앞에는 무너져버린 경제를 재건하는 과정에서 과거의 화석연료 기반 경제로 돌아갈 것인가, 아니면 지속 가능한 녹색경제를 만들어갈 것인가 하는 중요한 문제가 놓여 있습니다. 무엇을 선택하느냐에 인류 문명의 생존이 달려 있습니다.

코로나19 팬데믹 사태로 기후 변화에 대응해야 할 긴박성은 더욱 부각되고 있습니다. 이런 분위기에 발맞춰 저탄소 경제로의 전환을 위한 각국의 정책적 대응이 강화될 것이라는 긍정적인 분석이 여러 곳에서 나오고 있습니다. 온실가스 배출을 억제하고 열대 우림을 보호하는 등 기후 변화를 억제하는 데 필요할 것으로 추산되는 비용은 연간 1500억~2000억 달러에 이릅니다. 생태계를 복원하고 보전하는 일은 단기적으로는 돈이 많이 들지만, 장기적으로 보면 매우 훌륭한 투자입니다. 과학자들은 세계 GDP의 1.2%(1조 달러 이상)를 저탄소 기술에 투자하고 화석연료 회사에 구제금융을 지원하지 않는 등 강력한 녹색 회복 정책을 실시해 지구 온난화를 막으면 지구의 평균 기온을 섭씨 0.3도 정도 낮출 수 있을 거라고 주장합니다.

저탄소 및 재생에너지에 투자하는 ESG 투자는 기후 위기에 대응하는 최선의 방법입니다. ESG 투자를 통한 그린 뉴딜은 기후 위기에 대응하기 위한 선택지가 아니라 인류가 원하든 원치 않든 도래할 예견된 미래라고 미래학자 제러미 리프킨은 단언했습니다.

전 세계 ESG 투자 지형은 기후 변화에 대응하는 방향으로 바뀌고 있습니다. 지금은 화석연료 산업에서 재생에너지 산업 중심의 그린 경제로 옮겨가는 대전환의 시대입니다. 자산운용사, 연기금 등 기관 투자자들 역시 재생에너지로의 전환을 시작하고 있습니다. 화석연료 산업에서 발을 빼고 재생에너지에 투자하는 움직임이 전 세계적으로 급속히 확산되고 있는 것입니다.

전 세계 연금기금 연구Global Pension Assets Study에 따르면 전 세계 연금기금의 규모는 2021년 현재 57조 달러에 이릅니다. 전 세계 연금의 대부분을 차지하는 미국, 영국, 네덜란드, 일본, 캐나다 등 주요국의 연금기금 기관투자자들 가운데 상당수가 화석연료에서 돈을 빼 재생에너지로 옮기며 자본주의 역사상 가장 큰 규모의 이탈 및 투자 캠페인을 펼치고 있습니다.

지금까지 세계적인 대도시와 노동조합을 포함해 37개 국 1000여 개 기관투자자들이 화석연료 산업에서 8조 달러의 기금을 빼내 우리를 탄소 제로의 미래로 이끌 녹색 에너지와 청정 기술, 비즈니스 모델에 재투자하는 노력을 기울였습니다. 화석연료 연관 산업에서 대규모 자금을 회수해 스마트 그린 경제 분야에 재투자하는 공공 및 민간 연금기금의 극적인 움직임은 사회적 자본주의 시대의 전조라 할 수 있습니다.* 결론적으로 투자에 대한 의사 결정의 주변부에서 논의되던 ESG 투자가 점점 시장 활동의 핵심으로 떠오르면서 근본적인 시각의 전환이 나타나고 있습니다. 화석연료 기반 문명에서 벗어나는 출구 전략이 바로 그것입니다.

ESG, 지속가능 발전의 동력

우리가 ESG 투자에 나서야 하는 또 다른 이유는 바로 ESG가 지속

● 　제레미 리프킨의 《글로벌 그린 뉴딜》.

가능 발전의 동력이라는 점입니다. 그런데 지속가능 발전이란 과연 무엇일까요? UN에 따르면 지속가능 발전SD, Sustainable Development은 미래 세대의 욕구를 충족시킬 수 있는 기반을 저해하지 않는 범위 내에서 현 세대의 요구를 충족시키는 발전입니다. 다시 말해, 현 세대의 필요를 충족시키되 미래 세대의 가능성을 파괴하지 않고, 인간 사회가 주변 환경과 조화를 이루며 자유롭게 발전할 기회를 도모하는 것입니다. 이를 위해 지속가능 발전은 한 분야 또는 하나의 정책을 바꾸는 것이 아니라 패러다임 전체의 전환을 요구합니다. 이와 관련, UN은 인류 공동의 미래를 위해 지속가능 발전을 이루기 위한 사회 각 부문의 역할을 강조하면서 각 영역의 목표와 운영 방식의 변화 방향을 제시하고 있습니다.

여기서 중요한 질문은, 지속가능 발전의 동력이 왜 ESG인가 하는 것입니다. 지속가능 발전을 목표로 하는 ESG 투자를 예로 들어보겠습니다. 자선단체인 UN 캐피털 디펜스 펀드UNCDF, UN Capital Defense Fund가 전 세계적으로 빈곤과 경제적 어려움을 완화하기 위해 만든 ESG ETF가 있습니다. 세상을 구하기 위한 ETF입니다. 단지 주주 수익을 극대화하는 것 외에도 ETF를 통해 탄자니아의 소규모 지역 농장을 지원하기 위한 자금을 모을 수 있다면 어떨까요? 또는 우간다의 식품 시장을 현대화할 수 있다면 어떨까요? 네팔의 중소기업에 모바일 결제 및 모바일 뱅킹을 제공하는 것은 어떻습니까? ETF가 실제로 자선과 투자 수익의 도구가 될 수 있을까요?

이것이 바로 비영리 ETF 발행사인 임팩트셰어 Impact Shares가 만든 지속가능 발전 목표 글로벌 주식 ETF SDGA, Sustainable Development Goals Global Equity ETF가 추구하는 바입니다. SDGA는 그저 이윤만 추구하던 과거와 달리 목적이 있는 이윤을 추구하고, 양보다 삶의 질을 중시하며, 구체적으로 양질의 지속가능한 삶을 확대하기 위한 수단으로 투자를 활용합니다. UN에 따르면 지속가능 발전 목표는 모두를 위한 양질의 교육 또는 지속가능한 개발 도시 같은 글로벌 사회 및 경제 정책 목표의 청사진으로, 지속가능 투자를 통해 달성할 수 있으며, '사람과 지구 모두를 위한 평화와 번영'을 추구합니다.

SDGA는 UNCDF가 집중적으로 지원하는 세계에서 가장 가난한 나라 47개 국의 제품을 서비스하거나 판매하는 ESG 분야 최우수 스타 기업에 투자합니다. 주로 다국적 대기업에 자본을 할당함으로써 SDGA는 그들이 지역 공급망을 개발하고, 일자리를 창출하고, 저개발 지역의 지역경제 인프라를 지원하도록 돕고 있습니다. 이 기업들은 이들 국가의 자사 제품을 판매하기 더 좋은 곳으로 만드는 동시에 고용, 교육 및 인권을 개선하는 데 힘쓰고 있습니다. 지속가능한 삶의 질을 향한 변화는 ESG에 달렸습니다.

ESG, 기업의 성과는 물론 가치를 제고한다

우리가 ESG 투자에 나서야 하는 마지막 이유입니다. 우리가 ESG 투자를 해야 하는 이유는 ESG가 기업의 가치를 높이기 때문입니다. ESG와 기업의 성과의 관계는 어떨까요? ESG를 잘 실천하는 기업들, 곧 ESG 등급이 높은 기업들은 기업의 성과나 기업 가치가 높습니다. 이와 관련, 모건스탠리캐피털인터내셔널MSCI, Morgan Stanley Capital International은 인덱스 제공업체로서 기업들이 ESG 요소를 기업 경영과 투자에 얼마나 잘 반영하는지에 따라 ESG 등급과 ESG 점수를 제공합니다. ESG는 적어도 3가지 전송 채널을 통해 기업의 가치 성과에 영향을 미칩니다.

첫째, 밸류에이션 채널입니다. 아주 간단한 논리입니다. 일단 높은 ESG 등급을 받은 기업은 낮은 ESG 등급을 받은 기업에 비해 상대적으로 체계적 위험systemic risk이 낮습니다. 이는 곧 낮은 자본 비용을 이끌고, 나아가 높은 현금흐름할인DCF, discounted cash flow으로 연결됩니다. 즉, 높은 DCF는 바로 기업의 높은 미래가치를 보여준다고 할 수 있습니다. ESG 등급이 높은 좋은 기업은 낮은 자본 비용을 누릴 수 있습니다. ESG 점수가 낮을수록 부채 비용이 많이 듭니다. 왜 그럴까요?

기업의 ESG 프로파일과 자본 비용의 상관관계에 대한 많은 실증적 연구가 있습니다. 최근 MSCI의 연구 결과, ESG 등급이 높은 회사가 ESG 등급이 낮은 회사보다 체계적인 위험, 즉 광범위한 주식시장 등 시장이 같은 부문 또는 산업에 영향을 미치는 위험에 덜 노출되어 있는 것으로 나타났습니다.[*] 자본자산 가격결정 모델CAPM, Capital Asset Pricing Model을 적용해도 동일한 결과가 나타났습니다. 시스템 리스크(베타)가 낮을수록 자본 비용은 낮아집니다. 마찬가지로 실증적 연구 결과, ESG 등급이 높은 회사의 평균 부채 비용은 ESG 등급이 낮은 회사의 평균 부채 비용보다 낮은 것으로 나타났습니다. 결론적으로 이 실험에서 ESG 점수를 기반으로 평가할 때 좋은 기업은 나쁜 기업에 비해 회사의 비용이 거의 2%나 더 적었습니다.

둘째, 모멘텀 채널입니다. 기업의 높은 ESG 등급은 체계적인 위험을 낮추고 이는 낮은 가중평균자본비용WACC, Weighted Average Cost and Capital을 이끌고 나아가 기업 가치를 높이는 효과를 나타냅니다. 그렇다면 WACC란 무엇인가요? WACC는 각 범주의 자본에 비례해 가중치가 적용되는 기업의 자본비용을 계산한 것입니다. 보통주, 우선주, 채권 및 기타 장기 부채를 포함한 모든 자본 출처가 WACC에 포함됩니다. 기업의 체계적 위험이 높으면 왜 자본 비용이 많이 들고 기업 손실로 이어질까요? ESG 등급이 낮고 불량한 기업 혹은 ESG를 전혀 실천하지 않는 기업은 소위 말하는 ESG 리스크에서 오는 기업 손실이 지대합니다. ESG를 제대로 실천하지 않아서 ESG 논란에 빠진 기업

●   MSCI, 2020. 2. 25, 〈MSCI Reference : ESG and the Cost of Capital〉.

은 기업 주가가 폭락해 투자자에게 큰 피해를 입히기도 합니다. 지난 6년간 주요 ESG 관련 논란으로 미국 대기업의 시가총액에서 최대 5340억 달러의 손실이 빚어진 것은 이를 분명히 보여줍니다.[*]

셋째, 이윤 수익성 채널입니다. 기업의 높은 ESG 등급은 기업의 경쟁력을 높이고, 보다 높은 수익성을 창출하고, 이는 또한 더 높은 배당 지급을 유도합니다. S&P500지수에 포함된 미국 기업 중 지난 5년간 ESG 순위에서 상위 5위를 차지한 기업은 하위 5위를 차지한 기업보다 매년 최소 3% 포인트 이상 앞선 것으로 나타났습니다. ESG 등급이 높은 기업은 직원 만족도와 기업의 생산성이 향상돼 기업의 경쟁력이 높아져 보다 많은 수익을 창출합니다.[**]

새로운 투자 질서, 돈 잘 버는 기업보다 착한 기업에 주목한다

과거에는 투자하기 전, 해당 기업의 자금흐름과 경영 성과 등 재무적인 요소에 집중했다면 이제는 보다 넓은 의미의 가치를 고려하는 세상이 됐습니다. 단순히 '돈을 잘 버는 기업'이 아니라 사회적 책임을 성실히 수행하는 '착한 기업'에 관심이 쏠리고 있는 것입니다. 이

---

[*]   US Equity and Quant Strategy, 2020, FactSet.

[**] Think Num, 2018. 9. 28, FactSet.

런 추세와 맞물려 ESG를 잘 구현하고 있는 기업들을 모아놓은 ESG ETF에 대한 관심도 고조되고 있습니다. 이런 뜨거운 관심은 우수한 수익률로 연결되며 ESG ETF의 가치를 더욱 공고히 하고 있습니다. ESG 투자는 재무적 요소, 비재무적 요소 모두 고려하여 기업의 리스크를 판단하고 투자를 결정한다는 점에서 앞으로도 계속 주목받을 것으로 보입니다. 사회적 가치를 중요하게 여기는 밀레니얼 세대의 특성을 고려한다면 ESG 투자의 저변은 계속 확대될 것이 분명합니다. 사회도, 기업도, 소비자도, 투자자도 모두 변하고 있습니다. 한편 ESG의 주요 과제인 환경 이슈와 관련, 지구의 환경은 빠른 속도로 무너져가고 있습니다. 포스트 코로나 시대의 새로운 투자 질서로 떠오른 ESG에 관심을 가져야 하는 이유가 바로 여기 있습니다.

ESG 투자의
성장 요인은 무엇인가?

UN PRI, 투자자 혁명을 이끌다

최근 발간된 보고서 〈전 세계 지속가능성 투자 리뷰Global Sustainable Investment Review〉에 따르면 환경, 사회, 지배구조를 고려하는 ESG 투자 전략에 의해 운용되는 자산 규모는 2018년 30조 7000억 달러에 이릅니다. 이는 2016년 이후 약 36% 성장한 수치입니다.[*]

최근 코로나19 위기를 맞으며 ESG 투자 규모는 전 세계적으로 급

---

[*] GSIA, 2018, 〈Global Sustainable Investment Review 2018〉, 해당 수치는 유럽, 미국, 일본, 캐나다, 그리고 호주와 뉴질랜드를 대상으로 합니다.

증하는 추세를 보이고 있습니다. ESG 데이터를 적용해 투자 결정을 추진하는 전 세계 자산의 규모는 4년 동안 거의 2배, 8년 동안 3배 이상 증가해 2020년 40조 5000억 달러에 이르렀습니다. ESG 투자는 투자자들에게 중요한 투자 철학이자 투자 방식으로 자리 잡으면서 최근 주요한 관심사로 떠오르고 있습니다. 최근 20년간 나타난 ESG 투자의 급성장세를 어떻게 설명할 수 있을까요?

먼저, 제도적 요인을 들 수 있습니다. ESG 투자가 전 세계 기관투자자들의 투자 활동 전반을 포괄하는 투자 원칙이자 주류 투자 원칙으로 자리 잡는 데는 결정적으로 UN PRI의 역할이 지대했습니다.

기업의 투명성과 사회적 책임을 유도하기 위해 2006년 4월 전

UN PRI 6대 원칙

1. 우리는 투자 분석과 의사결정 과정에 ESG 이슈를 포함시킨다.
2. 우리는 적극적인 주주가 될 것이며, 우리의 소유 정책과 실행에 ESG 이슈를 포함시킨다.
3. 우리는 우리가 투자하는 기관이 ESG 이슈에 대한 적절한 공시를 하도록 촉구한다.
4. 우리는 투자 산업 내에서 이 원칙들이 수용되고 실행되도록 노력한다.
5. 우리는 이 원칙들을 실행하는 데 있어 효과를 높이기 위해 함께 일한다.
6. 우리는 이 원칙들의 실행을 위한 우리의 활동과 진행 사항에 대해 보고한다.

UN 사무총장 코피 아난Kofi Annan의 전폭적인 지원으로 UNEPFI UN Environment Program Finance Initiative와 UN 글로벌 콤팩트UN Global Compact의 협력 하에 30여 개 국제 금융기관이 서명하면서 UN PRI를 선포했습니다. UN PRI는 기본적으로 ESG 같은 비재무적 요소들을 투자 분석과 의사결정 과정에 고려해야 할 중요한 요소들로 간주함으로써 기관투자자들이 이러한 이슈에 따른 리스크를 줄이고 장기 수익을 달성할 수 있도록 지원하기 위해 개발됐습니다.

2006년 UN PRI가 출범하면서 투자자 혁명, 새로운 변화의 물결이 나타났음은 자본 시장의 급격한 변화에서도 알 수 있습니다. ESG 이슈에 대한 관심과 그 중요성에 대한 인식이 확대되면서 UN PRI 서명 기관 수는 급속히 증가했습니다. UN PRI 서명 기관은 자산 소유자, 자산운용사, 서비스 제공자 3개 그룹으로 분류됩니다. UN PRI는 2006년 자산 소유자 48개, 자산운용사 30개, 서비스 제공자 및 책임 투자 리서치 기관 등 12개로 시작하였으나 불과 13년이 지난 2019년 5월 자산 소유자 406개, 자산운용사 1567개, 그리고 서비스 제공자 및 책임 투자 리서치 기관 264개로 엄청난 성장을 이루었습니다.

UN PRI 서명 기관은 2020년 3월 31일 현재 3000개 이상이며, 이들의 자산을 합치면 100조 달러가 넘습니다. 여기에는 캘리포니아 공무원 연금CalPERS, 네덜란드 공무원 연금ABP, 캐나다 연금CPP 등 세계 최대 연금과 미쓰비시UFJMitsubishi UFJ, 스위스 재보험Swiss Reinsurance

등이 포함됩니다. 주요 자산운용사로는 HSBC, JP모건JP Morgan, BNP 파리바BNP Paribas, 알리안츠Allianz, 골드만삭스Goldman Sachs 등이 있습니다. 투자 자문사 및 ESG 정보 제공 기관 등 전문적인 서비스 제공자로는 이노베스트Innovest, 아이리스EiRIS, 머서Mercer, 외콤Oekom, FTSE 등이 가입했습니다. 한국의 경우, 국민연금을 포함해 대신경제연구소, 프락시스캐피털파트너스, 브이아이자산운용, ESG모네타, 안다자산운용, 후즈굿, 서스틴베스트 등 8곳이 가입한 상태입니다.[*]

IT 혁신, 달리는 ESG에 채찍을 더하다

IT 혁신 역시 ESG 투자가 성장하는 데 크게 기여했습니다. ESG 투자가 점차 성장하는 것을 보면서 일각에서는 ESG 투자 증가세가 일시적 유행에 불과하다는 비판적인 시각을 내비치기도 했습니다. 하지만 지난 15년간 ESG 투자는 IT 혁신에 힘입어 놀라운 증가세를 보였습니다. IT 혁명의 결과, 스마트 알고리즘이 발달해 수많은 ESG 투자 관련 빅 데이터를 정교한 기계학습 알고리즘으로 보다 정밀하게 분석하게 되면서 투자자들은 기업들의 ESG 성과에 쉽게 접할 수 있게 되었습니다.

---

[*]   IMPACT ON, www.impacton.net.

2018년 MSCI ESG 리서치 리포트에 따르면 이제 실적평가사들은 6400개 기업의 1000개가 넘는 계열사를 포함해 총 1만 1800개가 넘는 발행사들의 정보를 한번에 다룰 수 있습니다. 그 결과, 예전에는 정말 상상도 할 수 없었던 ESG 관련 데이터의 투명성을 얻게 되었습니다. 테크놀로지와 소셜 미디어에 익숙한 밀레니얼 세대의 급격한 부상도 ESG 투자가 성장하는 데 크게 기여했습니다.

IT 혁신과 함께 비재무적 데이터의 공개 의무화도 ESG 투자가 성장하는 데 크게 기여했습니다. 유럽은 2018년부터 근로자 500명 이상 기업들을 대상으로 비재무 정보를 의무적으로 공시하기 시작했으며, 한국은 2019년 이후 자산총액 2조 원 이상인 코스피 상장사의 지배구조 공시를 의무화함으로써 투자자들이 ESG 정보를 쉽게 접할 수 있게 했습니다.

스마트폰 등 디지털 기기에 둘러싸여 성장한 밀레니얼 세대는 소셜 미디어를 통한 커뮤니케이션에 익숙합니다. 이들은 인터넷 검색을 통해 저렴하고 품질 좋은 상품을 비교한 뒤 구매하며, '소유'가 아닌 다른 형태로 서비스나 상품에 접근할 방법을 찾습니다. 그 결과, 공유경제sharing economy를 활용한 소비가 발전했습니다.

이 같은 추세에 발맞춰 자산 관리자와 모닝스타 같은 연구 제공자들은 IT 혁신을 이용해 ESG 투자를 성장시키기 위해 크게 노력하고 있습니다. 2020년 4월 모닝스타는 ESG 등급 및 연구 분야의 리더인 서스테이널리틱스Sustainalytics를 인수했습니다. 주요 지수 제공 업체

중 하나인 MSCI는 IT 혁신을 적절히 이용한 결과, 세계 최대 ESG 지수 및 연구 제공 업체가 되었습니다. 시장 선호도가 높아짐에 따라 ESG 인프라는 지속적으로 개선되고 있습니다.

수백만 개의 데이터와 결합된 인공지능 Al, Artificial Intelligence 은 ESG 투자 결정을 강화하고 개선하는 데 더욱 박차를 가하고 있습니다. 4차 산업혁명이 본격화되면서 AI 기술은 ESG 지표 개선의 핵심 동력으로 자리 매김하고 있습니다. AI 기술의 활용은 꾸준히 증가하는 추세로, ESG 데이터의 특성상 텍스트 마이닝 등 고도화된 빅데이터 분석 기술이 특히 주목받고 있습니다.

일반적으로 ESG 평가 요소는 수익성, 성장성, 안정성, 밸류에이션 등 재무적 데이터보다 수치화하기 어려운 비정형 데이터 형태인 경우가 많습니다. 따라서 ESG 지속가능성 보고서처럼 숫자가 아닌 텍스트 데이터에 대한 질적 평가에 의해 ESG 평가가 이루어져야 하므로 텍스트 마이닝의 고도화와 양질의 전문화가 더욱 절실해지고 있습니다. 예를 들어, ARK인베스트 CEO와 CNBC의 인터뷰, 투자자들의 SNS, 인터넷상의 기업 평가 정보 등을 체계적으로 수집하고 분석하기 위해 텍스트 마이닝, 웹 마이닝 기술을 사용할 수 있습니다. 머신러닝, 딥러닝 등 데이터 분석 기법이 발전하고 클라우드 등 데이터 저장 비용이 저렴해지면서 ESG 분석을 위한 빅데이터 분석은 점점 확대될 것으로 예상됩니다. 끝으로 ESG 투자의 미래는 개인의 사회적 책임에 대한 신념이 '일률적'인 경우가 거의 없기 때문에 투자자를 위한 고도의 맞춤형 ESG 옵션 형태로 발전할 것으로 보입니다.

베이비붐에서 MZ로, 성장에서 가치로

ESG 투자의 성장 동력으로 전 세계 투자 인구 분포 지형이 변하고 있다는 것을 들 수 있습니다. 자녀에게 재산을 물려줄 준비를 해야 하는 베이비붐 세대를 중심으로 전 세계 투자 인구의 분포 지형이 변하고 있습니다. 베이비붐 세대에서 자녀에게로 이어지는 엄청난 부의 이전은 향후 10년 동안 ESG 투자의 성장세를 촉진할 잠재력으로 역할할 것으로 기대됩니다. 부의 이전이 이뤄짐에 따라 ESG 투자가 곧 모든 투자 포트폴리오의 주류가 될 것입니다. 그리고 이러한 변화는 정부의 규제와 기관투자자의 적극적인 참여로 더욱더 확대될 것으로 기대됩니다. ESG 투자의 리스크 관리 능력과 장기적 가치 창출 능력은 기관투자자에게 매우 매력적입니다. 뿐만 아니라 ESG 투자는 개인투자자에게도 중요하고 탁월한 선택입니다.

역사상 가장 큰 세대간 부의 이전이 시작됨에 따라 부의 이전 혜택을 받는 밀레니얼 세대는 포트폴리오를 개선하고 더 나은 세상으로 이끄는 품질 요소로서 ESG에 더 많이 관심을 보임으로써 사회에 엄청난 영향을 미칠 것으로 전망됩니다. 〈2019년 세대 교체: 가족간 부의 이동 보고서 A Generational Shift : Family Wealth Transfer Report 2019〉에 따르면,

2030년까지 순자산 500만 달러 이상인 개인들이 15조 4000억 달러의 글로벌 자산을 이전할 것으로 예상됩니다. 북미에서는 2030년까지 8조 8000억 달러, 유럽에서 3조 2000억 달러, 아시아에서 1조 9000억 달러가 이전될 것입니다 .

또한 미국의 리서치 회사 세룰리 어소시에이츠Cerulli Associates에 따르면, 베이비붐 세대는 향후 25년 동안 거의 48조 달러의 자산을 상속인과 자선단체에 몰려줄 것으로 예상됩니다. 1965~1980년 사이에 태어난 X 세대의 자산을 포함하면 다음 4분기 동안 미국 가계에서 68조 4000억 달러의 자산이 이전될 것이라고 세룰리 어소시에이츠는 예견했습니다.

개인 · 기관 · 정부, 그린뉴딜 혁신으로 움직인다

ESG 투자가 급격히 성장하는 이유는 지속가능 투자에 대한 시장(개인투자자, 기관투자자, 정부)의 요구가 날로 증가하기 때문입니다. ESG 투자가 급격히 성장하는 데는 무엇보다 새로운 밀레니얼 세대의 요구가 강한 동력으로 작용하고 있습니다. 보다 다양한 요구를 갖고 있는 새로운 세대의 투자자들은 금융 의사 결정자로서 더 많은 기업들에 자신들의 요구 사항을 적극적으로 제시하고, 투자 포트폴리오의 핵심 해결책을 지속가능 투자에서 찾으려 하고 있습니다.

연기금과 기관투자자들 역시 미국에서 ESG 투자 확대를 주도하고 있습니다. 특히 기관투자자들은 ESC 투자를 확대하는 데 큰 역할을 하고 있습니다. 당위적인 측면보다는 실질적인 고객의 수요, 시장 규모가 확대될 것이라는 전망에 따라 기관투자자를 중심으로 ESG 투자는 더욱 증가세를 보이고 있습니다.

최근 연기금 등 거대 기관투자자들이 자신이 투자하는 회사에 지속가능성과 관련, ESG 투자 전략을 세우라고 요구하는 모습이 늘고 있습니다. 세계 3대 자산운용사인 블랙록, 뱅가드, 스테이트 스트리트State Street, 거대 기관투자자인 캘리포니아 공무원 연금, 캘리포니아 교직원 연금CalSTRS, 그리고 일본, 스웨덴, 네덜란드 정부가 운영하는 공공 연금펀드 등이 지속가능성 문제를 꾸준히 언급하고 있습니다.

개인투자자, 기관투자자들의 요구로 세계 최대 자산운용사인 블랙록은 2020년 초 구체적으로 다음과 같은 내용의 지속가능 투자 로드맵을 제시했습니다.

패시브 ESG 중심의 ETF를 2배로 늘리고, 화석연료 없는 포트폴리오를 만들고, 새로운 지속가능 지수 개선과 개발, 글로벌 에너지로의 전환과 임팩트 투자에 초점을 맞춘 적극적인 전략을 추가할 계획이다. 또한 자산 배분 전략을 ESG로 확장하고 ESG 목표와 일정 계획을 만들 예정이다.

기관투자자들은 지속가능 책임투자가 수익률 향상으로 이어질 것임을 분명히 인식하고 있을 뿐 아니라 자신들의 책임투자로 세상이 더 살기 좋은 곳으로 변하고 사회적 문제를 해결할 수 있을 거라는, ESG의 핵심 가치를 잘 알고 이해하고 있습니다.

지속가능 투자에 대한 개인투자자들과 기관투자자들의 요구로 세계 금융 지도는 빠르게 바뀌고 있습니다. 예를 들어, 재생에너지에 투자하는 전 세계적인 움직임이 급속히 확산되고 있습니다. 우리가 주목해야 할 것은 40조 달러가 넘는 전 세계의 연금기금 기관투자자들입니다.

세계 전역의 연금기금 기관투자자들 가운데 상당수가 자본주의 역사상 가장 큰 이탈 및 투자 캠페인이 펼쳐지는 가운데 화석연료에서 돈을 빼 재생에너지로 옮기기 시작했습니다. 구체적인 예로, 미국 연금기금들은 화석연료 산업에 투자한 자금이 좌초 자산에 묶여 수백만 근로자의 퇴직 기금을 소진할 가능성이 커지자 투자비 회수에 나서기 시작했으며, 미국 각 주와 도시는 석유화학산업 같은 화석연료 부문 및 그에 의존하는 관련 산업에서 공공연금기금을 회수해 스마트 4차 산업 경제를 구성하는 녹색 기회에 재투자하고 있습니다. 민간 연금기금 역시 같은 행보를 보이고 있습니다.[*]

끝으로, 정부 정책의 영향력이 점점 더 커지고 있습니다. 날로 발전하는 정부 정책은 전 세계 대규모 기관들이 지속가능 투자에 자본을

---

* 제러미 리프킨의 《글로벌 그린 뉴딜》.

투입할 것을 요구합니다. 규제 기관과 정부는 지속가능성을 투자 정보와 의사 결정에 통합하는 데 주력하고 있습니다. 이와 관련, 전 세계 국가 정부들은 친환경 신재생에너지 산업 인프라를 구축하고 관련 산업을 육성함으로써 에너지 구조를 전면적으로 조정해 고용과 노동까지 아우르는 그린 뉴딜 혁신으로 움직이고 있습니다.

Chapter

2

가치에 투자하는
가장 쉬운 방법,
ESG ETF

ESG 투자, 어떻게 해야 하나?

투자의 새로운 기준으로 ESG가 부각되면서 투자자들의 관심이 집중되고 있습니다. 그러나 막상 ESG 투자에 나서려고 보면 과연 어떻게 해야 하는지 고민되는 게 사실입니다. 가장 쉬운 방법으로 해당 기업이 ESG를 얼마나 잘 실천하고 있는지 알아보기 위해 ESG 등급을 찾아보는데, ESG 등급만 보고 투자하기에는 어려운 점이 많습니다. 관련 기업을 하나하나 분석하는 게 번거로운 것도 사실입니다. 이런 경우 ESG 등급이 우수한 기업들을 모아놓은 펀드 또는 ETF에 투자하는 것도 하나의 방법입니다.

제2장에서는 ESG ETF가 무엇인지 알아보고, 전 세계적으로 주목

받고 있는 ESG ETF의 성장 요인을 분석합니다. 아울러 ESG ETF를 선택하는 데 있어 중요한 기준인 지속가능성 등급, ESG 등급을 소개합니다. 이런 배경 지식을 바탕으로 ESG ETF가 일반 ETF보다 어째서 지속가능 목표에 적합한 투자인지 설명합니다. 또한 투자 시장에서 뜨겁게 주목받고 있는 ESG ETF 투자와 관련, 투자 전략과 장기 전망을 제시하고 구체적으로 지속가능 기준에 적합한 ESG ETF를 선택하는 방법을 알아봅니다.

01

ESG ETF란 무엇인가?

금융의 혁신, 투자의 혁신을 이끌다

지난 30년간 전 세계 금융 시장의 획기적인 혁신 중 하나로 주식처럼 거래할 수 있는 상장지수펀드ETF, Exchange Traded Fund의 출현을 들 수 있습니다. ESG ETF는 쉽게 말해 ESG 기준을 추적하는 ETF입니다. ESG의 사회적 책임을 추구하는 ETF 펀드라고도 할 수 있습니다. UN 무역개발회의UNCTAD, United Nations Conference on Trade and Development가 명시적으로 정의한 ESG ETF의 2가지 기준은 다음과 같습니다.●

● UNCTAD, 2020, Leveraging the Potential of ESG ETFs for Sustainable Development.

첫째, ETF 펀드 이름에 명시적으로 ESG이라는 단어가 포함돼 있는 경우, ESG ETF로 간주합니다. 예를 들면, 미국에서 가장 큰 ESG ETF 펀드인 아이셰어즈 ESG 어웨어 MSCI USA ETF ESGU, iShares ESG Aware MSCI USA ETF 같은 것을 말합니다. ESG 관련 용어, 즉 SRI나 지속가능 투자 Sustainable Investing 혹은 임팩트 투자 Impact Investing 같은 용어를 쓴 경우도 ESG ETF에 포함됩니다.

둘째, ETF에 'ESG'라는 용어는 쓰이지 않았으나 태양광 Solar, 청정에너지 Clean energy, 저탄소 Low carbon 등 ESG와 관련된 특정 테마로 분류되는 경우 ESG ETF로 간주합니다. 예를 들면, 인베스코 솔라 ETF TAN, Invesco Solar ETF, 아이셰어즈 글로벌 클린 에너지 ETF ICLN, iShares Global Clean Energy ETF 등이 있습니다.

ESG ETF에 투자하면 어떤 이점이 있을까요? 먼저 ESG ETF는 ETF의 여러 장점이 그대로 발휘됩니다. 즉, 주식처럼 사고팔기 쉽습니다. 펀드에 비해 수수료가 매우 저렴합니다. 분산투자로 투자 위험을 낮출 수 있습니다. 주식처럼 매일 거래된 내용, 가격, 거래량, 정보가 투명하게 공개됩니다. 또한 적은 금액으로 전 세계 모든 자산에 투자할 수 있습니다. 무엇보다도 ESG ETF에 투자할 때의 장점은 자신이 믿고 있는 가치를 추구하는 다양한 분야의 산업에 투자할 수 있는 가장 편리한 도구를 제시해줍니다. 예를 들어, 청정에너지 테마 ETF인 ICLN, 글로벌 태양광 벨류체인에 투자하는 테마 ETF인 TAN을 들 수 있습니다. ESG ETF는 저마다 각각 테마가 있습니다. ESG

ETF 투자자가 중요하게 생각해야 할 것은 이런 테마의 성장성입니다. ESG ETF 운용사들은 전문 운용 매니저가 객관적인 분석을 통해 그 분야에서 유동성이 풍부하고 성장 전망이 우수한 최고의 기업들을 투자 대상으로 결정합니다. 덕분에 ESG ETF 투자자들은 해당 분야의 미래 성장성만 생각하면 됩니다. 예를 들어, 기후 위기를 극복하기 위한 신재생에너지 부문 또는 최근 주목받는 4차 산업의 AI와 혁신 기술 등 투자 대상을 명확히 정할 수 있으며, 투자의 효율성 또한 높은 편입니다.

ESG ETF의 또 다른 장점은 다른 ESG 투자와 마찬가지로 ESG ETF에 투자함으로써 투자 결정을 통해 세상의 변화를 촉진하고 개인의 도덕과 가치를 표현할 수 있는 것은 물론 수익도 얻을 수 있다는 것입니다. 최근 몇 년간 상당한 견인력을 발휘하고 있는 ESG 투자는 책임감 있게 운영하는 회사에 본질적으로 보상을 주고, 회사의 성장을 돕고, 장기적으로 사회적 또는 환경적 변화에 영향을 미칠 수 있는 잠재력을 가지고 있습니다.

ESG ETF는 수익 면에서도 대단히 매력적인 투자처입니다. ESG 투자와 관련해서 사람들은 일반적으로 재무 성과를 어느 정도 희생하더라도 사회적 책임감을 갖고 투자해야 한다고 생각합니다. 그러나 지배구조, 사회 또는 환경 문제가 성장에 영향을 미칠 수 있다는 점을 감안할 때 윤리적 자격을 갖춘 기업은 장기적으로 볼 때 우수한 성과를 거둘 것으로 기대됩니다.

윤리적 주식에 투자하려는 투자자의 경우, ESG ETF를 통해 포트폴리오를 쉽게 다양화할 수 있으며 한 번의 거래로 ESG 심사를 받은 여러 회사에 투자할 수 있으므로 여러 윤리적 주식을 개별적으로 선택해 분석한 뒤 그 결과에 따라 투자하는 번거로움을 해결할 수 있습니다.

파죽지세의 ESG ETF, 전 세계가 들썩인다

먼저 글로벌 ETF 시장을 살펴보면 2020년 말 현재 운용되고 있는 ETF는 6518개이며, 운용 자산 규모는 7조 6000억 달러 정도입니다. 2020년 코로나19 위기에도 불구하고 주식시장이 놀라운 성과를 보이고 투자자 유입이 가속화되면서 최고치를 경신한 것으로 분석됩니다. 한편 ESG ETF 시장의 성장세도 대단합니다. 2002년 최초의 ESG ETF인 아이셰어즈 MSCI USA ESG 셀렉트 ETF SVSA, iShares MSCI USA ESG Select ETF가 출시된 이후, ESG ETF의 수와 다양성은 꾸준히 증가했습니다. 점점 더 많은 투자자가 핵심 가치에 부합하는 투자에 나섬에 따라 지난해 ESG ETF 자산 규모는 급증했습니다. 글로벌 ETF 분석 플랫폼에 따르면 ETF의 한 부분을 차지하는 ESG ETF의 자산은 2020년 전 세계적으로 거의 3배나 증가하는 등 1년에 걸쳐 223%의 성장률을 달성하며 2021년 1월 초 현재 1890억 달러를 기록했고, 그 숫자는 552개에 이릅니다. 한 해 동안 전 세계 ESG ETF에 970억 달러가 유입되었으며, 거의 200개 ESG ETF가 2020년 시장에 새로 출시되었습니다. 트랙인사이트TrackInsight에 의하면, ESG 투자 자산은 그 규모가 수조 달러에 이를 것으로 보입니다. 당연히 ESG 투자 분야의 경쟁이 치열해지면서 2021년에는 더 많은 발행자가 ESG ETF 시장에 진입할 것으로 예상됩니다.

2020년 블룸버그 인텔리전스에 따르면 미국 ESG ETF 순유입액은 277억 달러에 이릅니다. 지난해 80억 달러와 비교하면 3배 이상 늘어난 것입니다. 2015년 순유입액은 3억 9180만 달러에 불과했습니다. 5년 만에 세상이 얼마나 달라졌는지 극적으로 보여주는 수치입니다.

ESG ETF는 성과 측면에서도 탁월한 성장을 보였습니다. 2020년 12월까지 1년간 가장 성과가 높은 ETF 상위 20위 명단에 ESG ETF 펀드가 14개 포함되었습니다. 구체적으로 기후 변화 관련 ESG ETF 펀드가 10개, ARK 인베스트의 혁신적 ESG ETF 펀드가 4개 포함됐습니다. 상위 20위 명단 중에 태양광 에너지 ETF인 TAN이 단연 수위를 차지하는 등 기후 변화와 관련된 지속가능성에 대한 투자자들의 관심이 커지고 있으며, 이에 따라 ESG ETF로의 자금 유입이 급증하고 있습니다.

ESG ETF의 급성장을 이끈 요인은 3가지로 압축할 수 있습니다. 첫째, 지속가능 투자에 대한 투자자들의 관심과 인식이 높아졌습니다. 또한 재무적으로도 지속가능 투자가 일반 ETF와 비교할 때 체계적으로 높은 수익률을 기록한다는 증거가 늘어나고 있습니다. 둘째,

지속가능 투자 관행을 장려하기 위해 여러 국가에서 관련 규정을 강화하고 있습니다. ESG 정보 공개가 필요한 증권거래소 수가 2009년 2개에서 2019년 24개로 증가했으며, 각국의 증권거래소는 점점 더 전문화된 ESG 표시 제품 및 지침을 제공하고 있습니다. 지속가능성 기준은 많은 투자자에게 투자를 결정하는 데 있어 필수적인 기준으로 떠오르고 있습니다.[*] 셋째, 지난 10년 동안 ESG 데이터의 가용성이 향상되고 기술이 발전하면서 시장의 투명성이 제고되고 투자자들이 기업의 ESG 성과에 손쉽게 접할 수 있게 되었습니다. ESG 투자 관련 빅데이터를 보다 정밀하게 분석해야 할 필요성이 제기되면서 AI 기술은 ESG 지표를 개선하는 데 핵심 동력으로 주목받고 있습니다. 이러한 추세는 증가세를 보이고 있는 지속가능 투자와 패시브 투자 수요에 대응하는 인덱스 및 펀드 제공 업체에 의해 뒷받침되고 있습니다.

ESG ETF와 SDGs, 인간 중심 가치를 지향한다

지속가능 발전 목표란 무엇일까요? 지속가능 발전 목표SDGs, Sustainable Development Goals는 전 세계 빈곤 문제를 해결하고 지속가능 발전을 실

---

* BNP파리바, 2019.

UN SDGs 17대 목표

1. **빈곤 퇴치** : 모든 곳에서 모든 형태의 빈곤 종식

2. **기아 해결** : 기아 종식, 식량 안보 달성, 개선된 영양 상태의 달성, 지속가능한 농업 강화

3. **건강과 복지** : 건강한 삶 보장 및 복지 증진

4. **양질의 교육** : 포용적이고 공평한 양질의 교육 보장 및 평생학습 기회 증진

5. **양성 평등** : 성 평등 달성 및 여성과 소녀의 권익 신장

6. **깨끗한 물과 위생** : 물과 위생의 지속가능한 관리 보장

7. **적정 가격의 깨끗한 에너지** : 저렴하고 신뢰성 있으며 지속가능하고 현대적인 에너지에 대한 접근 보장

8. **좋은 일자리와 경제 성장** : 포용적이며 지속가능한 경제 성장 및 완전하고 생산적인 고용과 양질의 일자리 증진

9. **산업 · 혁신 · 사회기반시설** : 회복력 있는 사회기반시설 구축, 포용적이고 지속가능한 산업화 증진 및 혁신

10. **불평등 해소** : 국가 내 및 국가간 불평등 완화

11. **지속가능한 도시와 공동체** : 지속가능한 도시와 정주지 조성

12. **책임감 있는 소비와 생산** : 지속가능한 소비 및 생산 양식 보장

13. **기후 변화 대응** : 기후 변화와 그 영향을 방지하기 위한 긴급한 행동 실시

14. **해양 생태계 보존** : 지속가능 개발을 위한 대양, 바다 및 해양 자원 보존 및 지속가능한 사용

15. **육상 생태계 보존** : 육상 생태계의 보호, 복원 및 지속가능한 이용 증진, 산림의 지속가능한 관리, 사막화 방지, 토지 황폐화 중지, 역전 및 생물 다양성 손실 중지

16. **평화 · 정의 강력한 제도** : 지속가능 개발을 위한 평화롭고 포용적인 사회 증진, 정의에 대한 접근 제공 및 효과적이고 책임 있으며 포용적인 제도 구축

17. **지구촌 협력 확대** : 이행 수단 강화 및 지속가능 개발을 위한 글로벌 파트너십 활성화

현하기 위해 제기된 인류 공동의 17개 목표입니다. 2015년 9월 UN에 의해 채택되었으며, 2016년부터 2030년까지 UN과 국제사회가 달성할 것을 목표로 합니다. 17개 목표와 169개 세부 사항으로 구성된 SDGs는 환경, 경제, 사회 통합 3대 분야를 아우르는 지속가능 발전을 위한 전 세계 각국의 공통 목표로, '인간 중심' 가치를 지향하는 것을 최우선시합니다. 제프리 삭스Jeffrey Sachs 콜롬비아대학 교수는 SDGs가 인류의 빈곤 해결, 사회적 불평등 완화, 그리고 친환경적인 지속가능 성장을 위한 가장 포괄적인 해법이라고 강조했습니다.

지속가능성을 투자의 기준으로 삼으려면 지속가능성 등급 혹은 ESG 등급을 살펴봐야 합니다. ESG ETF는 평균적으로 논non ESG 펀드, 즉 일반 ETF보다 지속가능 등급이 높으며 재무 성과도 우수합니다. ESG ETF는 자신이 추구하는 가치에 맞게 책임감을 가지고 투자할 수 있는 것은 물론, 무엇보다 UN이 채택한 SDGs에 맞게 투자의 방향을 조정할 수 있습니다. 높은 지속가능성 등급 혹은 우수한 ESG 등급은 ESG ETF 펀드와 일반 ETF의 가장 큰 차이점 중 하나입니다.

기업의 새로운 투자 기준, ESG 등급

ESG 등급을 만들기 위해 MSCI ESG 리서치MSCI ESG Research는 환경 문

제, 사회적 책임을 고려하는 투자 및 임팩트 투자, 좋은 지배구조 관행에 대한 위험과 기회를 기준으로 기업을 평가합니다. 1만 1800개 이상의 주식 및 채권 발행자를 포함해 40만 개 이상의 개별 증권을 아우르며, 이 연구 결과를 활용해 2만 4000여 개 ETF 및 뮤추얼펀드의 ESG 점수 및 ESG 등급 혹은 지속가능성 등급을 제시합니다.

그렇다면 ESG ETF는 정말 지속가능한 발전에 적합한 투자 수단일까요? 일반 ETF에 비해 ESG ETF가 지속가능성 목표에 적합한 투자 수단인 이유는 무엇일까요?

ESG ETF가 지속가능 발전에 적합한 투자 수단인 이유는 크게 4가지입니다.

첫째, 지속가능 발전을 위해서는 자원을 동원하고 재정적인 지원을 실시해야 할 필요성이 절실합니다. 아울러 빠른 속도로 성장하고 있는 지속가능 금융 시장과 포트폴리오 선택 및 관리에서 ESG 요소에 점점 더 집중하는 투자자들의 성향을 고려해야 합니다. 비록 현재 전체 ETF 시장 규모에 비해 ESG ETF 시장 규모는 상대적으로 작지만, ESG 기준을 추적하는 ETF는 지속가능한 개발을 위한 대량 시장 투자 수단으로 성장할 가능성이 있습니다.

둘째, 지속가능 투자 차원 외에도 ESG ETF는 SDGs 중심 투자에 맞게 투자의 방향을 조정할 수 있습니다. 2021년 2월 UNCTAD의 조사에 따르면, 현재 ESG ETF 중 UN의 SDGs에 직접적으로 관련돼 있는 상품은 41% 정도입니다. 이 중 기후 위기 대응 펀드가 제일 많은 3분의 2를 차지합니다. 이들 기후 위기 대응 ESG ETF는 UN의 SDGs 목표에 따라 지속가능 성장을 위한 신재생에너지, 탄소 배출량 감축에 집중투자합니다. 2021년 2월 현재 490억 달러의 자산이 기후 위기 대응을 목표로 하는 ESG ETF에 투자돼 운용되고 있다는 사실은 상당히 고무적입니다. UN의 17개 SDGs 중 하나인 '적정한 가격의 깨끗한 에너지'를 목표로 하는 ESG ETF는 총 18개이고, '양성 평등gender balance' 개선에 관련된 ESG ETF는 총 13개입니다.

셋째, ESG ETF는 한 발 더 나아가 구체적인 ETF 투자 방법을 주제별로 제시합니다. 기후 위기 극복과 관련해서는 저탄소 배출 ESG ETF, 지속가능 성장을 목표로 하는 임팩트 ESG ETF, 청정에너지 개발을 목표로 하는 ESG ETF, 태양광 에너지 개발을 목표로 하는 ESG ETF, 풍력 에너지 사용량 증대를 목표로 하는 ESG ETF, 배터리 전기 기술 혁신을 도모하는 ESG ETF, 화석연료 노출을 감소시키기 위한 ESG ETF 등 다양한 투자 방법을 생각해볼 수 있습니다.

넷째, ESG ETF와 관련, 지난 10년 동안 ESG 관련 주제를 명시적 대상으로 삼고 UN PRI나 UN 글로벌 콤팩트 같은 지속가능성 벤치마크에 따라 기본 자산을 선택하는 ETF가 계속 증가하고 있습니다. 이러한 증가세는 특히 ESG ETF의 최대 투자자 그룹인 기관투자자들에 의해 주도되는 경향이 있습니다. 상당한 규모의 자금을 보유하고 있는 기관투자자들은 ESG ETF가 장기적으로 우수한 재무적 성과를 내는 데 막대한 영향력을 미칠 것으로 추측됩니다.

02

ESG ETF 투자 전략

통합 · 테마 · 포지티브 · 네거티브,
특성에 맞는 투자 전략을 선택하라

UNCATD의 2020년 보고서에 따르면 ESG ETF 관련 투자 전략은 4가지로 분류할 수 있습니다. 첫째 ESG 통합 전략, 둘째 포지티브 스크리닝Positive Screening 전략, 셋째 ESG 테마 전략, 넷째 네거티브 스크리닝 전략입니다.

첫째, ESG 통합 전략은 기업가치를 평가하는 단계에서 재무적 정보와 비재무적인 ESG 정보를 통합해서 분석하는 전략입니다. 상품명에 ESG가 포함된 ETF는 일반적으로 이 범주에 속합니다. ESG

통합 전략은 UNTAD 2020년 보고서에서 볼 수 있듯이 전체 ESG ETF 221개(2019년 6월 24일 기준) 중 88개, 다시 말해 전체 ESG ETF의 40%로 가장 큰 규모를 차지합니다.

둘째, 포지티브 스크리닝 전략 혹은 베스트-인-클래스Best-in-Class 전략은 특정 산업 또는 여러 산업 분야에서 지속가능 성과에 따라 최고의 기업 또는 리더를 선별해서 투자하는 방식입니다. 예를 들면, 동일 업종 내 ESG 점수 상위 50% 기업을 선별합니다. 이러한 전략을 따르는 ESG ETF에는 일반적으로 기존 ESG 기준을 넘어서는 SRI, 지속가능 투자 또는 임팩트 투자 같은 지속가능성 관련 용어가 포함되어 있습니다. 포지티브 스크리닝 전략은 전체 ESG ETF 221개 중 69개, 다시 말해 전체 ESG ETF의 31%를 차지합니다. 두 번째로 큰 규모입니다.

셋째, ESG 테마 전략에선 하나의 지속가능성과 관련된 구체적인 특정 테마에 초점을 둔 ETF가 주축을 이룹니다. ESG ETF는 특히 청정에너지, 재생에너지, 녹색기술 등 환경 관련 테마가 주를 이룹니다. ESG 테마 전략은 전체 ESG ETF 221개 중 49개, 다시 말해 전체 ESG ETF의 22%를 차지합니다. 세 번째로 큰 규모입니다.

넷째, 네거티브 스크리닝 전략은 ESG 기준을 따르지 않는 기업이나 특정 산업을 투자에서 배제하는 전략입니다. 예를 들면, 포트폴리오를 구성할 때 담배나 무기, 마약 판매 기업 등 ESG 기준에 맞지 않는 종목들을 배제합니다. 네거티브 스크리닝 전략을 따르면 UN 비즈니스 및 인권에 관한 원칙, UN 글로벌 콤팩트 원칙, OECD 가이드라인 같은 국제 규범에 명시된 최소한 기준을 충족하지 않는 특정 기업 또는 산업의 자산을 의도적으로 제외할 수 있습니다. 글로벌지속가능투자연합GSIA, Global Sustainable Investment Alliance은 이런 국제 기준을 준수했는지 여부를 근거로 포트폴리오를 구성하는 방식을 '규범 기반 스크리닝Norms-based screening'이라고 따로 분류합니다. 네거티브 스크리닝 전략은 전체 ESG ETF 221개 중 15개, 다시 말해 전체 ESG ETF의 7%를 차지합니다. 네 번째로 큰 규모입니다.

ESG ETF 장기 전망, 미래가 더 기대된다

지속가능 투자는 세계가 미래에 투자하는 방법의 핵심이 될 것입니다. 세계 최대 규모의 자산운용사인 블랙록은 시장 동향을 분석한 결과, 지속가능성에 투자하는 외환 거래 펀드에 투자하는 자산은 2020년 250억 달러에서 2028년 4000억 달러로 증가할 것이라고 예측했습니다. 이를 근거로 블랙록은 지속가능성 투자, 곧 ESG ETF로 투자의 방향을 선회했습니다.

한편 블랙록과 함께 ESG 투자 시장을 주도하는 자산운용사 스테이트 스트리트의 예측에 따르면 전 세계 ESG ETF와 인덱스 펀드 규모는 2020년 1700억 달러에서 2030년 1조 3340억 달러로 8배 가

까이 성장할 것으로 전망됩니다. 이는 블랙록의 예측보다 상당히 큰 규모입니다.

세계 최대 펀드매니저 블랙록은 지속가능성에 투자하는 ETF의 총점유율이 2020년 전체 자산의 3%에서 2028년까지 전체 자산의 21%로 증가할 것으로 전망했습니다.

03

ESG ETF를
선택하는 방법

ETF, 주식보다 편하고 펀드보다 쉽다

지속가능 투자가 투자자들의 주목을 받기 시작하면서 환경, 사회 및 지배구조에 초점을 맞춘 ESG ETF가 증가하고 있습니다. 지속가능성에 투자하는 사람으로서 먼저 근본적인 질문을 던져봅니다. 우리는 왜 ETF를 통해 ESG에 투자해야 할까요? ESG ETF 투자는 개별 주식에 투자하는 것에 비해 많은 장점을 가지고 있는 ETF를 활용하는 것만으로도 충분히 매력적인 투자 방법입니다. 구체적으로 ESG ETF는 일반 ETF처럼 6가지 매력을 가지고 있습니다. 첫째, 주식처럼 사고팔기 쉽습니다. 둘째, 일반 펀드보다 수수료가 저렴합니다. 셋째, 분산투자하기 때문에 투자 위험이 적습니다. 넷째, 투자 포트폴리오가 투명하게 공개됩니다. 다섯째, 적은 금액으로 전 세계 자산에 투자할 수 있습니다. 여섯째, 무엇보다 최근의 트렌드와 이슈에 빠르게 대응할 수 있습니다. 이 같은 장점을 잘 살린 사례로 혁신이라는 렌즈를 바탕으로 ESG에 접근하는 ARK 인베스트의 4가지 ETF, 즉 ARKG, ARKW, ARKK, ARKF를 들 수 있습니다.

ESG ETF를 고르는 똑똑한 8가지 기준

모닝스타의 지속가능리서치 부문 글로벌 대표 호텐스 비오이Hortense Bioy는 ESG ETF를 선택할 때 참고해야 할 주요 고려 사항을 다음과 같이 정리했습니다.

첫째, ESG ETF가 추구하는 ESG 초점과 사용하는 지표가 무엇인지 살펴봐야 합니다. 투자자는 가장 먼저 ETF의 기초 지수, ESG 관련 지표의 초점, 그리고 ETF가 사용하는 지표가 자신이 추구하는 ESG 가치 기준과 일치하는지 판단해야 합니다. 예를 들어 탄소 배출 강도, 화석연료 매장량 및 녹색 수익 등 다양한 환경 지표가 있습니다. 서로 다른 지표는 서로 다른 기업 속성을 반영하기 때문에 어떤 지표를 선택하느냐에 따라 펀드 구성은 달라지게 마련입니다.

둘째, ESG ETF가 어떠한 제외(배제)를 적용하는지 생각해봐야 합니다. 많은 ESG ETF가 ESG 요소를 고려하는 것 외에 일종의 가치 또는 규범에 기반한 배제 선별을 적용합니다. 투자자는 지수에서 제외되거나 배제되는 것이 자신의 신념이나 투자 목표와 일치하는지 평가해야 합니다. 일반적인 제외, 배제 대상에는 담배, 술, 마약, 논란이 되는 무기, 도박 등 소위 말하는 죄악주sin stock가 포함됩니다.

셋째, ESG ETF가 섹터 편향 혹은 지리적 편향이 있는지 살펴봐야 합니다. ESG 점수는 지역과 섹터에 따라 달라지는 경향이 있기 때문입니다. 지역 편향을 살펴보면, 유럽 시장은 지속가능성에 있어 세계 최고라는 평가를 받지만, 신흥시장은 상대적으로 낮은 평가를 받습니다. 섹터 편향을 살펴보면, 석유 및 가스 섹터는 ESG 점수가 낮지만, 기술과 AI 섹터는 비즈니스의 기본적인 특성으로 인해 ESG 점수가 높습니다.

넷째, 광범위한 시장을 아우르다 보니 추적 오류를 살펴봐야 합니다. 높은 ESG 점수와 광범위한 다변화, 낮은 추적 오류 사이에 상충이 빚어질 수 있습니다. 예를 들어, 지속가능성에 헌신하는 투자자들은 '가장 순수한' ESG 노출을 선호하는 반면, 추적 오류가 높을 수밖에 없는 집중된 포트폴리오는 배제합니다. 핵심 포트폴리오 배분을 대체하려는 투자자들은 다변화의 이점을 유지하고 추적 오류를 낮추는 대가로 ESG 순도와 관련, 기꺼이 타협하는 모습을 보이기도 합니다. 이 경우, 최적화 기법을 사용해 추적 오류를 최소화할 수 있습니다.

다섯째, 해당 펀드가 ESG 프리미엄을 부과하는지 살펴봐야 합니다. ESG ETF의 수수료는 일반적인 ETF의 수수료보다 높은 편입니다. 특히 물 또는 청정에너지 같은 특정 테마를 대상으로 하는 일부 오래된 펀드의 경우, 더욱 그렇습니다.

여섯째, ESG ETF의 실적은 빼놓을 수 없는 고려 사항입니다. ESG ETF가 높은 수익성을 기록하고 있다는 것은 잘 알려져 있는 사실입니다. ETF.com이 2020년 12월에 보고했듯, 지속가능성 투자, 특히 재생에너지 관련 ETF의 수익은 매우 높은 편입니다. 일반적으로 잘 알려져 있는 수익성 높은 ETF인 인베스코 QQQ 트러스트 ETF_{QQQ, Invesco QQQ trust ETF}나 SPDR S&P 500 트러스트 ETF_{SPY, SPDR S&P 500 trust ETF} 또는 아이셰어즈 코어_{IVV, S&P 500 ETF ishares Core S&P 500 ETF} 등 대표적인 ETF와도 수익성을 비교해볼 필요가 있습니다.

일곱째, 해당 ESG ETF가 '책임성 있는 청지기_{responsible steward}' 역할을 하는지 살펴봐야 합니다. 투자자는 주주로서 기업의 경영과 관련해서 주요 의사결정권을 행사하고 다양한 ESG 문제에 대해 기업과 협력하면서 보다 나은 관행을 옹호하고 긍정적인 변화에 영향을 미치는 책임감 있는 자산운용사를 선택해야 합니다. 강력하고 적극적인 소유권 관행을 가진 자산운용사와 협력하는 것은 지속가능 투자와 관련, 후발주를 배제하는 대신 포함시키는 펀드를 선택할 때 특히 중요합니다.

여덟째, 해당 ESG ETF가 얼마나 밀접한 지속가능성을 갖는지 판단해야 합니다. ESG ETF가 지속가능성에 실제로 얼마나 기여하는

지, 시장에 널려 있는 다른 선택지들에 비해 무엇이 얼마나 나은지 객관적으로 평가하는 것은 결코 쉬운 일이 아닙니다. 투자자가 투자한 펀드의 지속가능성 정도를 이해하도록 돕기 위해 모닝스타는 펀드에 대한 모닝스타 지속가능성 등급Morningstar's Sustainability Rating을 만들었습니다. 이 등급은 ESG ETF에 편입된 각 기업이 ESG 기준에 얼마나 잘 부합하는지에 따라 펀드를 평가합니다.

Chapter

3

세계 10대
ESG ETF

상위 10위 ESG ETF를 파헤친다

최근 들어 ESG ETF에 대한 투자 열기가 뜨겁습니다. 2020년 미국 거래소에서 ESG ETF는 새로운 기록을 세웠습니다. 투자자들의 ESG ETF 투자 선호도가 높아지면서 그 같은 기대에 부응하듯 일부 ESG ETF는 폭발적인 성과를 나타냈습니다. 뱅가드 ESG U.S. 스톡 ETF ESGV, Vanguard ESG U.S. Stock ETF, 아이셰어즈 ESG MSCI USA 리더스 ETF SUSL, iShares ESG MSCI USA Leaders ETF가 52주 최고가를 경신하는 등 ESG ETF의 성과는 눈부실 정도입니다. 이런 성장세에 발맞춰 ESG ETF는 급격한 양적 성장을 보이고 있습니다. 세계 최대 자산운용사인 아이셰어즈는 현재 미국에서만 14개 ESG ETF를 제공하고 있으며, 총

자산이 104억 달러를 넘어섭니다. 아이셰어즈는 유럽에서 67개, 싱가포르에서 10개, 캐나다에서 7개를 포함해 많은 ESG ETF를 해외에 제공하고 있습니다. 현재 미국 시장에서는 아이셰어즈의 ESG ETF를 포함해 50여 개의 ESG ETF가 430억 달러 규모의 자산을 운용하고 있습니다. 평균 비용 비율은 0.42%입니다.

제3장에서는 주요 ESG ETF의 심층 분석을 위해 자산 운용 규모 면에서 상위 10위 ESG ETF를 선정해 비교분석합니다. 상위 10위 글로벌 ESG ETF를 분석하면서 크게 3가지에 초점을 두었습니다.

첫째, 10가지 정도의 ESG ETF 기초 데이터를 분석합니다. 구체적으로 상장 기일, 운용 비용, 운용 규모, 추종지수, P/E 가격수익률, P/B 비율, 보유 종목 수, 그리고 경쟁 관계 ETF 등을 분석합니다. 이 중에서도 특히 10개 펀드 중 어떤 펀드가 우수한 성과를 기록했는지 수익률에 관심을 두고 분석합니다.

둘째, MSCI가 제공한 10개 ESG ETF의 ESG 매트릭스_{metrics}에 초점을 둡니다. ESG 매트릭스는 ESG 등급, ESG 점수, 탄소강도로 구성됩니다. 이 3가지 기준을 바탕으로 10개 ESG ETF를 분석합니다. 여기서 중요한 질문은 각 펀드의 ESG 등급이 높을수록 수익률(성과)이 높으냐 하는 것입니다. 다양한 각도에서 분석해 이 질문에 대한 가설을 테스트해보려고 합니다.

셋째, 상위 10개 ESG ETF와 일반 ETF를 비교분석합니다. ESG 통합 전략을 실천하는 ESG ETF는 일반 ETF보다 수익률 성과가 우수할까요? 이 질문은 왜 ESG ETF에 투자해야 하는지 그 이유를 짐작하게 해줍니다. 또한 이 질문은 ESG ETF의 수익률에 의심을 갖는 투자자에게 매우 중요한 질문이기도 합니다. 이를 위해 광범위하고 다양화된 10개 글로벌 ESG ETF와 전통적인 ETF인 IVV 펀드를 대상으로 자산 규모, 비용 비율, 수익률, ESG 등급, ESG 점수, 탄소강도 등을 비교분석합니다.

ESG ETF,
옥석을 가려내라

MSCI ESG 등급, ESG의 국제 기준을 제시한다

글로벌 ESG 평가기관은 ESG를 어떻게 평가할까요? 가장 대표적인 ESG 평가기관은 MSCI입니다. MSCI는 펀드의 ESG 등급을 어떻게 측정할까요? 펀드의 ESG 등급을 측정하는 목적은 투자자들이 포트폴리오에 내재된 ESG 특성을 더욱 잘 이해하고 그 수준을 객관적으로 파악해 펀드의 ESG 순위를 제대로 가늠할 수 있도록 투명성을 제공하는 것입니다. MSCI는 이런 이유로 펀드의 ESG 등급을 개발했습니다. MSCI는 전 세계적으로 5만 3000개에 이르는 다양한 뮤추얼펀드와 ETF를 아우릅니다(2021년 1월 기준). 이들의 ESG 점수 및

영역	10개 테마	37개 ESG 키 이슈들
환경	기후 변화	탄소 배출, 제품 탄소발자국, 환경 영향 자금 조달, 기후 변화 취약성
	자연 자본	물 부족, 생물 다양성 및 토지 이용, 원료 조달
	오염 및 폐기물	독성 배출 및 폐기물, 포장재 및 폐기물, 전자 폐기물
	환경 기회	청정 기술, 그린 빌딩, 재생에너지
사회	인적 자본	노사 관리, 건강과 안전, 인적 자본 개발, 공급망 노동 기준
	제품 책임	제품 안전 및 품질, 화학 물질 안전, 금융 제품 안전, 개인 정보 보호 및 데이터 보안, 책임 있는 투자, 건강 및 인구학적 위험
	이해관계자 반대	논란이 되는 소싱
	사회적 기회	커뮤니케이션에 대한 접근, 금융에 대한 접근, 의료 서비스 이용, 영양 및 건강 기회
지배구조	기업 지배구조	소유권 및 통제, 이사회, 급여, 회계
	기업 행동	비즈니스 윤리, 반경쟁적 관행, 부패 및 불안정, 금융 시스템 불안정, 세금 투명성

* 출처: MSCI ESG Research

매트릭스를 만들기 위해 전 세계적으로 68만 개 이상의 주식 및 채권 증권, 그리고 8500개가 넘는 상장 기업들을 업종별로 나눠 환경, 사회적 책임, 지배구조와 관련한 경영 현황을 평가해 ESG 등급을 부여합니다.

기본적으로 MSCI의 ESG 등급은 환경, 사회 및 지배구조 요인에서 발생하는 장기적 위험 및 기회에 대한 포트폴리오의 탄력성을 측정합니다. ESG 등급은 AAA, AA, A, BBB, BB, B, CCC 모두 7개 등급으로 이뤄져 있습니다. 최고 등급은 AAA이고 최하 등급은 CCC입니다. 또한 7개 ESG 등급은 리더 그룹AAA, AA, 평균 그룹A, BBB, BB, 후발 그룹B, CCC까지 총 3개 그룹으로 분류됩니다. MSCI에 의해 높은 ESG 등급을 받은 펀드는 대개 환경, 사회 및 지배구조와 관련된 리스크를 잘 개선하는 회사로 구성돼 있습니다. 이러한 회사는 ESG 리스크로 인해 발생하는 어려움을 잘 이겨낼 만큼 회복력과 탄력성이 강합니다. MSCI는 또한 주식 및 채권 증권, 대출, 뮤추얼펀드뿐만 아니라 ETF 및 국가들의 ESG 등급도 평가하고 있습니다.

그럼 구체적으로 MSCI ESG 등급은 어떻게 정해지는 걸까요? MSCI는 매년 전 세계 8500여 개 기업들의 ESG 점수를 평가하는데, 기본적으로 ESG 관련 주요 정보를 37개 키 이슈key issue로 나눈 후 4단계를 거쳐 AAA 등급에서 CCC 등급까지 부여합니다.

MSCI의 ESG 평가 체계에는 총 10가지 테마와 37개 키 이슈가 있습니다. 총 4단계에 걸쳐 평가가 이뤄지는데, 가장 먼저 업계마다 연관성 있는 키 이슈를 정하고 그다음으로 키 이슈의 비중을 정합니다. 산업마다 ESG 키 이슈가 갖는 경중이 다르기 때문에 (예: 에너지 산업은 금융 산업보다 환경 이슈에 더 비중을 둡니다) 해당 키 이슈가 환경과 사회에 미치는 영향력, 키 이슈가 이익 혹은 비용에 영향을 미치기까지 걸리는 시간을 따져 비중을 정합니다. 그리고 기업별로 ESG 점수를 부여합니다. 키 이슈가 갖는 리스크와 기회 등이 어느 정도인지에 따라 기업의 ESG 점수가 부여됩니다. 예를 들어, 물 부족이라는 키 이슈가 리스크로 작용하는 기업이라면 이 이슈에 얼마나 취약한지와 함께 기업의 리스크 대응책을 함께 평가합니다. 좋은 ESG 점수를 받기 위해서는 관련 리스크를 잘 관리할 필요가 있습니다. 지배구조에 대해서는 모든 섹터에 대한 평가가 이뤄집니다. 그리고 등급부여의 마지막 과정으로 산업별 점수의 평균 분포도를 작성하고 기업별로 0에서 10까지 조정 점수를 매깁니다. 이런 과정을 거쳐 CCC에서 AAA까지 ESG 등급이 부여됩니다.

■ **표 3-2** MSCI의 ESG 등급 ■

ESG 그룹	ESG 등급	ESG 점수
리더	AAA	8,571~10,000
	AA	7,143~8,570
평균	A	5,714~7,142
	BBB	4,286~5,713
	BB	2,857~4,285
후발	B	1,429~2,856
	CCC	0,000~1,428

〈표 3-2〉를 봅시다. MSCI에 따르면 '리더'(AAA, AA 등급)는 가장 중요한 ESG 위험과 기회를 관리하는 데 있어 업계를 선도하는 회사입니다. '평균'(A, BBB, BB 등급)은 동종 업체와 비교해 ESG 위험 및 기회를 잘 관리하는 혼합된 또는 예외적인 회사입니다. '후발'(B,

CCC 등급)은 높은 노출과 심각한 ESG 위험 관리 실패의 결과, 동종 업체들을 뒤쫓는 회사입니다.

대부분의 ESG ETF가 추종하는 인덱스를 만든 MSCI의 경우, ESG 항목에 대해 위험과 기회, 논쟁의 여지가 있는 비즈니스 활동(예: 무기, 담배, 도박 등) 등에 대한 평가를 가장 중요시합니다. MSCI의 ESG 등급은 절대적인 등급이 아니라 산업 내 동종 업체들을 기준으로 정한 상대적인 등급이라는 것을 염두에 둬야 합니다.

MSCI ESG 등급의 실제 사례 : 테슬라

투자자로서 MSCI ESG 등급을 이용하는 방법을 설명하기 위해서 전기자동차 생산업체인 테슬라$_{Tesla}$를 살펴보겠습니다. 이 회사는 'A 등급'을 획득해 MSCI의 평가 대상 자동차업체 39개 사 중 평균보다 높은 점수를 받았습니다. 테슬라는 동종 업체에 비해 상대적으로 적은 탄소발자국을 유지하고 녹색 기술을 활용하고 투자하는 등 지배구조 및 환경과 관련, 탁월한 행보를 보이고 있습니다. 제품 품질 및 안전에 대해서는 '평균' 등급을 받았습니다. 과거에는 배터리 폭발, 바람직하지 않은 충돌 테스트 등급, 자동차의 자율주행 '자동조종장치$_{autopilot}$' 기능과 관련된 사고로 뉴스 헤드라인을 장식하기도 했습니다. 이와 관련, 테슬라의 CEO 일론 머스크는 운전자와 주변 사람의 안전을 모두 개선하기 위해 노력하겠다고 발표했습니다.

테슬라의 MSCI ESG 등급을 낮추는 데 큰 몫한 것은 노무 관리 관행에 대한 '평균' 이하의 점수입니다. 테슬라는 노조 결성을 막는 등 노동법을 위반한 것으로 밝혀졌으며, 국가 노동관계법을 여러 번 위반한 것으로 나타났습니다. 최근에는 코로나19 팬데믹 와중에도 공장을 개방하고 안전하지 않은 상태로 유지해 회사의 리더십에 타격을 입고 여러 직원이 감염되기도 했습니다. 한편 이와 대조적으로 프랑스의 자동차 부품 제조업체 발레오Valeo는 현재 자동차업계에서 유일하게 MSCI ESG 등급에서 '리더'의 지위를 받은 기업으로, 주목할 만한 가치가 있습니다.

ESG ETF를 평가하는 다양한 기준

MSCI가 개발한 ESG 점수는 기초자산 전체의 ESG 점수에 대한 가중평균이라고 할 수 있습니다. 이 점수는 주요한 중장기 ESG 위험과 기회를 관리하는 기초자산의 능력을 측정하는 것을 목표로 합니다. 펀드의 ESG 점수는 펀드의 기초자산에 기반을 둡니다. 0~10 범위에서 제공되며, 10이 가장 높은 점수입니다. 0부터 10까지 점수는 다시 7개 부분으로 나뉩니다. 펀드의 ESG 점수가 5.7~7.1인 경우, 펀드의 ESG 등급은 A입니다. 펀드의 ESG 점수가 0.00~1.4인 경우,

펀드의 ESG 등급은 CCC입니다.

이 밖에 펀드의 ESG 등급을 나누는 기준으로 MSCI가 산정하는 ESG 펀드의 동료 순위가 있습니다. 톰슨 로이터 리퍼_{Thomson Reuters Lipper}의 분류에 따르면, 동료 순위란 동일한 피어 그룹 내의 다른 펀드 점수에 대한 펀드의 MSCI ESG 펀드 점수 순위를 반영합니다. 예를 들어, ESGU는 동종 그룹 내 순위는 상위 84%이고, MSCI ESG 펀드 등급이 적용되는 모든 펀드의 글로벌 시장 내 순위는 상위 91%입니다.

끝으로 MSCI 탄소강도를 살펴봅시다. MSCI 탄소강도는 MSCI가 개발한 가중 평균 탄소강도_{Weighted Average Carbon Intensity}를 말합니다. 탄소강도는 달리 표현하면 탄소 집약도를 말하며, 탄소 집약적 기업에 펀드가 얼마나 노출되어 있는지 그 정도를 측정하는 기준입니다.

02

미국 거래소 상위 10위
ESG ETF

세계의 돈이 ESG ETF에 몰려든다

환경, 사회, 지배구조에 집중하는 새로운 기준 ESG는 기업 경영은 물론 투자 부문에서도 뜨거운 관심을 받고 있습니다. 2002년 첫 ESG ETF가 출시된 이래 2021년 1월 현재 운용자산 1890억 달러, 상품 수 552개를 달성할 정도로 세계의 돈이 ESG ETF 시장으로 흘러들어가고 있습니다. 전 세계 투자 흐름을 뒤흔든 메가 트렌드를 형성한 ESG ETF 시장에서 특히 미국은 거침없는 행보를 보이며 전 세계 시장의 70% 정도를 차지할 정도로 시장을 주도하고 있습니다. 미국 시장에는 규모에 걸맞게 다양한 전략, 테마로 운용되는 ESG ETF

가 있는데, 그중 특히 주목할 만한 10개 상품을 살펴보겠습니다.

미국 ESG ETF의 대표주자, ESGU

아이셰어즈 ESG 어웨어 MSCI USA ETF~~ESGU, iShares ESG Aware MSCI USA ETF~~는 미국 ESG ETF 시장을 대표하는 상품입니다. 2021년 3월 현재 순자산이 143억 달러 규모로 ESG ETF 가운데 제일 큰 규모를 자랑합니다.

ESGU는 지수 제공 업체가 확인한 긍정적인 환경, 사회 및 지배구조 특성을 가진 대형 및 중형 미국 기업으로 구성된 지수를 추적합니다. 전체 시장과 유사한 포트폴리오를 유지하는 ESGU는 ESG 특성이 강한 회사에 투자하며, MSCI 미국 지수에서 ESG 부문 평가가 좋은 기업을 추려 만든 지수를 따릅니다. MSCI USA 지수에 속한 기업은 ESG의 세 가지 요소, 즉 환경(탄소 배출, 물 사용, 독성 폐기물), 사회(노동 관리, 건강 및 안전, 소싱), 지배구조(부패, 사기, 독과점 관행)와 관련된 위험 요소에 의해 평가됩니다. 포트폴리오 최적화 프로그램은 ESG에서 높은 평가 등급을 받은 회사의 펀드 지분을 극대화하는 데 사용됩니다. 또한 ESGU는 담배 회사, 특정 무기(지뢰 및 생물 무기) 생산자, 발전용 석탄 등과 관련된 '심각한 비즈니스 논쟁'을 겪고 있는 회사를 완전히 배제합니다.

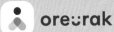

호연이는 **왜** 그 종목에 **투자**했을까?

주식부터 코인까지,
오르락

내 실시간 총 수익률 확인하고
'10만원 상품권' 받자

상품 안내
10만 원 상품권을 10분에게 드려요

참여 방법
위 QR 코드로 오르락 앱 설치 후 가입하시면 자동으로 이벤트에 참여됩니다.

당첨 안내
2021년 12월 31일 당첨자 분들께 개별적으로 연락을 드립니다.

꼭 읽어주세요!

- 해당 이벤트는 2021년 12월 20일까지입니다.
- 신규로 가입한 경우에만 이벤트 참여됩니다.
- 기존 회원이 탈퇴 후 재가입한 경우는 참여 대상에서 제외됩니다.
- 가입하신 방식과 동일한 방식으로 앱 로그인 해주셔야 참여 집계 가능합니다.
- 위 QR 코드로 앱 설치 후 가입하신 경우 외, 다른 방식으로 진행하신 경우 참여 대상에서 제외됩니다.
- 쿠폰 유효기간은 발급 후 30일이며 기간 연장은 불가능합니다.

표 3-3 ESGU 개요

■ **표 3-3** ESGU 개요 ■

구분	내용	구분	내용
상장일	2016년 12월 1일	MSCI ESG 등급	A
운용 비용	0.15%	MSCI ESG 점수	5.80
운용 규모	133억 6000만 달러	MSCI 탄소강도	88.78
추종지수	MSCI USA Extended ESG Focus Index(US equity)	연수익률	21.98%
P/E 가격수익률	36.23	경쟁 ETF	KRMA, NACP, WOMN, BOSS, VETS
P/B 비율	4.22	보유 종목 수	345

* 출처: ETF.com, 2021. 1. 26.

ESGU의 MSCI ESG 점수는 10점 만점에 5.80점이고, MSCI ESG 등급은 A를 받았습니다. MSCI ESG 펀드 평가 등급이 적용되는 모든 펀드의 동종 그룹 내 순위는 상위 84%이고, 글로벌 시장 내 순위는 상위 91%입니다. 탄소강도는 88.78로, 평균 수준입니다.

ESGU는 자산운용사 블랙록이 2016년 12월에 출시했으며, 2021년 1월 26일 현재 운용 자산이 133억 6000만 달러에 달합니다. 제반 비용 및 보수 등 운용 보수는 0.15%입니다. ESGU는 MSCI USA 익스텐디드 ESG 포커스 인덱스MSCI USA Extended ESG Focus Index를 추적합니다.

ESGU의 P/E 가격수익률은 36.23이고, P/B 비율은 4.22입니다. ESGU의 경쟁 펀드로는 KRMA, NACP, WOMN, BOSS, VETS가

있습니다. 운용 자산 규모로 보면 ESGU가 단연 최고 규모를 자랑합니다. 포트폴리오 내 보유 종목은 345개입니다.

ESGU를 구성하는 포트폴리오를 살펴보면 국적 기준으로 미국이 전체의 99.91%를 차지하고, 이어 캐나다가 0.09%를 차지합니다. 상위 10위 섹터별 비중은 다음과 같습니다. 기술 34.98%, 임의소비재 15.0%, 헬스케어 13.13%, 금융 12.52%, 산업재 9.76%, 필수소비재 6.19%, 유틸리티 2.61%, 기초소재 2.23%, 에너지 2.14%, 통신 1.44%입니다.

마지막으로 ESGU는 대기업 및 중견 기업 가운데 ESG에 관심이 높은 기업들에 투자합니다. 상위 10위 기업의 비중은 전체의 25.69%에 해당합니다. 상위 10위 기업은 애플Apple(6.48%), 마이크로소프트Microsoft(4.89%), 아마존Amazon(4.0%), 알파벳 클래스 A Alphabet Class A(2.14%), 테슬라(1.87%), 페이스북Facebook(1.81%), 알파벳 클래스 C Alphabet Class C(1.22%), 존슨&존슨Johnson & Johnson(1.21%), 엔비디아NVIDIA(1.04%), JP모건JPMorgan(1.02%)입니다.

신흥시장에 투자하는 ESGE

아이셰어즈 ESG 어웨어 MSCI EM ETFESGE, iShares ESG Aware MSCI EM ETF는 강력한 ESG 특성을 나타내는 신흥시장 기업에 대한 노출을 늘리는 동시에 시장과 유사한 포트폴리오를 유지하는 것을 목표로 합니다. MSCI 신흥시장 지수에 속한 기업들은 환경(탄소 배출, 물 사용, 독성 폐기물), 사회(노동 관리, 건강 및 안전, 소싱), 지배구조(부패, 사기, 독과점 관행)와 관련된 위험 요소를 기준으로 평가됩니다. 포트폴리오 최적화 소프트웨어는 ESG와 관련, 시장 평균 수준의 노출, 성과, 위험을 유지하면서 높은 평가를 받은 회사의 지분을 펀드에 최대한 편입하는 데 사용됩니다. 또한 ESGE는 담배 회사, 열탄 및 오일샌드, 특정 무기(지뢰 및 생물 무기) 생산자, 및 심각한 비즈니스 논쟁을 겪는 회사를 완전히 배제합니다.

■ 표 3-4 ESGE 개요 ■

구분	내용	구분	내용
상장일	2016년 6월 28일	MSCI ESG 등급	A
운용 비용	0.25%	MSCI ESG 점수	6.90
운용 규모	71억 9000만 달러	MSCI 탄소강도	149.92
추종지수	MSCI Emerging Markets Extended ESG Focus Index(Emerging markets equity)	연수익률	25.27%
P/E 가격수익률	23.26	경쟁 ETF	XSOE, LDEM, FRDM, EMSG, VWO
P/B 비율	1.94	보유 종목 수	348

* 출처: ETF.com, 2021. 1. 26.

ESGE는 자산운용사 블랙록이 2016년 6월에 출시했으며, 2021년 1월 26일 현재 운용 자산이 71억 9000만 달러에 달합니다. 제반 비용 및 보수 등 운용 비용은 0.25%입니다. P/E 가격수익률은 23.26이고, P/B 비율은 1.94입니다. MSCI ESG 점수는 10점 만점에 6.90이고, MSCI ESG 펀드 등급은 A입니다. ESGE의 탄소강도는 149.9로 높은 수준입니다. 2018년 6월 1일 이전에 이 펀드는 MSCI 이머징마켓 ESG 포커스 인덱스MSCI Emerging Markets ESG Focus Index를 추적했습니다. 현재는 MSCI 이머징마켓 익스텐디드 ESG 포커스 인덱스MSCI Emerging Markets Extended ESG Focus Index를 추적합니다. 포트폴리오 내 보유 종목은 348개입니다. ESGE의 경쟁 펀드로는 XSOE, LDEM, FRDM, EMSG, VWO가 있습니다. ESGE는 MSCI ESG 펀드 평가 등급이 적용되는 모든 펀드의 동종 그룹 내 순위는 상위 65%고, 글로벌 시장 내 순위는 상위 95%입니다.

ESGE를 구성하는 포트폴리오를 살펴보면 국적 기준으로 홍콩, 대만, 한국이 각각 31.63%, 13.50%, 12.52%로 상위권을 차지하고 있습니다. 상위 10위 섹터별 비중은 기술 38.34%, 금융 25.11%, 임의소비재 7.52%, 필수소비재 6.42%, 에너지 6.08%, 기초소재 5.20%, 통신 3.45%, 헬스케어 3.08%, 산업재 2.93%, 유틸리티 1.70%입니다.

ESGE는 신흥시장의 대기업 및 중견 기업 가운데 ESG 성향이 강한 기업들에 투자합니다. 상위 10위 기업이 31.53%의 비중을 차지합니다. 상위 5위 기업은 타이완 세미컨덕터 매뉴팩처링TSMC, Taiwan

Semiconductor Manufacturing (7.25%), 텐센트 Tencent (6.08%), 알리바바 Alibaba (6.06%), 삼성전자 Samsung Electronic (4.53%), 메이투안 클래스 B Meituan Class B (2.21%)입니다.

선진시장에 투자하는 ESGD

아이셰어즈 ESG 어웨어 MSCI EAFE ETF ESGD, iShares ESG Aware MSCI EAFE ETF 는 긍정적인 환경, 사회 및 지배구조 특성에 가중치가 부여된 선진 시장 국제 기업의 지수를 추적합니다. ESGD는 강력한 ESG 특성을 가진 선진시장 기업에 대한 노출을 늘리는 동시에 시장과 유사한 포트폴리오를 유지하는 것을 목표로 합니다. 광범위한 MSCI EAFE 지수에 속한 기업은 환경(탄소 배출, 물 사용, 독성 폐기물), 사회(노동 관리, 건강 및 안전, 조달) 및 지배구조(부패, 사기, 반독과점)에 관련된 위험 요인에 따라 등급이 매겨집니다. 담배 회사, 특정 무기(지뢰 및 생물 무기) 생산자 및 심각한 비즈니스 논쟁을 겪는 회사는 완전히 배제합니다.

ESGD의 MSCI ESG 점수는 10점 만점에 8.25점이고, MSCI ESG 등급은 AA를 받았습니다. ESGD는 MSCI ESG 펀드 평가 등급이 적용되는 모든 펀드의 동종 그룹 내 순위는 상위 97%, 글로벌 시장 내 순위는 상위 96%입니다.

구분	내용	구분	내용
상장일	2016년 6월 28일	MSCI ESG 등급	AA
운용 비용	0.20%	MSCI ESG 점수	8.25
운용 규모	42억 7000만 달러	MSCI 탄소강도	106.44
추종지수	MSCI EAFE Extended ESG Focus Index	연수익률	10.28%
P/E 가격수익률	41.26	경쟁 ETF	EASG, VEA, IEFA, EFA, SCHF
P/B 비율	1.71	보유 종목 수	487

* 출처: ETF.com, 2021. 1. 26.

ESGD는 자산운용사 블랙록이 2016년 6월에 출시했으며, 2021년 1월 26일 현재 운용 자산은 42억 7000만 달러에 달합니다. 제반 비용 및 보수 등 운용 비용은 0.20%입니다. P/E 가격수익률은 41.26이고, P/B 비율은 1.71입니다. MSCI ESG 점수는 10점 만점에 8.25입니다. 탄소강도는 106.44로 높은 수준입니다. 2018년 6월 1일 이전에는 MSCI EAFE ESG 포커스 인덱스MSCI EAFE ESG Focus Index를 추적했습니다. 현재는 MSCI EAFE 익스텐디드 ESG 포커스 인덱스MSCI EAFE Extended ESG Focus Index를 추적합니다. 포트폴리오 내 보유 종목은 487개이며, 경쟁 펀드로는 EASG, VEA, IEFA, EFA, SCHF가 있습니다.

ESGD를 구성하는 포트폴리오를 살펴보면 국적 기준으로 일본, 영국, 프랑스가 각각 25.39%, 14.04%, 11.46%로 상위권을 차지합니다. 상위 10위 섹터별 비중은 금융 20.40%, 산업재 17.61%, 헬스케어 13.04%, 임의소비재 12%, 필수소비재 10.29%, 기초소재 7.74%, 기술 7.46%, 에너지 4.35%, 통신 3.64%, 유틸리티 3.47%입니다.

ESGD는 선진 시장의 대기업 및 중견 기업 가운데 ESG 성향이 강한 기업들에 투자합니다. 상위 10위 기업의 비중은 전체의 12.44%에 해당합니다. 상위 4위 기업은 네슬레 Nestlé(2.09%), ASML 홀딩 NV ASML Holding NV(1.6%), 로슈 홀딩 Roche Holding(1.59%), 노바티스 AG Novartis AG(1.32%)입니다.

ESG로 선별된 미국 기업에 투자하는 ESGV

뱅가드 ESG U.S. 스톡 ETF ESGV, Vanguard ESG U.S. Stock ETF는 ESG 기준에 따라 선별된 미국 기업의 시가총액 가중치 지수를 추적합니다. ESGV는 미국 시장에서 거래되는 대형, 중형 및 소형주를 포함하는데 성인 오락, 술 및 담배, 무기, 화석연료, 도박 및 원자력 같은 산업 분야의 회사는 제외합니다. 또한 UN 글로벌 컴팩트 원칙을 적용하며 노동권, 인권, 환경 및 반부패 기준을 충족하지 않는 회사의 주식을 제외합니다. ESGV는 MSCI ESG 펀드 평가 등급이 적용되는 모든 펀드의 동종 그룹 내에서 상위 65%에, 글로벌 시장 내에서 상위 49%에 포함됩니다.

구분	내용	구분	내용
상장일	2018년 9월 18일	MSCI ESG 등급	BBB
운용 비용	0.12%	MSCI ESG 점수	5.03
운용 규모	32억 4000만 달러	MSCI 탄소강도	71.08
추종지수	FTSE US All Cap Choice Index	연수익률	24.96%
P/E 가격수익률	36.92	경쟁 ETF	ESGU, NACP, WOMN, BOSS, KRMA
P/B 비율	4.32	보유 종목 수	1434

* 출처: ETF.com, 2021. 1. 26.

ESGV는 자산운용사 뱅가드가 2018년 9월에 출시했으며, 2021년 1월 26일 현재 운용 자산이 32억 4000만 달러에 달합니다. 제반 비용 및 보수 등 운용 비용은 0.12%로 매우 낮은 편입니다. ESGV는 FTSE US 올 캡 초이스 인덱스FTSE US All Cap Choice Index를 추적해 장기적으로 지속가능한 주식 포트폴리오를 구축합니다. P/E 가격수익률은 36.92이고, P/B 비율은 4.32입니다. MSCI ESG 등급은 BBB이며 MSCI ESG 점수는 10점 만점에 5.03입니다. 탄소강도는 71.08로 낮은 수준이고, 연수익률은 24.96%입니다. 포트폴리오 내 보유 종목은 1434개입니다. 경쟁 펀드로는 ESGU, NACP, WOMN, BOSS, KRMA가 있습니다.

ESGV를 구성하는 포트폴리오를 살펴보면, 국적 기준으로 미국이

100%를 차지합니다. 상위 10위 섹터별 비중은 기술 37.52%, 임의

소비재 16.81%, 헬스케어 14.25%, 금융 13.63%, 산업재 6.86%, 필

수소비재 5.31%, 기초소재 2.58%, 통신 1.87%, 유틸리티 0.98%, 에

너지 0.18%입니다.

상위 10위 기업의 비중은 전체의 26.61%입니다. 상위 10위 기

업은 애플(6.70%), 마이크로소프트(5.21%), 아마존(4.32%), 페이스

북(2.05%), 알파벳 클래스 C(1.95%), 테슬라(1.67%), 알파벳 클래스

A(1.29%), JP모건(1.20%), 비자Visa(1.15%), 프록터&갬블Procter&Gamble(1.06%)입니다.

미국 중대형 기업에 투자하는 USSG

X트래커스 MSCI USA ESG 리더스 에쿼티 ETFUSSG, Xtrackers MSCI USA ESG Leaders Equity ETF는 ESG 기준에 따라 선별된 미국 대형 및 중형주

의 시가총액 가중치 지수를 추적합니다. USSG 발행자는 도이체

방크Deutsche Bank이며, 발행자의 브랜드 이름은 'X트래커스'입니다.

USSG는 MSCI USA ESG 리더스 인덱스MSCI USA ESG Leaders Index에 속

하는 미국 내 300개 이상의 기업을 대상으로 운용합니다.

USSG는 ESG 기준으로 높은 점수를 받은 기업들을 보유합니다.

따라서 심각한 비즈니스 논란에 관련된 기업, 논란이 되는 특정 산업

(주류, 담배, 도박, 무기 등), MSCI 등급에서 점수가 매우 낮은 기업은 자동으로 배제합니다.

USSG의 낮은 수수료율과 합리적인 전략은 사회적 관심을 가진 투자자에게 매력적인 옵션입니다. 그러나 USSG가 핀란드 보험사 일마리넨Ilmarinen을 위해 만든 '맞춤형' 제품으로 보인다는 점은 주의해야 합니다. 후원 회사가 자산을 회수하기로 결정하면 상품이 없어지거나 하룻밤 사이에 유동성이 고갈될 수도 있기 때문입니다.

USSG는 MSCI ESG 펀드 평가 등급이 적용되는 모든 펀드의 동종 그룹 내에서 상위 94%, 글로벌 시장 내에서 상위 98%에 포함됩니다.

■ **표 3-7** USSG 개요 ■

구분	내용	구분	내용
상장일	2019년 3월 7일	MSCI ESG 등급	A
운용 비용	0.1%	MSCI ESG 점수	6.63
운용 규모	32억 3000만 달러	MSCI 탄소강도	133.09
추종지수	MSCI USA Extended ESG Focus Index(US equity)	연수익률	18.16%
P/E 가격수익률	34.44	경쟁 ETF	ESGU, NACP, WOMN, BOSS, KRMA
P/B 비율	5.06	보유 종목 수	285

• 출처: ETF.com, 2021. 1. 26.

USSG는 2019년 3월 출시됐으며, 2021년 1월 26일 현재 운용 자산이 32억 3000만 달러에 달합니다. 제반 비용 및 보수 등 운용 비용은 0.10%로 매우 낮습니다. P/E 가격수익률은 34.44이고, P/B 비율은 5.06입니다. MSCI ESG 등급은 A이며 MSCI ESG 점수는 10점 만점에 6.33입니다. 탄소강도는 133.09로 높은 수준입니다. 연수익률은 18.16%입니다. 포트폴리오 내 보유 종목은 285개이고, 경쟁 펀드로는 ESGU, NACP, WOMN, BOSS, KRMA가 있습니다.

USSG를 구성하는 포트폴리오를 살펴보면 국적 기준으로 미국이 100%를 차지합니다. 상위 10위 섹터별 비중은 다음과 같습니다. 기술 35.78%, 임의소비재 15.56%, 헬스케어 13.17%, 금융 12.12%, 산업재 9.39%, 필수소비재 7.01%, 기초소재 3.03%, 통신 1.66%, 유틸리티 1.20%, 에너지 1.10%입니다. 상위 10위 기업의 비중은 전체의 33.36%에 해당합니다. 상위 10위 기업은 마이크로소프트(10.01%), 테슬라(3.98%), 알파벳 클래스 C(3.46%), 알파벳 클래스 A(3.45%), 존슨&존슨(2.65%), 비자(2.05%), 엔비디아(2.04%), 프록터&갬블(1.99%), 월트 디즈니Walt Disney(1.88%), 홈디포Home Depot(1.85%)입니다.

뛰어난 실적 · 저렴한 운영 비용, SUSL

아이셰어즈 ESG MSCI USA 리더스 ETF_{SUSL, iShares ESG MSCI USA Leaders}
ETF는 ESG 등급이 높은 미국 대형 및 중형 기업의 지수를 추적합니
다. 기본 지수는 MSCI USA 지수(모기업)이며 담배, 술, 도박, 원자력,
특정 무기, 총기 생산 업체 및 주요 소매 업체와 관련된 회사 등 논란
이 되는 회사를 배제합니다(총기 회사를 제외하면 MSCI ESG 리더스 인
덱스의 '확장' 버전이라고 할 수 있습니다). SUSL은 MSCI ESG 펀드 평
가 등급이 적용되는 모든 펀드의 동종 그룹 내에서 상위 93%, 글로
벌 시장 내에서 상위 98%에 포함됩니다.

■ **표 3-8** SUSL 개요 ■

구분	내용	구분	내용
상장일	2019년 5월 7일	MSCI ESG 등급	A
운용 비용	0.10%	MSCI ESG 점수	6.66
운용 규모	30억 3000만 달러	MSCI 탄소강도	66.74
추종지수	MSCI USA Extended ESG Leaders Index	연수익률	18.08%
P/E 가격수익률	34.42	경쟁 ETF	KRMA, NACP, WOMN, BOSS, ESGU
P/B 비율	5.06	보유 종목 수	262

* 출처: ETF.com, 2021. 1. 26.

SUSL은 자산운용사 블랙록이 2019년 5월에 출시했으며, 2021년 1월 26일 현재 운용 자산이 30억 3000만 달러에 이릅니다. 제반 비용 및 보수 등 운용 비용은 0.10%로 매우 저렴합니다. SUSL은 MSCI USA 익스텐디드 ESG 리더스 인덱스MSCI USA Extended ESG Leaders Index를 추적해 장기적으로 지속가능성 관련 주식 포트폴리오를 구축합니다. P/E 가격수익률은 34.42이고, P/B 비율은 5.06입니다. MSCI ESG 등급은 A이며 MSCI ESG 점수는 10점 만점에 6.66입니다. 탄소강도는 66.74로 낮은 수준입니다. 상장일이 2019년 5월인 관계로 연수익률(18.08%)만 보고됐습니다. 포트폴리오 내 보유 종목은 262개이며, 경쟁 펀드로는 KRMA, NACP, WOMN, BOSS, ESGU가 있습니다.

SUSL을 구성하는 포트폴리오를 살펴보면 국적 기준으로 미국이 100%를 차지합니다. 상위 10위 섹터별 비중은 기술 35.78%, 임의소비재 15.55%, 헬스케어 13.17%, 금융 12.13%, 산업재 9.38%, 필수소비재 7.0%, 기초소재 3.02%, 통신 1.67%, 유틸리티 1.20%, 에너지 1.09%입니다. 상위 10위 기업의 비중은 전체의 32.76%에 해당합니다. 상위 10위 기업은 마이크로소프트(9.74%), 테슬라(3.83%), 알파벳 클래스 C(3.42%), 알파벳 클래스 A(3.41%), 존슨&존슨(2.58%), 비자(2.10%), 엔비디아(1.99%), 프록터&갬블(1.98%), 월트 디즈니(1.98%), 마스터카드Mastercard(1.81%)입니다.

ESG 선도 기업에 투자하는 DSI

아이셰어즈 MSCI KLD 400 소셜 ETF<small>DSI, iShares MSCI KLD 400 Social ETF</small>는 MSCI에서 긍정적인 ESG 특성을 가진 것으로 간주되는 400개 기업의 시가총액 가중치 지수를 추적합니다. DSI는 합리적으로 시장과 같은 노출을 유지하면서 ESG 관점에서 사회적 책임을 잘 수행하는 회사로 보유를 제한합니다. 이는 실제로 무기 제조, 원자력 및 유전자 변형에 크게 관여하는 기업을 명시적으로 배제하는 것을 의미합니다. DSI는 MSCI ESG 펀드 등급이 적용되는 모든 펀드의 동종 그룹 내에서 상위 91%에, 글로벌 시장 내에서 상위 97%에 포함됩니다.

■ 표 3-9 DSI 개요 ■

구분	내용	구분	내용
상장일	2006년 11월 14일	MSCI ESG 등급	A
운용 비용	0.50%	MSCI ESG 점수	6.01
운용 규모	26억 9000만 달러	MSCI 탄소강도	103.74
추종지수	MSCI KLD 400 Social Index	수익률 1년 / 3년	19.83% / 14.12%
P/E 가격수익률	39.51	경쟁 ETF	ESGU, KRMA, NACP, WOMN, BOSS
P/B 비율	5.11	보유 종목 수	400

* 출처: ETF.com, 2021. 1. 26.

DSI는 자산운용사인 블랙록이 2006년 11월에 출시했으며, 2021년 1월 26일 현재 운용 자산이 26억 9000만 달러에 달합니다. 제반 비용 및 보수 등 운용 비용은 0.50%입니다. DSI는 MSCI KLD 400 소셜 인덱스MSCI KLD 400 Social Index를 추적합니다. P/E 가격수익률은 39.51이고, P/B 비율은 5.11입니다. MSCI ESG 등급은 A로 높은 수준이며, MSCI ESG 점수는 10점 만점에 6.01입니다. 탄소강도는 103.74로, 보통 수준입니다. 펀드의 1년 수익률과 3년 수익률은 각각 19.83%, 14.12%입니다. 포트폴리오 내 보유 종목은 400개이며, 경쟁 펀드로는 ESGU, KRMA, NACP, WOMN, BOSS가 있습니다.

DSI를 구성하는 포트폴리오를 살펴보면 국적 기준으로 미국이 100%를 차지합니다. 상위 10위 섹터별 비중은 기술 41.89%, 임의소비재 12.99%, 헬스케어 10.20%, 금융 10.03%, 산업재 9.26%, 필수소비재 7.79%, 기초소재 3.07%, 유틸리티 1.77%, 에너지 1.51%, 통신 1.51%입니다. 상위 10위 기업의 비중은 전체의 30.92%에 해당합니다. 상위 10위 기업은 마이크로소프트(8.84%), 페이스북(3.53%), 테슬라(3.48%), 알파벳 클래스 C(3.11%), 알파벳 클래스 A(3.10%), 비자(1.90%), 엔비디아(1.81%), 프록터&갬블(1.80%), 월트 디즈니(1.72%), 마스터카드(1.64%)입니다.

착한 기업이 돈을 번다, SUSA

아이셰어즈 MSCI USA ESG 셀렉트 ETFSUSA, iShares MSCI USA ESG Select ETF는 MSCI가 계산한 대로 ESG 점수가 높은 250개 회사의 지수를 추적합니다. SUSA는 담배 및 민간 총기 제조 기업을 제외한 미국 대형 및 중형 기업 중 ESG 점수가 높은 250개 기업으로 구성된 MSCI USA 익스텐디드 ESG 셀렉트 인덱스MSCI USA Extended ESG Select Index를 추적합니다.

■ **표 3-10** SUSA 개요 ■

구분	내용	구분	내용
상장일	2005년 1월 24일	MSCI ESG 등급	A
운용 비용	0.50%	MSCI ESG 점수	6.27
운용 규모	24억 7000만 달러	MSCI 탄소강도	116.35
추종지수	MSCI USA Extended ESG Select Index	연수익률	24.90%
P/E 가격수익률	43.20	경쟁ETF	ESGU, KRMA, NACP, WOMN, BOSS
P/B 비율	4.77	보유 종목 수	199

* 출처: ETF.com, 2021. 1. 26.

SUSA는 자산운용사 블랙록이 2005년 1월에 출시했으며, 2021년 1월 26일 현재 운용 자산이 24억 7000만 달러에 달합니다. 제반 비용 및 보수 등 운용 비용은 0.50%입니다. P/E 가격수익률은 43.20이고, P/B 비율은 4.77입니다. MSCI ESG 등급은 A이며, MSCI ESG 점수는 10점 만점에 6.27입니다. 탄소강도는 116.35로, 보통 수준입니다. 연수익률은 24.90%입니다. 포트폴리오 내 보유 종목은 199개이며, 경쟁 펀드로는 ESGU, KRMA, NACP, WOMN, BOSS가 있습니다.

SUSA를 구성하는 포트폴리오를 살펴보면 국적 기준으로 미국이 100%를 차지합니다. 상위 10위 섹터별 비중은 다음과 같습니다. 기술 36.91%, 금융 12.65%, 헬스케어 12.15%, 임의소비재 11.94%, 산업재 10.09%, 필수소비재 8.32%, 유틸리티 3.06%, 기초소재 2.32%, 에너지 2.0%, 통신 0.56%입니다. 상위 10위 기업의 비중은 전체의 25.10%에 해당합니다. 상위 10위 기업은 애플(5.16%), 마이크로소프트(4.81%), 알파벳 클래스 A(2.92%), 테슬라(2.14%), 액센추어 Plc 클래스 A Accenture Plc Class A(1.96%), 홈디포(1.75%), 페이스북 (1.71%), 블랙록(1.62%), 엔비디아(1.52%), 세일즈포스닷컴 Salesforce. com(1.43%)입니다.

미국 외 국가 기업에 투자하는 VSGX

뱅가드 ESG 인터내셔널 스톡 ETF VSGX, Vanguard ESG International Stock ETF 는

ESG 기준으로 선별된 미국을 제외한 전 세계 기업의 시가총액 가중치 지수를 추적합니다. 대형주, 중형주 및 소형주를 고루 포함하는 VSGX는 성인오락, 술 및 담배, 무기, 화석연료, 도박 및 원자력 같은 분야의 기업들을 제외합니다. 또한 UN 글로벌 콤팩트 원칙을 적용해 노동권, 인권, 환경 및 반부패 기준을 충족시키지 못하는 기업들의 주식을 제외합니다.

VSGX는 MSCI ESG 펀드 평가 등급이 적용되는 모든 펀드 중 동종 그룹 내에서 상위 71%에, 글로벌 시장 내에서 상위 23%에 포함됩니다.

■ 표 3-11 VSGX 개요 ■

구분	내용	구분	내용
상장일	2018년 9월 18일	MSCI ESG 등급	A
운용 비용	0.17%	MSCI ESG 점수	6.7
운용 규모	16억 7000만 달러	MSCI 탄소강도	119.34
추종지수	FTSE Global All Cap ex US Choice Index	연수익률	17.78%
P/E 가격수익률	27.53	경쟁 ETF	ACSG, VEU, IXUS, IPOS, FPXI
P/B 비율	1.75	보유 종목 수	4518

* 출처: ETF.com, 2021. 1. 26.

VSGX는 자산운용사 뱅가드가 2018년 9월에 출시했으며, 2021년

1월 26일 현재 운용 자산이 16억 7000만 달러에 달합니다. 제반 비용 및 보수 등 운용 비용은 0.17%로 낮은 편입니다. FTSE 글로벌 올 캡 ex US 초이스 인덱스_{FTSE Global All Cap ex US Choice Index}를 추적해 장기적으로 지속가능성 관련 포트폴리오를 구축합니다. P/E 가격수익률은 27.53이고, P/B 비율은 1.75입니다. MSCI ESG 등급은 A이며 MSCI ESG 점수는 10점 만점에 6.7입니다. 탄소강도는 119.34입니다. 연수익률은 17.78%입니다. 포트폴리오 내 보유 종목은 4518개이며, 경쟁 펀드로는 ACSG, VEU, IPOX, IXUS, FPXI가 있습니다.

VSGX를 구성하는 포트폴리오를 살펴보면 국적 기준으로 상위 5위는 일본(18.53%), 홍콩(12.99%), 영국(7.46%), 캐나다(5.75%), 스위스(5.73%)입니다. 상위 10위 섹터별 비중은 금융 26.14%, 기술 19.56%, 임의소비재 11.99%, 산업재 11.62%, 헬스케어 10.38%, 필수소비재 7.29%, 기초소재 7.03%, 통신 3.58%, 유틸리티 1.74%, 에너지 0.53%입니다. 상위 10위 기업의 비중은 전체의 12.95%에 해당합니다. 상위 9위 기업은 알리바바(1.86%), 네슬레(1.49%), 삼성전자(1.42%), 로슈홀딩(1.1%), ASML 홀딩 NV ASML Holding NV(0.87%), 도요타Toyota(0.85%), AIA 그룹 AIA Group(0.66%)입니다.

신흥시장의 착한 기업에 주목하는 LDEM

아이셰어즈 ESG MSCI EM 리더스 ETF_{LDEM, iShares ESG MSCI EM Leaders ETF}

는 해당 섹터에 비해 ESG 특성이 높은 신흥시장 대형주 및 중형주로 구성된 계층 가중치 지수를 추적합니다. 선택은 상위 지수인 MSCI 신흥시장지수의 구성 요소로 시작됩니다. LDEM은 포트폴리오에서 주류, 담배, 도박, 원자력 및 무기, 생산자 및 민간 총기의 주요 소매 업체와 관련된 회사를 제외합니다. MSCI ESG 펀드 평가 등급이 적 용되는 모든 펀드의 동종 그룹 내에서 상위 76%에, 글로벌 시장 내 에서 상위 97%에 포함됩니다.

■ **표 3-12** LDEM 개요 ■

구분	내용	구분	내용
상장일	2020년 2월 5일	MSCI ESG 등급	A
운용 비용	0.16%	MSCI ESG 점수	6.80
운용 규모	8억 8082만 달러	MSCI 탄소강도	246.63
추종지수	MSCI EM Extended ESG Leaders 5% Issuer Capped Index	연수익률	24.61%
P/E 가격수익률	24.97	경쟁ETF	ESGE, XSOE, FRDM, EMSG, EMXF
P/B 비율	1.92	보유 종목 수	444

* 출처: ETF.com, 2021. 1. 26.

LDEM는 자산운용사 블랙록이 2020년 2월에 출시했으며, 2021년 1월 26일 현재 운용 자산이 8억 8082만 달러에 달합니다. 제반 비용 및 보수 등 운용 비용은 0.16%로 매우 저렴한 편입니다. LDEM는 MSCI EM 익스텐디드 ESG 리더스 5% 이슈어 캡드 인덱스MSCI EM Extended ESG Leaders 5% Issuer Capped Index를 추적해 장기적으로 지속가능성 관련 포트폴리오를 구축합니다. P/E 가격수익률은 24.97이고, P/B 비율은 1.92입니다. MSCI ESG 등급은 A이며 MSCI ESG 점수는 10점 만점에 6.80입니다. 탄소강도는 246.63으로 높은 수준입니다. 상장일이 2020년 2월인 관계로 펀드의 3개월 성과(24.61%)만 보고됐습니다. 포트폴리오 내 보유 종목은 444개이며, 경쟁 펀드는 ESGE, XSOE, FRDM, EMSG, EMXF가 있습니다.

국적 기준으로 상위 5위는 홍콩(26.96%), 대만(14.90%), 인도(12.98%), 한국(8.25%), 남아프리카공화국(7.15%)입니다. 상위 10위 섹터별 비중은 기술 33.20%, 금융 25.34%, 기초소재 7.31%, 필수소비재 7.18%, 에너지 6.52%, 임의소비재 5.54%, 산업재 5.45%, 헬스케어 4.30%, 통신 3.32%, 유틸리티 1.83%입니다. 상위 10위 기업의 비중은 전체의 33.04%입니다. 상위 10위 기업은 TSMC(5.71%), 텐센트(4.97%), 메이투안(4.89%), 알리바바(4.48%), 네스퍼스Naspers(2.90%), 릴라이언스 인더스트리Reliance Industry(2.27%), 차이나 컨스트럭션China construction(2.18%), 니오NIO(2.09%), 하우징 디벨롭먼트Housing Development(1.77%), 인포시스Infosys(1.77%)입니다.

03

결론 :
ESG ETF 심층 분석

ESG ETF vs. Non ESG ETF

이 장에서는 ESG ETF의 심층 분석을 위해 규모 면에서 상위 10위 ESG ETF를 선정했습니다. 〈표 3-13〉에서 보듯 재무적 요소로서 운용 자산, 운용 비용, 연수익률을 비교하고 비재무적 요소로서 ESG 매트릭스, 즉 ESG 등급, ESG 점수, 탄소강도 등을 기준으로 삼았습니다. 여기에서는 광범위하게 다변화된 10개 ESG ETF와 대표적인 ETF인 IVV를 함께 비교분석해 ESG ETF와 논 ESG ETF의 성과를 살펴보고자 합니다. 결론을 요약 정리하면 다음과 같습니다.

첫째, 〈표 3-13〉의 첫 번째 줄은 10개 ESG ETF의 펀드 티커와 편드를 제공한 자산운용사의 이름을 보여줍니다. 표의 두 번째 줄은 각 펀드의 자산 규모를 나열합니다.

표 3-13 광범위하게 다양화 된 ESG ETF

펀드 티커(제공자)	운용 자산 (십억 달러)	운용 비용	연수익률	ESG 등급	ESG 점수	탄소 강도
ESGU(아이셰어즈)	13.36	0.15%	21.98%	A	5.80	88.78
ESGE(아이셰어즈)	7.19	0.25%	25.27%	A	6.90	149.92
ESGD(아이셰어즈)	4.27	0.2%	10.28%	AA	8.25	106.44
ESGV(뱅가드)	3.24	0.12%	24.96%	BBB	5.03	71.08
USSG(X트래커스)	3.23	0.1%	18.16%	A	6.63	133.09
SUSL(아이셰어즈)	3.03	0.1%	18.08%	A	6.66	67.74
DSI(아이셰어즈)	2.69	0.5%	19.83%	A	6.01	103.74
SUSA(아이셰어즈)	2.47	0.5%	24.9%	A	6.27	116.35
VSGX(뱅가드)	1.67	0.17%	17.78%	A	6.7	119.34
LDEM(아이셰어즈)	0.88	0.16%	24.61%	A	6.8	247.63
IVV	243	0.04	18.14%	BBB	5.17	145

* 출처: ETF.com, 2021. 1. 26.

10개 ESG ETF 중 7개를 자산운용사 블랙록의 아이셰어즈가 제공하고 있습니다. 운용 자산 면에서도 아이셰어즈가 제공하는 3개의 핵심 ESG ETF인 ESGU, ESGE, ESGD가 수위를 차지합니다. 10개 ESG ETF 중 가장 대중적으로 인기 있고 비슷한 펀드 특성을 가진 6가지 ESG ETF, 즉 ESGU, SUSA, DSI, SUSL, ESGV, USSG를 비교분석한 결과는 더욱 흥미롭습니다. 일단 이들 6개 ESG ETF는 자산 순위에서 상위 8위 안에 들어갑니다. 자산 규모가 가장 큰 것은 ESGU로 133억 달러를 넘어섭니다. 6개 ESG ETF 중 가장 적은 운용 자산 규모를 가진 펀드는 SUSA로 24억 7000만 달러입니다. 하지만 10개 ESG ETF와 대표적인 벤치마크 ETF인 IVV를 비교하면 상대가 안 됩니다. IVV의 자산은 2430억 달러로, 10개 ESG ETF를 합한 것보다 40배 이상 운용 규모가 큽니다.

둘째, 운용 비용을 살펴봅시다. 10개 ESG ETF 모두 다 0.5% 이하의 비용을 부과합니다. 인기 있는 6개 ESG ETF 중 운용 비용이 가장 높은 것은 DSI와 SUSA로, 0.5%입니다. 운용 비용이 가장 낮은 ESG ETF는 USSG와 SUSL로, 0.1%입니다. 대표적인 ETF인 IVV는 운용 보수가 0.04%로 큰 차이를 보입니다.

셋째, ESG ETF와 IVV의 성과를 비교합니다. 1년간 수익률을 비교해보면 인기 있는 6개 ESG ETF 펀드가 나머지 4개 펀드보다 우수한 성과를 보였습니다. 수익률 범위는 18~25%입니다. 10개 ESG ETF와 벤치마크 펀드인 IVV의 성과를 비교하면 인기 있는 5개 ESG ETF를 포함한 7개 ESG ETF가 모두 IVV(18.14%)보다 높은 수익률을 보였습니다.

넷째, 광범위하게 다양화된 ESG ETF와 대표적인 ETF인 IVV의 ESG 등급, ESG 점수, 그리고 탄소강도를 비교합니다. IVV는 ESG 등급이 BBB이며, ESG ETF는 ESGV를 제외하면 모두 다 A 이상 등급을 받아 ESG ETF가 일반 ETF보다 ESG 등급이 높을 것이라는 가설을 입증해줍니다. 마찬가지로 ESG 점수도 ESGV를 제외한 나머지 9개 ESG ETF 펀드가 모두 다 IVV보다 높습니다.

정리하면 상위 10위 ESG ETF가 일반 ETF인 IVV보다 수익률, ESG 등급, ESG 점수, 탄소강도 모두 우수한 것으로 나타났습니다. 이것은 ESG ETF 투자자에게 무척 고무적인 실증적 증거로, 지속가능 투자의 방향을 확실히 제시해줍니다.

ESG ETF, 수익성도 회복력도 우수

이 같은 결과가 투자자에게 어떠한 시사점이 있는지 살펴봅시다.

첫째, 흥미로운 것은 비슷한 특성을 가진 6개 ESG ETF의 수익률 범위가 18~25%로 비슷했습니다. 이들 6개 ESG ETF를 좀 더 깊이 살펴보면 거의 모두 우수한 빅 테크big tech 기업들, 예를 들면 애플, 마이크로소프트, 아마존, 알파벳 클래스 A·C, 테슬라 등을 보유하고 있었습니다. 존슨&존슨, 프록터&갬블, 비자, 홈디포, 마스터카드, 디즈니도 이들 ESG ETF가 공동으로 보유하고 있는 기업들입니다. 이렇듯 보유 기업들이 비슷해서인지 연수익률이 크게 차이 나지 않습니다. 이런 점을 감안할 때 투자 전략은 분명합니다. 비슷한 특성을 가진 6개 ETF에 모두 다 투자하기보다는 한두 개를 선택해서 투자해도 수익률 성과에 큰 지장이 없을 것으로 보입니다.

둘째, 2021년 초에서 3월 말까지 글로벌 시장은 예상치 못한 금리 인상의 영향으로 충격을 받았습니다. 시장에서 주목받고 있는 6개 ESG ETF가 시장 조정 기간 동안 어떻게 반응했는지 일반 ETF와 수익률을 비교해보면, 이들 6개 ESG ETF는 어려운 시장 조정 기간에도 상대적으로 매우 안정적이고 높은 수익률을 보여주었습니다.

ESG ETF의 대표 주자인 ESGU의 수익률은 7.21%입니다. ESGV(6.7%)를 제외한 나머지 ESGU의 동종 그룹 수익률은 SUSA(8.20%), DSI(8.41%), USSG(8.41%), SUSL(8.22%)입니다. 이에 반해 이 기간 나스닥 기술주는 대부분 수익률 감소세를 보였습니다. 예를 들면, 나스닥 지수를 추종하는 대표적인 ETF인 QQQ는 이 기간 3.58%의 낮은 수익률을 보였고, 같은 기간 ARK 인베스트의 대표적인 ETF인 ARKK는 -2.92%의 수익률을 보였습니다. 2020년 코로나 위기가 지속되는 동안 보여준 것처럼 ESG ETF는 시장의 위기 상황에서 확실하게 강한 수익률을 나타냈습니다. ESG ETF가 위기에 강하고 회복력resilience이 매우 빠르다는 것을 이번 시장 조정기에도 다시 확인할 수 있었습니다.

아직도 일부 투자자는 무형의 가치를 추구하는 ESG에 투자할 때 수익을 포기해야 한다는 잘못된 생각을 갖고 있습니다. 하지만 분석 결과에서 알 수 있듯 ESG ETF는 수익률이 높으며 시장 위기 상황이나 조정 기간에도 매우 강한 회복력을 보였습니다. 이런 여러 가지 사실을 감안할 때 2021년에도 의심할 나위 없이 ESG ETF 인기는 계속될 것입니다.

Chapter

4

기후 위기에
주목하는
ESG ETF

탄소 중립, 거스를 수 없는 흐름이자 시대적 소명

미국 대통령 선거 결과, 대통령에 당선된 조 바이든은 기후 변화에 대처하고 재생 가능한 에너지를 지원하기 위해 향후 4년간 2조 달러를 투자하기로 약속했습니다. 바이든은 선거에서 승리하자마자 파리기후협약에 다시 가입하겠다는 공약을 내놓았습니다. 이에 따라 2030년까지 청정에너지가 본격적으로 에너지 투자의 미래가 될 것으로 기대됩니다.

이밖에도 미래학자를 비롯해 많은 연구 기관에서 기후 위기를 극복하기 위한 방법으로 부각되고 있는 재생에너지 투자에 관한 보고들을 연달아 발표하고 있습니다. 미래학자 제러미 리프킨은 2028년까지 화석연료 문명이 종말을 맞을 것이라고 예견하면서 지구의 생명체를 구하기 위한 글로벌 그린 뉴딜에서 말하는 미래의 대체 에너지에는 재래식 및 재생 불가능한 화석연료를 대체하는 모든 에너지원이 포함된다는 점을 강조했습니다. 그렇다면 세계 여러 나라에서는 재생에너지 생산, 투자, 시장을 어떻게 전망하고 있을까요?

2050년까지 전 세계 에너지의 약 50%가 풍력과 태양광 에너지에서 생산될 것으로 예상됩니다. 세계 여러 나라에서 친환경적인 삶을 위해 새로운 변화와 행동을 취함에 따라 주요 에너지 및 유틸리티 회사들은 녹색 이니셔티브에 집중적으로 투자하고 있습니다. 예를 들어, 셸Shell은 2016년부터 재생 가능한 에너지 투자에 20억 달러를 지출했습니다. 녹색 이니셔티브에 투자하는 대기업과 해당 업계를 발전시키기 위해 새롭고 혁신적인 기술을 개발하는 관련 소규모 기업이 대거 출현하면서 2050년까지 11조 5000억 달러가 재생 가능 에너지 부문에 투자될 것으로 예상됩니다.

국제에너지기구IEA, International Energy Agency의 보고서에 따르면 5년 이내 전 세계적으로 재생 가능한 전기 공급이 50% 증가할 것으로 예상됩니다. 또한 IEA에 따르면 현재 전 세계 전력의 26% 정도를 차지하는 재생 가능 에너지원은 2024년까지 점유율이 30%로 성장할 것으로 전망됩니다. 이밖에도 얼라이드 마켓 리서치Allied Market Research에 따르면 전 세계 재생 가능 에너지 시장은 2018년에서 2025년까지 6.1%의 연평균 성장률을 기록해 그 가치가 15억 1000만 달러에 도

달할 것으로 보입니다.

　기후 위기 극복과 관련 전 세계적으로 탄소 감축에 나선 상황에서 각국의 움직임은 어떨까요? 2018년 UN IPCC는 〈1.5℃ 특별 보고서〉에서 "지구 온도 상승을 1.5℃로 제한하려면 전 세계가 온실가스 배출량을 2030년까지 2010년 대비 45% 줄이고, 2050년까지 탄소 중립 선언을 해야 한다"고 권고한 바 있습니다.

　기후 위기의 심각성이 날로 커지면서 전 세계는 탄소 중립에 눈을 돌리고 있습니다. 전 세계 120여 개 국가가 이산화탄소 배출량을 0으로 만드는 탄소 중립을 선언하거나 추진 중이고, 유럽$_{EU}$과 미국은 수입품 등 모든 항목에 탄소세를 부과하겠다며 환경 규제 움직임을 보이고 있습니다. 세계 2위 온실가스 배출국인 미국과 11위인 캐나다는 2050년 탄소 배출 넷 제로$_{net zero}$를 선언했고, 17위인 영국은 2050년 탄소 배출 넷 제로 목표와 자원 낭비 없는 경제 성장을 선포했습니다. 세계 5위 온실가스 배출국인 일본은 2050년까지 탄소 중립을 달성하겠다고 선언했고, 현재 세계 최대 온실가스 배출국인 중국은 2060년까지 탄소 중립을 실현하겠다고 선언했습니다.

　현재 온실가스 배출국 9위인 한국도 2050년까지 탄소 중립을 달성하겠다고 선언했습니다. 나아가 한국은 2035년까지 내연 기관 자동차 생산을 중단하겠다고 밝혔습니다. 자동차 배출가스로 인한 탄소 공해가 이산화탄소 배출량의 16%를 차지하는 한국이 지금부터 비교우위에 있는 친환경 차, 배터리, 에너지 저장 장치, 수소 등 저탄소 기술 투자에 박차를 가한다면 탄소 중립 사회로의 전환은 예상보다 빠르게 이뤄질 것으로 기대됩니다. 탄소 중립은 이제 전 세계적으로 거스를 수 없는 흐름이며, 우리 경제의 지속가능한 성장을 위한 필수 과제가 되었습니다.

반면 온실가스 배출국 3위인 인도, 4위인 러시아, 6위인 이란, 8위인 인도네시아, 10위인 사우디아라비아, 13위인 브라질, 14위인 멕시코 등 주요 탄소 배출국들은 탄소 제로 선언을 하지 않았으며 탄소 감축 정책에 매우 소극적인 태도를 보이고 있습니다.

호주 또한 탄소 감축과 관련, 아직 2050년 탄소 중립 목표를 선언하지 않았고 2030년부터 2050년 사이의 목표도 제시하지 않고 있습니다. 세상은 기후 위기를 극복하기 위해 빠르게 저탄소 체제로 움직이고 있는데, 지난 10년 동안 기후 변화 정책을 둘러싸고 호주는 집권당 내부에서 석탄 산업 지지 로비스트와 치열한 내홍을 겪으면서 기후 정책 면에서 무능한 행보를 보이고 있는 게 사실입니다. 이와 관련, 스콧 모리슨Scott Morrison 호주 총리는 탄소 중립(넷 제로)에 소극적인 태도를 보여 국제적으로 지탄 받고 있습니다. 2021년 11월 영국 글래스고에서 개최될 UN 기후 정상 회의COP26를 앞두고 '2050 탄소 제로' 목표에 소극적인 태도를 보이는 호주에 대한 국제사회의 압력은 한층 거세질 것으로 예상됩니다.

일찍이 노벨상을 받은 기후경제학자 윌리엄 노드하우스William Nord-haus는 그의 저서《기후 카지노The Climate Casino: Risk, Uncertainty, and Economics for a Warming World》를 통해 지구 생태계의 운명을 걸고 도박하듯 잘못된 정책을 펼치는 정치인들에게 그런 행동은 카지노에서나 하는 짓이라고 경고했습니다. 바로 스콧 모리슨 호주 총리 같은 정치인을 두고 한 말입니다. EU를 중심으로 한 '기후 클럽climate club'에도 들지 못하고 왕따 당한 모리슨, 내년 호주 연방선거에서 그의 정치적 생명이 어떻게 될지 주목됩니다.

그린 산업에 투자하는 최고의 방법, 'E'SG ETF

지속가능 성장 패러다임으로의 대전환 속에서 ESG ETF 투자는 글로벌 금융의 메가 트렌드로 자리 잡았습니다. 게다가 ESG 투자는 코로나19로 터닝 포인트를 맞았습니다. 2020년 코로나19 위기가 지속되는 동안 친환경 투자의 중요성은 더욱 부각되었고, 실질적으로 투자 수익률도 논non ESG에 비해 우수한 성과를 보였습니다.

제3장에서는 지속가능 투자로 대변되는 ESG를 추구하는 기업들을 아우르는 ESG ETF들을 소개했습니다. 이 장에서는 지속가능 투자로서 ESG의 틀 내에서도 특별히 'E Environment', 즉 환경에 집중하는 ESG 투자 방식을 살펴보고자 합니다. 다시 말해 탄소를 줄이고 청정에너지, 재생에너지를 만드는 투자 수단으로서 ESG ETF 혹은 그린 ETF를 소개합니다.

그린 ETF는 바이든이 미국 대통령으로 당선된 뒤 EU를 중심으로 '그린 뉴딜'에 대한 전 세계적 정책 공조가 이뤄지면서 새로운 패러다임으로 떠오를 것으로 예상됩니다. 그린 뉴딜, 그린 산업의 투자 방법으로 그린 ETF, ESG ETF가 최선의 방법으로 꼽히는 이유는 무엇일까요?

첫째, 청정에너지 산업 또는 기후 테마 EGS 업종에 투자할 경우, 변동성 리스크 관리 측면에서 개별 종목을 선별해 투자하기가 쉽지 않습니다. 개별 기업의 종목 리스크에 노출되기보다 ETF처럼 투자 상품 자체 내에서 포트폴리오가 분산된 상품을 선택하는 것이 편리하고 투명하고 리스크도 적습니다. 또한 그린 뉴딜 정책과 관련된 산업에 투자하는 국내 주식형 그린 ETF, 청정에너지와 관련 부문에 투자하는 해외 주식형 ESG ETF에 나눠서 투자한다면 분산투자 효과를 배로 늘릴 수 있습니다.

둘째, 전 세계 주요국들의 그린 뉴딜 정책 확대, 지속가능성에 대한 투자자들의 인식 변화가 ESG ETF의 성장세를 주도하고 있습니다. 밀레니얼 세대의 경우, 60% 이상이 ESG를 투자 판단의 기준으로 고려할 정도입니다. 이런 분위기에 힘입어 연기금 및 블랙록 같은 대형 자산운용사들이 ESG ETF에 선제적으로 투자하고 있는데, 이런 움직임이 그린 산업의 생태계는 물론 지속가능 투자의 흐름을 바꾸고 있습니다. 골드만삭스는 향후 10년 동안 기후 변화 및 포용적인 성장 등 지속가능 경영에 초점을 맞춘 기업에 7500억 달러를 투자할 계획이라고 밝혔습니다. 세계 최대 규모의 자산운용사 블랙록은 지난해 화석연료 관련 매출이 전체의 25%를 넘는 기업들을 투자 대상에서 제외하고 올해만 벌써 11개의 ESG ETF를 신규 상장했습니다. 아울러 향후 ESG ETF 투자를 2배로 늘리겠다는 내용의 강도 높은 정책을 발표했습니다. 기후 관련 재생에너지 테마 ETF는 2020년 코로나 사태 이후 폭발적인 증가세를 보이며, 그 규모가 올해 1000억 달러를 넘어설 것으로 보입니다.

셋째, ESG ETF는 다양한 분야의 그린 산업에 투자할 수 있는 가장 편리한 투자 도구입니다. 쉽게 말해, ESG ETF를 이용하면 그린 산업의 모든 분야에 투자할 수 있습니다. 저탄소 배출, 재생에너지(태양광, 풍력 등), 청정에너지, 기반 기술(ESS, 인버터 등), 뉴모빌리티(전기차, 수소차 등), 리튬 배터리, 화석연료 노출 감소, 일반 친환경 등 그린 산업 생태계 전체를 아우를 수 있습니다.

넷째, ESG ETF를 활용하면 재생에너지 산업에 투자할 때 미국 외에 다른 국가에도 접근할 수 있습니다. 개별 주식, 미국 같은 특정 국가가 아니라 태양광 산업에서 비교우위가 있는 몇몇 중국 기업들, 해상 풍력 발전에서 좀 더 앞서 있는 유럽 국가 등 모든 국가에 투자할 수 있습니다. 예를 들어 글로벌 태양광 밸류체인에 투자하는 ETF인 TAN은 재생에너지, 전력 유틸리티, 리츠, IT 하드웨어 등 섹터별 구성 비중이 다변화되어 있으며, 국가별 비중도 미국(47%), 중국(25%), 독일(6%), 스페인(5%) 등으로 다양하게 잘 분산되어 있습니다.

끝으로 그린 산업은 크게 재생에너지 관련 기업(생산·개발·분배·설치)과 전기차, 전력 유틸리티, 2차전지 관련 기업들이 주축을 이룹니다. 이 중에서 온실가스 배출 비중이 높은 전력·난방(30%), 운송(16%)과 밀접한 관계가 있는 재생에너지(태양광·풍력)와 전기차가 가장 주도적으로 그린 산업을 선도할 것으로 전망됩니다.

기후 위기를 극복하는 글로벌 테마 ESG ETF 21개

이제까지 설명한 그린 산업을 주도할 재생에너지 투자는 모두 ESG ETF 투자를 통해 구현할 수 있습니다. 탄소 중립을 달성하고 기후 변화 위기를 극복하기 위한 구체적인 ESG ETF 투자 방법으로 저탄소 배출 ESG ETF, 지속가능 임팩트 ESG ETF, 청정에너지 ESG ETF, 태양광 ESG ETF, 풍력 에너지 ESG ETF, 배터리 ESG ETF, 화석연료 노출 감소 ESG ETF, 친환경적인 중국의 ESG ETF 등 다양한 전략을 생각할 수 있습니다.

기후 위기 극복과 관련된 테마별 ESG ETF는 매우 다양합니다. 이 장에서는 이 중에서도 특히 우수한 성과를 낸 상위 21개 ESG ETF를 살펴보겠습니다. 이들 21개 ESG ETF는 크게 8개 그룹으로 나눌 수 있는데, 모두 다 미국 시장에 상장되어 있는 글로벌 ESG ETF입니다. 테마별로 나눈 8개 그룹은 다음과 같습니다.

- 저탄소 배출을 겨냥한 ESG ETF : CRBN, LOWC, SMOG
- 지속가능성 성장 임팩트를 겨냥한 ESG ETF : SDG, SDGA
- 청정에너지를 목표로 한 ESG ETF : ICLN, PBW, PZD, QCLN, ACES, PBD, CNRG, GRID, RNRG
- 태양광 에너지를 목표한 ESG ETF : TAN
- 풍력 에너지 증가를 위한 ESG ETF : FAN, EDEN
- 전지 혁신 기술을 추구하는 ESG ETF : LIT, BATT
- 화석연료 노출 감소를 위한 ESG ETF : SPYX
- 환경 친화적인 중국의 ETF : KGRN

8개 테마에 속한 21개 ESG ETF를 하나하나 자세히 살펴보겠습니다.

01

저탄소 배출을 겨냥한
ESG ETF

네거티브 전략으로 탄소 배출 기업을 걸러낸다

탄소 배출량 규제와 관련해 기후 위기 극복을 위한 ETF 투자법은 기존에 탄소를 많이 배출하는 기업들을 배제하는 방식으로 이뤄집니다. 예를 들어, CRBN과 LOWC는 주요 지수로 MSCI 로 카본 타깃 인덱스_{MSCI Low Carbon Target Index}를 사용해 스크리닝합니다. SMOG는 알두어 글로벌 인덱스_{Ardour Global Index}를 사용해 스크리닝합니다. 이들 지수는 미국, 유럽 등 국가별 지수도 존재합니다.

대표적인 저탄소 관련 테마 ESG ETF인 CRBN, LOWC, SMOG를 하나하나 살펴보겠습니다.

낮은 탄소발자국에 투자하는 CRBN

아이셰어즈 MSCI ACWI 로 카본 타깃 ETF_{CRBN, iShares MSCI ACWI Low Carbon Target ETF}는 세계 최대 자산운용사인 블랙록이 2014년 12월 저탄소 배출을 목표로 출시한 ETF입니다. 기존 시장과 신흥 시장 모두의 대형 및 중형주 지수를 추적하며, 보다 넓은 시장에서 탄소발자국이 낮은 주식에만 투자합니다. MSCI ESG 등급은 A이고, ESG 점수는 10점 만점에 5.80입니다. 탄소강도는 64.62로, 매우 낮은 수준입니다. 펀드의 탄소강도는 펀드의 탄소 집약도를 의미하며, 탄소 집약적 기업에 펀드가 얼마나 노출되어 있는지 그 정도를 측정합니다.

CRBN은 MSCI ESG 펀드 평가 등급이 적용되는 모든 펀드의 동종 그룹 내에서 68%에, 글로벌 시장 내에서 1% 이하에 포함됩니다.

■ **표 4-1** CRBN 개요 ■

구분	내용	구분	내용
상장일	2014년 12월 9일	MSCI ESG 등급	A
운용 비용	0.20%	MSCI ESG 점수	5.80
운용 규모	6억 3982만 달러	MSCI 탄소강도	64.62
추종지수	MSCI ACWI Low Carbon Target Index	수익률 1년 / 3년	16.8% / 9.7%
P/E 가격수익률	33.41	경쟁 ETF	LOWC, SDG, SDGA, VT, ACWI
P/B 비율	2.69	보유 종목 수	1365

* 출처: ETF.com, 2021. 1. 20.

2021년 1월 20일 현재 운용 자산은 6억 4000만 달러에 달하며, 제반 비용 및 보수 등 운용 비용은 0.20%입니다. CRBN은 장기적으로 지속가능한 저탄소 포트폴리오를 구축하는 데 사용되는 지표인 MSCI ACWI 로 카본 타깃 인덱스MSCI ACWI Low Carbon Target Index를 추적합니다. P/E 가격수익률은 33.41이고 P/B 비율은 2.69입니다. 경쟁 펀드로는 LOWC, SDG, SDGA, VT, ACWI가 있습니다. 포트폴리오 내 보유 종목은 1365개입니다.

CRBN을 구성하는 포트폴리오를 살펴보면, 국적 기준으로 미국이 전체의 57.98%를 차지합니다. 다음은 일본 6.69%, 홍콩 4.99%, 영국 3.59%, 캐나다 2.96% 순입니다. 상위 10위 섹터별 비중은 다음과 같습니다. 기술 27.14%, 금융 17.47%, 임의소비재 13.31%, 헬스케어 11.27%, 산업재 11.27%, 필수소비재 7.64%, 기초소재 4.03%, 통신 2.59%, 에너지 2.40%, 유틸리티 2.31%입니다.

CRBN은 대기업 및 중견 기업 가운데 ESG 성향이 높은 기업들에 투자합니다. 상위 10위 기업의 비중은 전체의 14.51%에 해당합니다. 상위 10위 기업은 애플(3.66%), 마이크로소프트(2.56%), 아마존(2.22%), 테슬라(1.05%), 페이스북(1.04%), TSMC(0.96%), 알파벳 클래스 C(0.89%), 알파벳 클래스 A(0.82%), 알리바바(0.78%), 텐센트(0.78%)입니다.

넷제로에 도전하는 LOWC

SPDR MSCI ACWI 로 카본 타깃 ETF_{LOWC, SPDR MSCI ACWI Low Carbon Target} _{ETF}는 세계 3위의 자산운용사 스테이트 스트리트가 2014년 11월 저탄소 배출 감소를 겨냥해 선보인 ETF입니다. LOWC는 탄소 배출량을 낮추는 목적으로 선택된 글로벌 기업의 주식을 대상으로 합니다. LOWC는 CBRN과 마찬가지로 MSCI 로 카본 타깃 인덱스를 추적하는 등 CRBN, SDG, SDGA와 유사한 면이 많습니다.

LOWC는 기본적으로 시장과 같은 수익을 유지하면서 지구 온난화를 막기 위해 탄소를 줄이고자 합니다. 그러나 LOWC는 PBW나 PBD 같은 청정에너지 펀드는 아닙니다. 탄소강도는 65.10으로 아주 낮은 수준으로 분류됩니다.

LOWC의 MSCI ESG 등급은 A이고, ESG 점수는 10점 만점에 5.80입니다. MSCI ESG 펀드 평가 등급이 적용되는 모든 펀드의 동종 그룹 내에서 상위 69%에, 글로벌 시장 내에서 상위 1% 이하에 포함됩니다.

구분	내용	구분	내용
상장일	2014년 11월 25일	MSCI ESG 등급	A
운용 비용	0.20%	MSCI ESG 점수	5.80
운용 규모	8160만 달러	MSCI 탄소강도	65.10
추종지수	MSCI ACWI Low Carbon Target Index	수익률1년 / 3년	17.01% / 9.81%
P/E 가격수익률	33.35	경쟁 ETF	CRBN, SDG, SDGA, SPGM, VT
P/B 비율	2.71	보유 종목 수	1583

* 출처: ETF.com, 2021. 1. 20.

2021년 1월 20일 현재 운용 자산은 8100만 달러가 넘으며, 제반 비용 및 보수 등 운용 비용은 0.20%로 낮은 편입니다. P/E 가격수익률은 33.35이고 P/B 비율은 2.71입니다. 경쟁 펀드로는 CRBN, SDG, SDGA, VT, SPGM이 있습니다. 포트폴리오 내 보유 종목은 1583개입니다.

LOWC를 구성하는 포트폴리오를 살펴보면 국적 기준으로 미국이 전체의 58.01%를 차지합니다. 다음은 일본(6.76%), 홍콩(4.99%), 영국(3.57%), 캐나다(2.98%) 순입니다. 상위 10위 섹터별 비중은 다음과 같습니다. 기술 27.38%, 금융 17.39%, 임의소비재 13.41%, 의료 11.64%, 산업재 11.17%, 필수소비재 7.59%, 기초재료 3.94%, 통신 2.54%, 에너지 2.50%, 유틸리티 2.39%입니다. 상위 10위 기업의 비중은 전체의 15.24%에 해당합니다.

상위 10위 기업은 애플(3.68%), 마이크로소프트(2.64%), 아마존 (2.28%), 테슬라(1.06%), 페이스북(1.05%), 알파벳 클래스 A(0.97%), TSMC(0.95%), 알파벳 클래스 C(0.93%), 텐센트(0.85%), 알리바바 (0.83%)입니다.

저탄소 기업에서 수익의 50% 이상 창출, SMOG

반에크 벡터스 로 카본 에너지 ETF_{SMOG, VanEck Vectors Low Carbon Energy ETF} 는 자산운용사 반에크가 2007년 5월 출시한 저탄소 에너지 ETF입 니다. SMOG는 태양광, 풍력, 바이오 연료 및 지열 등 대체 에너지 관련 업체와 에너지 효율성에 중점을 둔 기업을 포함한 저탄소 에너 지 산업에서 최소한 수익의 50% 이상을 창출하는 기업을 보유하고 있습니다.

MSCI ESG 등급은 A이며, ESG 점수는 10점 만점에 6.73점입니 다. 탄소강도는 145.73으로 높은 수준입니다. SMOG는 MSCI ESG 펀드 평가 등급이 적용되는 모든 펀드의 동종 그룹 내에서 상위 59% 에, 글로벌 시장 내에서 상위 35%에 포함됩니다.

■ 표 4-3 SMOG 개요 ■

구분	내용	구분	내용
상장일	2007년 5월 3일	MSCI ESG 등급	A
운용 비용	0.62%	MSCI ESG 점수	6.73
운용 규모	3억 3965만 달러	MSCI 탄소강도	145.73
추종지수	Ardour Global Index	수익률1년 / 3년	130.12% / 41.58%
P/E 가격수익률	113.53	경쟁 ETF	ICLN, PBD, PBW, FAN, YLCO
P/B 비율	6.31	보유 종목 수	31

* 출처: ETF.com, 2021. 1. 20.

2021년 1월 20일 현재 운용 자산이 3억 4000만 달러에 달하며, 제반 비용 및 보수 등 운용 비용은 0.62%로 높은 편입니다. SMOG 는 알두어 글로벌 인덱스Ardour Global Index를 추적합니다. P/E 가격수 익률은 113.53이고, P/B 비율은 6.31입니다. 경쟁 펀드로는 ICLN, PBW, PBD, FAN, YLCO가 있습니다. 포트폴리오 내 보유 종목은 31개입니다.

SMOG를 구성하는 포트폴리오를 살펴보면 국적 기준으로 미국이 전체의 63.08%를 차지합니다. 다음은 덴마크(17.08%), 중국(9.01%), 스웨덴(3.54%), 스페인(2.74%) 순입니다. 상위 9위 섹터별 비중은 다음과 같습니다. 재생에너지 31.01%, 자동차&트럭 19.15%, 반도체 18.57%, 전기부품 13.60%, 전기유틸리티 11.51%, 독립전력생산자 2.97%, 건설자재 1.66%, 중전기 장비 0.89%, 기름·가스·정유

0.64%입니다.

상위 10위 기업의 비중은 전체의 65.46%에 해당합니다. 상위 10위 기업은 테슬라(65.46%), 니오(9.18%), 베스타스 윈드 시스템 Vestas Wind System(8.29%), 마이크로칩 테크놀로지 Microchip Technology(7.78%), 이튼 Eaton(7.74%), BYD(5.29%), 플러그 파워 Plug Power(5.13%), 오스테드 Orsted(4.34%), 삼성SDI Samsung SDI(4.11%), 인페이즈 에너지 Enphase Energy(4.05%)입니다.

02

지속가능성 성장 임팩트를 겨냥한
ESG ETF

자선과 투자는 상반된 가치가 아니다

지속가능성 성장 임팩트를 겨냥한 ESG ETF 중 대표적인 두 펀드
SDGA와 SDG를 비교 소개합니다. 이들 두 ETF 모두 미국 시장에
서 거래되고 있습니다. 두 펀드의 특징은 무엇일까요? SDG는 교육
이나 기후 변화 같은 UN의 지속가능 개발 목표와 관련된 주제를 발
전시키는 것을 목표로 하는 글로벌 주식을 보유하고 있습니다. UN
이 지적한 주요 사회 및 환경 문제 중 하나 이상의 긍정적인 변화를
주도할 수 있는 제품과 서비스를 중심으로 비즈니스를 구축하는 선
도적인 ESG 관행을 가진 기업을 타깃으로 합니다. SDGA의 가장

큰 특징은 자선과 투자 수익 면에서 모두 훌륭한 도구라는 점입니다. SDGA는 모닝스타 사회개발지수Morningstar Societal Development Index를 추적합니다. 이 지수는 UN의 지속가능 개발 목표와 관련된 강력한 정책과 관행을 전 세계 기업들에 제공하도록 고안되었으며, 47개 최빈국을 적극 지원하고 있습니다.

교육 등 사회문제 해결 기업에 투자하는 SDG

아이셰어즈 MSCI 글로벌 임팩트 ETFSDG, iShares MSCI Global Impact ETF는 자산운용사 블랙록이 2016년 4월 지속가능한 성장을 겨냥해 선보인 글로벌 임팩트 ESG ETF입니다. 특정 환경 및 사회적 문제를 해결하는 제품 및 서비스에서 수익의 50% 이상을 창출하는 회사에 투자하며, MSCI ACWI 지속가능 영향 지수MSCI ACWI Sustainable Impact Index를 추적합니다. 이 지수는 ESG 관련 최소 기준을 충족하지 못하는 회사를 배제합니다.

SDG는 선진시장의 대형주 회사에 초점을 맞추고 성장 및 가치 주식 모두에 투자하는 혼합 전략을 따르며, UN의 SDGs 중 하나 이상을 다루는 제품과 서비스에 의해 수익이 창출되는 회사를 추적합니다.

MSCI ESG 등급은 AA이고, ESG 점수는 10점 만점에 7.39입니다. 탄소강도는 167.80으로 높은 편입니다. SDG는 MSCI ESG 펀드 평가 등급이 적용되는 모든 펀드의 동종 그룹 내에서 상위 80%에, 글로벌 시장 내에서 상위 1% 이하에 포함됩니다.

■ 표 4-4 SDG 개요 ■

구분	내용	구분	내용
상장일	2016년 4월 20일	MSCI ESG 등급	AA
운용 비용	0.49%	MSCI ESG 점수	7.39
운용 규모	3억 4598만 달러	MSCI 탄소강도	167.80
추종지수	MSCI ACWI Sustainable Impact Index	수익률 1년 / 3년	47.63% / 19.10%
P/E 가격수익률	34.33	경쟁ETF	CRBN, LOWC, SDGA, VT, SPGM
P/B 비율	2.33	보유 종목 수	133

* 출처: ETF.com, 2021. 1. 20.

2021년 1월 20일 현재 운용 자산은 약 3억 4600만 달러입니다. 제반 비용 및 보수 등 운용 비용은 0.49%로 비교적 높은 편입니다. P/E 가격수익률은 34.33이고, P/B 비율은 2.33입니다. 경쟁 펀드로는 CRBN, LOWC, SDGA, VT, SPGM이 있습니다. 포트폴리오 내 보유 종목은 133개입니다.

SDG를 구성하는 포트폴리오를 살펴보면 국적 기준으로 미국이 전체의 28.28%를 차지합니다. 다음은 일본(14.99%), 홍콩(10.62%), 덴마크(8.07%), 영국(7.66%) 순입니다. 상위 9위 섹터별 비중은 헬스케어 19.64%, 필수소비재 19.64%, 산업재 15.13%, 임의소비재 14.67%, 기초소재 11.52%, 금융 7.52%, 에너지 5.83%, 유틸리티 4.72%, 기술 1.33%입니다.

상위 10위 기업의 비중은 전체의 37.53%에 해당합니다. 상위 10위 기업은 테슬라(6.23%), 유미코어 Umicore(4.59%), 베스타스 윈드 시스템(4.55%), 존슨 매티 Johnson Matthey(4.02%), 동일본여객철도 East Japan Railway(3.67%), 길리어드 사이언스 Gilead Sciences(3.31%), 암젠 Amgen(3%), 킴벌리 클라크 Kimberley-Clark(2.74%), 임프레사 CMPC Empresas CMPC(2.73%), WH그룹 WH Group(2.69%)입니다.

47개 최빈국을 적극 지원하는 SDGA

우리는 왜 펀드에 투자할까요? 투자의 목표는 돈을 버는 것입니다. ESG ETF도 마찬가지입니다. 그런데 주주의 수익 극대화 외에도 저개발 국가들의 지속가능 성장을 위해 ETF에 투자하면 어떨까요? 예를 들어, ETF가 탄자니아의 소규모 지역 농장에 지원할 자금을 모을 수 있다면 어떨까요? 또는 우간다의 식품 시장을 현대화하는 프로젝트를 지원할 수 있다면 어떨까요? 네팔의 중소기업 소유주에게 모바일 결제 및 뱅킹을 제공하는 등 ETF가 실제로 자선과 투자 수익의 도구가 될 수 있다면 어떨까요? 이것이 바로 SDGA의 핵심입니다.

SDGA는 전 세계의 빈곤과 경제적 어려움을 완화하기 위해 노력하는 자선단체 UNCDF를 지원하는 파트너 ETF입니다. SDGA의 가장 큰 특징은 자선과 투자 수익 면에서 모두 뛰어난 성과를 내는 훌륭한 도구라는 점입니다.

SDGA는 업계 최초의 비영리 ETF 발행사인 임팩트 셰어스Impact Shares가 2018년 9월 세 번째로 출시한 펀드입니다. 임팩트 셰어스 ETF가 구성되는 독특한 방식으로 인해 SDGA에 투자된 모든 자금은 전 세계 경제개발 프로젝트를 위한 자금으로 전환됩니다. 평화와 번영을 위한 ETF인 SDGA는 17가지 UN SDGs와 관련, 성취도가 높은 전 세계 주식을 추적합니다.

SDGA는 UNCDF가 개발한 사회적 투자 기준에 따라 전 세계 대형주 및 중형주를 평가합니다. 기업 윤리, 고용 관행, 계약 업체 및 공급망 모니터링, 지역사회 참여 및 재정적 포용에 관한 회사 정책 및 관행을 다루는 32가지 기준은 적격 기업 각각에 대한 사회 발전 점수를 부과하는데 사용됩니다.

SDGA는 심각한 비즈니스 논란 등 문제가 있는 특정 산업에 관여하거나 최소 ESG 점수를 충족하지 않는 회사를 제외하고 최적화 프로그램을 사용해 사회 발전 점수에서 높은 순위를 차지하는 200개 주식을 선택합니다. SDGA의 MSCI ESG 등급은 A이고, ESG 점수는 10점 만점에 6.53입니다. 탄소강도는 86.16으로 낮은 편입니다. MSCI ESG 펀드 평가 등급이 적용되는 모든 펀드의 동종 그룹 내에서 상위 65%에, 글로벌 시장 내에서 상위 31% 에 포함됩니다.

■ 표 4-5 SDGA 개요 ■

구분	내용	구분	내용
상장일	2018년 9월 20일	MSCI ESG 등급	A
운용 비용	0.75%	MSCI ESG 점수	6.53
운용 규모	388만 달러	MSCI 탄소강도	86.16
추종지수	Morningstar Societal Development Index	수익률 1년	16.94%
P/E 가격수익률	32.84	경쟁 ETF	CRBN, SDG, LOWC, VT, SPGM
P/B 비율	2.86	보유 종목 수	123

* 출처: ETF.com, 2021. 1. 20.

2021년 1월 20일 현재 운용 자산은 388만 달러이며, 제반 비용 및 보수 등 운용 비용은 0.75%로 높은 편입니다. SDGA는 모닝스타 소사이틀 디벨롭먼트 인덱스Morningstar Societal Development Index를 추적합니다.

P/E 가격수익률은 32.84이고, P/B 비율은 2.86입니다. 1년 수익률은 17%로 높은 편입니다. 경쟁 펀드로는 CRBN, LOWC, SDG, VT, SPGM가 있습니다. 포트폴리오 내 보유 종목은 123개입니다.

SDGA를 구성하는 포트폴리오를 살펴보면 국적 기준으로 미국이 전체의 67.49%를 차지하고 있습니다. 다음은 스위스(9.56%), 호주(5.01%), 프랑스(3.52%), 독일(2.69%), 영국(2.40%), 덴마크(1.79%), 캐나다(1.43%), 스웨덴(1.38%), 일본(1.37%) 순입니다. 상위 10위 섹터별 비중은 금융 18.39%, 헬스케어 16.82%, 임의소비재 16.04%, 기술 11.72%, 필수소비재 11.55%, 에너지 10.18%, 산업재 6.54%, 기초소재 5.49%, 유틸리티 2.66%, 통신 0.61%입니다. 상위 10위 기업의 비중은 전체의 49.49%에 해당합니다. 상위 10위 기업은 마이크로소프트(9.04%), 뮤추얼펀드Mutual Fund(7.91%), 뱅크오브아메리카Bank of America(5.30%), 월트 디즈니(4.50%), 인페이즈 에너지(4.37%), 네슬레Nestlé(4.17%), 프록터&갬블Procter&Gamble(4.14%), 로슈 홀딩Roche Holding(3.68%), 머크Merck&Co(3.25%), 스타벅스Starbucks(3.12%)입니다.

03

청정에너지를 목표로 한
ESG ETF

청정에너지원, 코로나로 그 중요성이 더욱 부각되다

2020년 코로나19 팬데믹 위기가 계속되는 동안, 청정에너지 부문에서 재생 가능한 에너지원으로의 전환과 수소 연료 전지, 풍력 및 태양광 솔루션을 포함한 기술이 기후 변화 문제를 해결할 수 있는 방법으로 주목받았습니다. 코로나19 팬데믹으로 기업과 정부 모두 청정에너지원을 채택하는 게 가속화되면서 청정에너지 ESG ETF는 관리중인 이익과 자산 모두에서 엄청난 성장을 보였습니다. 기후 위기 관련 테마 ESG ETF 중 청정에너지와 관련된, 시가 총액이 크고 유동성이 풍부한 9개 종목을 소개합니다.

최대 규모의 청정에너지 ETF, ICLN

아이셰어즈 글로벌 클린 에너지 ETF_{ICLN, iShares Global Clean Energy ETF}는 세계 최대 자산운용사인 블랙록의 ETF 브랜드인 아이셰어즈가 2008년 6월 발행했으며, 청정에너지 관련 사업에 참여하는 유동성이 풍부한 신재생에너지 기업 30개 사의 시가총액 가중치 지수를 추적합니다. ICLN은 이 장에서 다루는 21개 ESG ETF, 신재생에너지 테마 전체에 투자하는 ESG ETF 중 시가총액이 가장 큽니다. ICLN의 시가총액은 2021년 1월 66억 달러에 이르는 등 2020년 3월 이후 10개월 만에 거의 3배가 되었습니다. 플러그 파워, 메리디언 에너지_{Meridian Energy} 및 인페이즈에너지를 포함한 ETF의 상위 구성 요소가 미국에서 가장 유망한 회사로 분류된 후 1년 동안 시가총액이 세 자릿수 상승세를 보인 덕분입니다.

보다 다양한 신재생에너지 주식 포트폴리오를 추적하는 ICLN은 태양광 에너지 회사에 상당한 비중을 두고 있습니다. ICLN은 태양광 기업을 55%, 풍력 기업을 20% 보유하고 있습니다. ICLN은 태양광, 풍력뿐만 아니라 지열, 수력, 바이오 에너지 등 모든 신재생에너지 관련 기업이 투자 대상인 ESG ETF입니다. ICLN은 관련 공정에 사용되는 기술과 장비를 개발하는 기업도 보유하고 있습니다. ICLN의 MSCI ESG 등급은 AA이고, ESG 점수는 10점 만점에 7.25점입니다. 탄소강도는 234.27로 높은 수준입니다. ICLN은 MSCI ESG 펀드 평가 등급이 적용되는 모든 펀드 중 동종 그룹 내에서 상위 78%에, 글로벌 시장에서 상위 48%에 포함됩니다.

■ **표 4-6** ICLN 개요 ■

구분	내용	구분	내용
상장일	2008년 6월 24일	MSCI ESG 등급	AA
운용 비용	0.48%	MSCI ESG 점수	7.25
운용 규모	66억 6000만 달러	MSCI 탄소강도	234.27
추종지수	S&P Global Clean Energy Index	수익률 1년 / 3년	165.70% / 51.78%
P/E 가격수익률	50.21	경쟁 ETF	QCLN, PBW, PBD, SMOG, FAN,
P/B 비율	3.39	보유 종목 수	33

* 출처: ETF.com, 2021. 1. 20.

ICLN는 2021년 1월 20일 현재 운용 자산이 66억 6000만 달러로 다른 신재생 ETF에 비해 시가총액 규모가 가장 크고 TAN처럼 비교 우위가 높은 펀드입니다. 제반 비용 및 보수 등 운용 비용은 0.48%로 낮은 편입니다. 패시브 펀드*라는 점을 고려하면 약간 높은 편이지만, 동종 기업인 인베스코 글로벌 청정에너지 포트폴리오 ETF PBD,

---

• Passive Fund. 특정 주가지수를 구성하는 종목을 펀드에 편입해 지수 상승률만큼의 수익률을 추구하는 펀드. 인덱스 펀드Index Fund.

Invesco Global Clean Energy ETF, 인베스코 와일더힐 청정에너지 포트폴리오 ETF PBW, Invesco WilderHill Clean Energy ETF에 비해서는 상당히 낮은 편입니다. SMOG의 운용 비용이 0.62~0.75%인 것과도 대비를 이룹니다.

ICLN는 S&P 글로벌 클린에너지 인덱스 S&P Global Clean Energy Index를 추적합니다. P/E 가격수익률은 50.21이고, P/B 비율은 3.39입니다. 경쟁 펀드로는 QCLN, PBW, PBD, SMOG, FAN이 있습니다. 특히 풍력 중심 ETF인 FAN, 그리고 태양광 에너지에 주력하는 TAN과도 최근 3년간 높은 상관관계를 보였습니다. 다른 청정에너지 ETF 상품인 PBW, QCLN, ACES, PZD에 비해 태양광 노출이 높고, 태양광과 풍력을 합치면 비중이 75%로 높아집니다. 시가총액 규모가 크고 거래가 활발한 대표 상품으로 태양광, 풍력 에너지에 집중하고 싶어 하는 투자자에게 적합합니다. 포트폴리오 내 보유 종목은 33개입니다.

ICLN를 구성하는 포트폴리오를 살펴보면 국적 기준으로 미국이 전체의 34.50%를 차지합니다. 다음은 뉴질랜드(9.98%), 덴마크(9.39%), 스페인(6.83%), 캐나다(6.16%) 순입니다. 이렇듯 미국 외에 여러 국가들에 다양하게 분산투자하고 있다는 점이 경쟁 ETF인 PBW와의 차이점입니다. 상위 5위 섹터별 비중은 다음과 같습니다. 재생에너지 발전 44.55%, 전력유틸리티 32.10%, 독립전기생산자 15.16%, 멀티라인유틸리티 4.69%, 재생연료 1.74%입니다.

상위 10위 기업의 비중은 전체의 50.08%에 해당합니다. 상위 10위 기업은 플러그 파워(10.11%), 인페이즈 에너지(5.46%), 메리디언 에너지(4.98%), 페어분트Verbund(4.37%), 컨택트 에너지Contact Energy(4.37%), 신이솔라Xinyi Solar(4.35%), 지멘스Siemens(4.33%), 오마트 테크놀로지Ormat Technology(4.01%), 베스타스 윈드 시스템Vestas Wind Systems(3.94%), EDP 레노바베스EDP Renovaveis(3.84%)입니다.

미국 재생에너지 ETF의 대표, PBW

인베스코 와일더힐 클린 에너지 ETFPBW, Invesco WilderHill Clean Energy ETF는 와일더힐 클린 에너지 인덱스WilderHill Clean Energy Index를 기초자산으로 하는 미국의 대표적 재생에너지 ETF입니다. PBW는 태양광, 풍력, 수력, 바이오 연료 등 광범위한 친환경, 재생에너지 관련 기업에 투자하며 청정에너지원 또는 에너지 보존에 관련된 50여 개 기업을 대상으로 동일 가중치 지수를 추적합니다.

　PBW의 투자 비율을 살펴보면 태양광 30%, 2차전지 14%, 풍력 7%를 보유하고 있습니다. 경쟁 펀드인 ICLN, QCLN에 비해 테마 쏠림이 적으며, 중소형주 비중이 상대적으로 높습니다. 태양광, 2차 전지에 투자하면서 풍력, 수자원 등에 일부 분산투자하기를 원하는 투자자에게 적합합니다. 또한 경쟁 펀드인 ICLN이 주로 글로벌 기업들을 중점으로 포트폴리오를 구성하는 반면 PBW는 미국 거래소에 상장된 종목에 한해 투자하는 특징이 있습니다.

PBW는 범위가 매우 다양해서 풍력, 태양열, 바이오 연료 및 지열 산업을 넘어 재생에너지 전 분야를 기반으로 한 회사들을 포함합니다. PBW는 한 기업의 보유 지분을 4% 이내로 제한해 퍼스트 솔라First Solar 같은 지배적인 기업의 집중도를 크게 낮췄습니다. 그럼에도 불구하고 청정에너지 부문에서 인기 있고 유동적인 상품으로 꼽히며 좋은 투자 기회의 한 자리를 차지하고 있습니다.

PBW는 2020년 총 6000개가 넘는 ETF에서 선정된 상위 20위 ETF 중 3위를 차지했습니다. PBW의 2020년 연간 수익률은 162%에 이릅니다. PBW의 MSCI ESG 등급은 BBB이고, ESG 점수는 10점 만점에 5.31점입니다. 탄소강도는 218.06으로 높은 편입니다. PBW는 MSCI ESG 펀드 평가 등급이 적용되는 모든 펀드의 동종 그룹 내에서 상위 34%에, 글로벌 시장 내에서 상위 10%에 포함됩니다.

■ 표 4-7 PBW 개요 ■

구분	내용	구분	내용
상장일	2005년 3월 3일	MSCI ESG 등급	BBB
운용 비용	0.70%	MSCI ESG 점수	5.31
운용 규모	30억 3000만 달러	MSCI 탄소강도	218.06
추종지수	WiderHill Clean Energy IIndex	수익률1년 / 3년	247.09% / 71.49%
P/E 가격수익률	-136.45	경쟁 ETF	PBD, YLCO, SMOG, FAN, ICLN
P/B 비율	4.26	보유 종목 수	57

* 출처: ETF.com. 2021. 1. 20.

PBW는 자산운용사 인베스코가 2005년 3월에 출시했으며, 2021년 1월 20일 현재 운용 자산이 30억 3000만 달러에 달합니다. 제반 비용 및 보수 등 운용 비용은 0.70%로 높은 편입니다. P/E 가격수익률은 -136.45이고 P/B 비율은 4.26입니다. 경쟁 펀드로는 PBD, YLCO, SMOG, FAN, ICLN가 있습니다. 포트폴리오 내 보유 종목은 57개입니다.

PBW를 구성하는 포트폴리오를 살펴보면 국적 기준으로 미국이 전체의 84.42%를 차지합니다. 다음은 중국(8.84%), 캐나다(4.34%), 칠레(2.41%) 순입니다. 섹터 구성을 보면 재생에너지 외에 전자장비 및 서비스, 반도체, 자동차 등 재생에너지와 관련된 다양한 분야로 이뤄져 있습니다. 구체적으로 재생에너지(37.57%)가 가장 비중이 높습니다. 상위 6위 섹터별 비중은 다음과 같습니다. 재생에너지 37.57%, 자동차·트럭 기계 11.62%, 전기 유틸리티 9.18%, 반도체 8.11%, 상품 케미컬 6.65%, 건설 4.57%입니다.

상위 10위 기업의 비중은 전체의 25.79%에 해당합니다. 상위 10위 기업은 레네솔라ReneSola(4.69%), 리튬 아메리카스Lithium Americas(2.94%), 다초 뉴 에너지Daqo New Energy(2.66%), 플러그 파워(2.52%), 에오스 에너지Eos Energy(2.25%), 그린파워GreenPower(2.20%), 애저 파워Azure Power(2.18%), 발라드 파워Ballard Power(2.16%), 오마트 테크놀로지스Ormat Technology(2.11%), 테슬라(2.09%)입니다.

청정에너지 ETF의 숨은 보석, PZD

화석연료에 전혀 노출되지 않은 펀드 가운데 잘 알려지지 않은 ESG ETF로는 체인지 파이낸스 U.S. 라지 캡 파슬 퓨얼 프리 ETFCHGX, Change Finance U.S. Large Cap Fossil Fuel Free ETF, 크레인셰어즈 MSCI 중국 환경 지수 ETFKGRN, Kraneshares MSCI China Environment ETF, 인베스코 클린테크 ETF PZD, Invesco CleanTech ETF가 있습니다.

PZD는 클린테크 기업에 동일 가중치 지수를 적용해 추적하며, 클린테크 관련 산업 매출 비중이 50% 이상인 기업에 투자합니다. PZD 는 자산운용사 인베스코가 2006년 10월 출시했으며, 시가총액 규모는 작은 편이지만 상장 이후 장기간 투자 성과가 좋았습니다. 청정에너지 관련 5개 ETF인 ICLN, PBW, QCLN, ACES, PZD 중 4개 테마(태양광, 2차전지, 풍력, 수자원)에 대한 집중도가 가장 낮은 편입니다. PZD는 태양광, 2차전지, 풍력, 수자원 관련 기업을 각각 15%, 2%, 13%, 7% 보유하고 있습니다. 청정에너지 ETF 중 수자원 테마 비중이 가장 높은 상품입니다. PZD는 클린테크 인덱스Cleantech Index를 추적합니다. PZD는 슈나이더 일렉트릭Schneider Electrics 같은 대기업에서 노보자임스Novozymes 같은 화학 회사에 이르기까지 청정기술 산업에 관여하는 전 세계 다양한 기업을 아우르는 포트폴리오를 보유하고 있습니다.

PZD의 MSCI ESG 등급은 AA이고, ESG 점수는 10점 만점에

7.22점입니다. 탄소강도는 65.56으로 아주 낮은 수준입니다. PZD는 MSCI ESG 펀드 평가 등급이 적용되는 모든 펀드의 동종 그룹 내에서 상위 91%에, 글로벌 시장 내에서 상위 92%에 포함됩니다.

■ **표 4-8** PZD 개요 ■

구분	내용	구분	내용
상장일	2006년 10월 24일	MSCI ESG 등급	AA
운용 비용	0.65%	MSCI ESG 점수	7.22
운용 규모	5억 1894만 달러	MSCI 탄소강도	65.56
추종지수	Cleantech Index	수익률 1년 / 3년	62.36% / 23.23%
P/E 가격수익률	53.86	경쟁 ETF	EVX
P/B 비율	4.38	보유 종목 수	50

* 출처: ETF.com, 2021. 1. 20.

2021년 1월 20일 현재 운용 자산은 5억 2000만 달러에 달합니다. 제반 비용 및 보수 등 운용 비용은 0.65%로 높은 편입니다. P/E 가격수익률은 53.86이고, P/B 비율은 4.38입니다. 경쟁 펀드로는 EVX가 있습니다. 포트폴리오 내 보유 종목은 50개입니다.

PZD를 구성하는 포트폴리오를 살펴보면, 국적 기준으로 미국이 전체의 65.60%를 차지합니다. 다음은 스위스(6.25%), 덴마크(5.61%), 노르웨이(3.75%), 영국(3.71%) 순입니다. 상위 7위 섹터별 비중은 다음과 같습니다. 산업재 34.54%, 기술 23.21%, 에너지 20.32%, 기초재료 5.97%, 임의소비재 4.82%, 유틸리티 4.05%, 금융 2.08%입니다. 상위 10위 기업의 비중은 전체의 29.33%에 해당합니다. 상위 10위 기업은 유미코어Umicore(3.15%), 선런Sunrun(3.09%), 존슨 컨트롤스Johnson Controls International(3.0%), 인페이즈 에너지(2.94%), 유로핀즈Eurofins(2.93%), 크리Cree(2.9%), 지멘스(2.89%), ABB(2.85%), 트림블Trimble(82%), 슈나이더 일렉트릭Schneider Electronics(2.75%)입니다.

재생에너지와 4차 산업에 투자하는 QCLN

퍼스트 트러스트 나스닥 클린 엣지 그린 에너지 ETFQCLN, First Trust Nasdaq Clean Edge Green Energy ETF는 재생에너지와 함께 4차 산업 기술 기업에 투자하는 ETF입니다. 재생에너지 생산과 첨단소재, 스마트그리드, 에너지 저장 장치, 전기차 제조·개발 유통 설치 기업들로 구성돼 있으며 청정에너지에 관련된 미국 상장 기업의 시가총액 가중 지수를 추적합니다. QCLN은 비교 대상 ETF인 ICLN, PBW, QCLN, ACES, PZD 중에서 2차전지 보유 비중이 가장 높습니다. QCLN은 태양광, 2차전지, 풍력, 수자원 기업을 각각 33%, 15%, 1%, 1% 보유하고 있습니다.

 QCLN에 편입되기 위해 기업은 다음 4가지 기준 중 적어도 하나에 해당되는 제조업체, 개발자, 유통업체 또는 설치자여야 합니다. 첨단재료(청정에너지를 활성화하거나 석유 제품 필요성을 줄임), 에너지 인텔리전스(스마트 그리드), 에너지 저장 및 전환(하이브리드 배터리), 재생 가능 발전(태양광, 풍력, 지열 등)이 바로 그것입니다. QCLN은 해당 부문에서 가장 저렴하고 유동적인 상품 중 하나입니다. QCLN의 MSCI ESG 등급은 A이며, ESG 점수는 10점 만점에 5.90입니다. 탄소강도는 162.36으로 평균 수준입니다. 자산운용사 퍼스트 트러스트가 2007년 2월 출시한 QCLN은 MSCI ESG 펀드 평가 등급이 적용되는 모든 펀드 중 동종 그룹 내에서 상위 49%에, 글로벌 시장 내에서 상위 28%에 포함됩니다.

■ **표 4-9** QCLN 개요 ■

구분	내용	구분	내용
상장일	2007년 2월 8일	MSCI ESG 등급	A
운용 비용	0.60%	MSCI ESG 점수	5.90
운용 규모	30억 달러	MSCI 탄소강도	162.36
추종지수	NASDAQ Clean Edge Green Energy Index	수익률 1년 / 3년	205.61% / 57.25%
P/E 가격수익률	522.46	경쟁 ETF	ACES, CNRG
P/B 비율	5.42	보유 종목 수	44

* 출처: ETF.com, 2021. 1. 20.

2021년 1월 20일 현재 운용 자산이 30억 달러 정도입니다. 제반 비용 및 보수 등 운용 비용은 0.60%로 높은 편입니다. QCLN는 나스닥 클린 엣지 그린 에너지 인덱스 NASDAQ Clean Edge Green Energy Index를 추적합니다. P/E 가격수익률은 522.46이고 P/B 비율은 5.42입니다. 경쟁 펀드로는 ACES, CNRG가 있습니다. 포트폴리오 내 보유 종목은 44개입니다. 지난 1년간 수익률은 205%로 매우 우수합니다. 2020년 12월 ETF.com에서 선정한 베스트 20 ETF에서 5위에 오른 바 있습니다.

QCLN을 구성하는 포트폴리오를 살펴보면 국적 기준으로 미국이 전체의 78.33%를 차지합니다. 다음은 중국(14.77%), 캐나다(6.08%), 칠레(0.83%) 순입니다. 상위 5위 섹터별 비중은 다음과 같습니다. 재생에너지 34.04%, 자동차&트럭 기계 20.42%, 반도체 14.84%, 전기 유틸리티 7.03%, 전기 부품과 장비 6.62%입니다.

상위 10위 기업의 비중은 전체의 55.29%에 해당합니다. 상위 10위 기업은 테슬라(8.96%), 인페이즈 에너지(7.39%), 플러그 파워(7.08%), 니오(6.83%), 앨버말 Albemarle(5.63%), 솔라엣지 SolarEdge(4.46%), ON 세미컨덕터 ON Semiconductor(3.95%), 선런(3.82%), 크리(3.79%), 브룩필드 리뉴어블 파트너스(3.38%)입니다.

태양광·풍력에 주목하는 ACES

자산운용사 ALPS가 2018년 6월 출시한 ALPS 클린 에너지 ETF ACES,

ALPS Clean Energy ETF는 청정에너지 산업에 참여하는 북미 기업의 시가총액 가중 지수를 추적하며 태양광(30%), 2차전지(4%), 풍력(15%), 수자원(3%) 관련 기업의 주식을 보유합니다. ACES는 ICLN 다음으로 태양광과 풍력 비중(45%)이 높습니다. 태양광, 풍력에 투자하면서 2차전지, 수자원 등에 일부 분산투자하기를 원하는 투자자에게 적합합니다. 구성 종목은 시가총액 가중치가 적용되며, 개별 주식에 대해 5% 상한선이 적용됩니다.

ACES의 MSCI ESG 등급은 A이며 ESG 점수는 10점 만점에 6.80점입니다. 탄소강도는 315.83으로 높은 편입니다. ACES는 MSCI ESG 펀드 평가 등급이 적용되는 모든 펀드의 동종 그룹 내에서 상위 77%에, 글로벌 시장 내에서 상위 46%에 포함됩니다.

■ **표 4-10** ACES 개요 ■

구분	내용	구분	내용
상장일	2018년 6월 29일	MSCI ESG 등급	A
운용 비용	0.55%	MSCI ESG 점수	6.8
운용 규모	10억 9000만 달러	MSCI 탄소강도	315.83
추종지수	CIBC Atlas Clean Energy Index	수익률 1년	157.27%
P/E 가격수익률	298.37	경쟁 ETF	QCLN, CNRG
P/B 비율	4.81	보유 종목 수	34

* 출처. ETF.com, 2021. 1. 20.

2021년 1월 20일 현재 운용 자산이 10억 9000만 달러에 달합니다. 제반 비용 및 보수 등 운용 비용은 0.55%로 높은 편입니다. ACES는 CIBC 아틀라스 클린 에너지 인덱스CIBC Atlas Clean Energy Index를 추적합니다. P/E 가격수익률은 298.37이고 P/B 비율은 4.81입니다. 경쟁 펀드로는 QCLN, CNRG가 있습니다.

포트폴리오 내 보유 종목은 34개입니다. ACES는 109%의 높은 연간 수익률로 2020년 12월 말 ETF.com에서 선정한 베스트 20 ETF 중에서 10위에 올랐습니다.

ACES를 구성하는 포트폴리오를 살펴보면 국적 기준으로 미국이 전체의 78.61%를 차지합니다. 다음은 캐나다(21.39%)로, ACES는 이들 두 나라로 포트폴리오 전체가 구성돼 있습니다. 상위 5위 섹터별 비중은 다음과 같습니다. 재생에너지 36.43%, 전기유틸리티 16.33%, 독립전력생산자 11.01%, 반도체 10.04%, 자동차&트럭 기계 7.88%입니다. 상위 10위 기업의 비중은 전체의 53.28%에 해당합니다. 상위 10위 기업은 플러그 파워(9.20%), 발라드 파워(6.08%), 인페이즈 에너지(5.59%), 테슬라(5.19%), 선런(5.19%), 넥스트에라 에너지NextEra Energy(4.86%), 크리(5.03%), 브룩필드 리뉴어블 파트너(4.44%), 퍼스트 솔라(4.17%), 노스랜드 파워Northland Power(4.06%)입니다.

다양한 글로벌 재생에너지 기업에 투자하는 PBD

자산운용사 인베스코가 2007년 6월 출시한 인베스코 글로벌 클린
에너지 ETF PBD, Invesco Global Clean Energy ETF 는 청정에너지에 초점을 맞추
고 동일한 가중치를 적용하는 기업의 지수를 추적하며, 와일더힐 뉴
에너지 글로벌 이노베이션 지수 NEX, WilderHill New Energy Global Innovation Index
를 기반으로 합니다. 이 지수는 청정에너지 발전 및 보존 사업에 기
여하는 기업들로 구성되어 있습니다. 펀드와 지수는 분기별로 재조
정되고 재구성됩니다.

다각화를 위해 최대 보유량을 한 기업당 5% 이내로 제한하고, 자
산의 절반을 전 세계에 투자합니다. PBD는 보존, 에너지 효율 개선
및 재생에너지 발전에 관련된 기업을 포함하며, 다양한 글로벌 재생
에너지 회사에 수동적으로 투자하도록 관리됩니다.

PBD의 MSCI ESG 등급은 A이고, ESG 점수는 10점 만점에
6.45점입니다. 탄소강도는 206.75로 높은 편입니다. PBD는 MSCI
ESG 펀드 평가 등급이 적용되는 모든 펀드의 동종 그룹 내에서 상위
46%에, 글로벌 시장 내에서 상위 24%에 포함됩니다.

구분	내용	구분	내용
상장일	2007년 6월 13일	MSCI ESG 등급	A
운용 비용	0.75%	MSCI ESG 점수	6.45
운용 규모	4억 5147만 달러	MSCI 탄소강도	206.75
추종지수	Wilderhill New Energy Global Innovation Index	수익률 1년 / 3년	150.70% / 42.55%
P/E 가격수익률	90.83	경쟁 ETF	PBW, ICLN, FAN, SMOG, YLCO
P/B 비율	3.6	보유 종목 수	85

* 출처: ETF.com, 2021. 1. 20.

2021년 1월 20일 현재 운용 자산은 4억 5100만 달러가 넘습니다. 제반 비용 및 보수 등 운용 비용은 0.75%로 높은 편입니다. P/E 가격수익률은 90.83이고, P/B 비율은 3.6입니다. 경쟁 펀드로는 PBW, ICLN, FAN, SMOG, YLCO가 있습니다. 포트폴리오 내 보유 종목은 85개입니다. PBD는 150.7%의 높은 연간 수익률로 2020년 총 6000개가 넘는 ETF에서 선정된 상위 20위 ETF 중 8위를 기록했습니다.

PBD를 구성하는 포트폴리오를 살펴보면 국적 기준으로 미국이 29.73%로 가장 큰 비중을 차지합니다. 다음은 중국(7.76%), 독일 (6.99%), 캐나다(6.42%), 홍콩 (5.70%) 순입니다. 상위 5위 섹터별 비중은 다음과 같습니다. 재생에너지 32.73%, 전기유틸리티 14.45%,

독립전력생산자 8.18%, 전력 7.25%, 반도체 6.53%입니다. 상위 10위 기업의 비중은 전체의 15.40%에 해당합니다. 상위 10위 기업은 레네솔라(2.52%), 리튬 아메리카스(1.82%), 플러그 파워(1.76%), 퓨얼셀 에너지_{FuelCell Energy}(1.54%), 에오스 에너지(1.41%), 발라드 파워(1.40%), 그린 파워(1.32%), ITM 파워_{ITM Power}(1.32%), 플랫 글래스_{Flat Glass}(1.20%), 맥시온 솔라_{Maxeon Solar}(1.19%)입니다.

청정에너지 혁신을 추구하는 CNRG

CNRG는 자산운용사 스테이트 스트리트가 2018년 10월 발행한 SPDR S&P 켄쇼 클린 파워 ETF_{CNRG, SPDR S&P Kensho Clean Power ETF}는 청정에너지 부문과 관련된 미국 주식의 가중 지수를 추적합니다. CNRG는 연간 수익률 104%로 2020년 상위 20개 ETF 중에서 13위를 차지했습니다. CNRG는 제품과 서비스에서 청정에너지 혁신을 주도하는 미국 상장 기업에 중점을 둡니다. CNRG의 MSCI ESG 등급은 BBB이고, ESG 점수는 10점 만점에 4.46점입니다. 탄소강도는 494.97로 높은 수준입니다. MSCI ESG 펀드 평가 등급이 적용되는 모든 펀드의 동종 그룹 내에서 상위 41%에, 글로벌 시장 내에서 상위 22%에 포함됩니다.

구분	내용	구분	내용
상장일	2018년 10월 22일	MSCI ESG 등급	BBB
운용 비용	0.45%	MSCI ESG 점수	4.46
운용 규모	3억 4492만 달러	MSCI 탄소강도	494.97
추종지수	S&P Kensho Clean Power Index	수익률 1년	172.16%
P/E 가격수익률	56.99	경쟁 ETF	QCLN, ACES
P/B 비율	2.86	보유 종목 수	39

* 출처: ETF.com, 2021. 1. 20.

2021년 1월 20일 현재 운용 자산은 3억 4500만 달러에 달하며, 제반 비용 및 보수 등 운용 비용은 0.45%입니다. CNRG는 S&P 켄쇼 클린 파워 인덱스S&P Kensho Clean Power Index를 추적합니다. P/E 가격수익률은 56.99이고 P/B 비율은 2.86입니다. 경쟁 펀드로는 QCLN, ACES가 있습니다. 포트폴리오 내 보유 종목은 39개입니다.

CNRG를 구성하는 포트폴리오를 살펴보면 국적 기준으로 미국이 77.75%를 차지합니다. 다음은 중국(11.41%), 캐나다(6.19%), 칠레 (1.81%), 스위스(1.65%) 순입니다. 상위 5위 섹터별 비중은 다음과 같습니다. 재생에너지 60.71%, 전기 유틸리티 14.43%, 자동차&트럭 4.66%, 건설 3.96%, 멀티라인 유틸리티 3.72%입니다. 상위 10위 기업의 비중은 전체의 53.4%에 해당합니다. 상위 9위 기업은 선런(10.66%), 플러그 파워(7.57%), 징코Jinko(6.38%), 선파워 SunPower(4.48%), 인페이즈 에너지(4.34%), 커네디언 솔라Canadian Solar(3.91%), 테슬라(3.67%), 퍼스트 솔라(2.91%), AES(2.85%)입니다.

스마트 그리드 · 전기에너지 인프라에 투자하는 GRID

자산운용사 퍼스트 트러스트가 2009년 11월 출시한 퍼스트 트러스트 나스닥 클린 엣지 스마트 그리드 인프라스트럭처 인덱스 펀드GRID, First Trust NASDAQ Clean Edge Smart Grid Infrastructure Index Fund는 스마트 그리드 및 전기 에너지 인프라 부문에서 글로벌 주식의 시가총액 가중치 지수를 추적합니다. GRID는 클린 엣지Clean Edge가 결정한 스마트 그리드 및 전기 에너지 인프라 부문에 속하는 글로벌 주식을 대상으로 하는 집중 펀드입니다. 스마트 그리드 및 전기 에너지 인프라 부문에서 발생하는 매출이 전체 매출의 50% 미만인 기업을 대상으로 합니다. 이 부문에는 전력망, 전기 계량기 및 장치, 네트워크, 에너지 저장 및 관리, 소프트웨어 활성화 사업이 포함됩니다.

GRID의 MSCI ESG 등급은 AAA이고 ESG 점수는 10점 만점에 8.60점입니다. 탄소강도는 147.31입니다. GRID는 MSCI ESG 펀드 평가 등급이 적용되는 모든 펀드의 동종 그룹 내에서 상위 99%에, 글로벌 시장 내에서 상위 99%에 포함됩니다.

■ 표 4-13 GRID 개요 ■

구분	내용	구분	내용
상장일	2009년 11월 17일	MSCI ESG 등급	AAA
운용 비용	0.70%	MSCI ESG 점수	8.60
운용 규모	1억 6881만 달러	MSCI 탄소강도	147.31
추종지수	NASDAQ Clean Smart Grid Infrastructure Index	수익률 1년 / 3년	53.54% / 18.25%
P/E 가격수익률	33.92	경쟁 ETF	NFRA, TOLZ, OBOR, INFR
P/B 비율	3.17	보유 종목 수	64

* 출처: ETF.com, 2021. 1. 20.

2021년 1월 20일 현재 운용 자산이 1억 7000만 달러에 달하며, 제반 비용 및 보수 등 운용 비용은 0.70%입니다. GRID는 나스닥 클린 스마트 그리드 인프라스트럭처 인덱스NASDAQ Clean Smart Grid Infrastructure Index를 추적합니다. P/E 가격수익률은 33.92이고 P/B 비율은 3.17입니다. 경쟁 펀드는 NFRA, TOLZ, OBOR, INFR입니다. 포트폴리오 내 보유 종목은 64개입니다.

GRID를 구성하는 포트폴리오를 살펴보면 국적 기준으로 미국이 65.81%로 가장 큰 비중을 차지합니다. 이어 스위스(8.42%), 이탈리아(8.22%), 프랑스(7.91%), 스페인(3.41%) 순입니다. 상위 6위 섹터별 비중은 다음과 같습니다. 산업재 55.98%, 임의소비재 13.29%, 기술 11.98%, 에너지 9.65%, 유틸리티 9.07%, 기초재료 0.03%입니다. 상위 10위 기업의 비중은 전체의 59.58%에 해당합니다. 상위 10위 기업은 앱티브 PLC~Aptiv PLC~(8.62%), 존슨 컨트롤스(8.02%), ABB(7.92%), 슈나이더 일렉트릭(7.56%), 이튼(7.33%), 인페이즈 에너지(5.15%), 콴타 서비스~Quanta Services~(04.09%), 솔라엣지(3.77%), 프리즈미안~Prysmian~(3.66%), 테르나~Terna~(3.47%)입니다.

RNRG에서 YLCO로, 일드코에 집중한다

글로벌 일드코~YieldCo~ ● 및 기타 재생에너지 회사의 시가총액 가중지수를 추적합니다. 일드코는 대규모 에너지 유틸리티에 의해 분리된 재생 가능 에너지 프로젝트를 위한 지주회사입니다. 자산운용사 미래에셋이 2015년 5월에 출시한 글로벌 X 리뉴어블 프로듀서즈 ETF~RNRG, Global X Renewable Energy Producers ETF~는 풍력, 태양열, 수력 발전, 지열, 바이오 연료를 포함한 재생 가능 자원으로부터 에너지를 생산하는 회사들에 투자합니다.

RNRG의 MSCI ESG 등급은 AA이고, ESG 점수는 10점 만점에 7.58점입니다. RNRG는 MSCI ESG 펀드 평가 등급이 적용되는 모

● Yield Co. 자산을 바탕으로 주식을 발행해 수익의 대부분을 투자자에게 배당으로 돌려주는 회사.

든 펀드의 동종 그룹 내에서 상위 93%에, 글로벌 시장 내에서 상위 1% 이하에 포함됩니다.

■ 표 4-14 YLCO 개요 ■

구분	내용	구분	내용
상장일	2015년 5월 28일	MSCI ESG 등급	AA
운용 비용	0.65%	MSCI ESG 점수	7.58
운용 규모	1억 1107만 달러	MSCI 탄소강도	-
추종지수	Indxx YieldCo & Renewable Energy Income Index	수익률 1년 / 3년	26.74% / 19.56%
P/E 가격수익률	26.96	경쟁 ETF	ICLN, PBD, FAN, PBW, SMOG
P/B 비율	1.88	보유 종목 수	35

* 출처: ETF.com, 2021. 1. 20.

2021년 1월 20일 현재 운용 자산은 1억 1000만 달러가 넘으며, 제반 비용 및 보수 등 운용 비용은 0.65%입니다. 2018년 11월 19일 펀드명과 투자 전량이 변경되었습니다. 이 펀드는 원래 2018년 11월 16일까지 Indxx 글로벌 일드코 지수를 추적했으며 그 이후에는 In-dxx 일드코 & 리뉴어블 에너지 인컴 인덱스를 추적하고 있습니다. 2021년 2월 1일, 펀드 이름과 티커(이하 RNRG는 YLCO로 통일합니다) 및 지수가 변경되었지만 일드코에 대한 초점이 여전히 포함되어 있습니다.

P/E 가격수익률은 26.96이고, P/B 비율은 1.88입니다. 경쟁 펀드로는 ICLN, PBD, FAN, PBW, SMOG가 있습니다. 포트폴리오 내 보유 종목은 35개입니다.

YLCO를 구성하는 포트폴리오를 살펴보면 상위 5위 국가는 캐나다(23.96%), 미국(17.04%), 뉴질랜드(15.32%), 칠레(10.39%), 포르투갈(5.43%)입니다. 상위 5위 섹터별 비중은 다음과 같습니다. 전기 유틸리티 54.56%, 독립전력생산자 19.29%, 멀티라인 유틸리티 18.72%, 상업용 부동산 2.56%, 폐쇄형 자금 Closed End Funds 1.91%입니다. 상위 10위 기업의 비중은 전체의 49.21%에 해당합니다. 상위 10위 기업은 브룩필드 리뉴어블 파트너스(7.31%), 메리디언 에너지(7.27%), EDP(5.77%), 알곤퀸 파워 Algonquin Power(5.60%), 에넬 아메리카스 Enel Americas(5.14%), 노스랜드 파워 Northland Power(4.26%), ENGIE(3.77%), 머큐리 Mercury(3.67%), 에넬 칠레 Enel Chile(3.23%) AGL 에너지 AGL Energy(3.19%)입니다.

04

태양광 에너지를 목표로 하는
ESG ETF

태양광 에너지, 오늘보다 내일이 기대된다

4차 산업혁명 에너지 전환의 시대에 태양광 에너지 산업은 발전 원가 하락과 글로벌 수요 증가로 재생에너지원 가운데서도 빠른 속도로 성장하고 있습니다. 태양광 에너지 산업은 태양광 발전 비용이 하락하는 데 따른 글로벌 수요 확산으로 향후 전망이 매우 긍정적입니다. 태양광 기술이 날로 발전하고 있어서 풍력이나 수력 발전 같은 다른 재생 가능 전력원보다 저렴해질 것으로 보이는 것이 무척 매력적입니다. 물론 화석 연료보다 훨씬 저렴합니다.

세계 최대 독립 투자은행 중 하나인 라자드Lazard의 2018년 11월 연구에 따르면, 실용적인 규모의 태양광 설비의 균등화 발전 원가[*]는 메가와트시$_{MWh}$당 36달러입니다. 풍력의 경우, 메가와트시$_{MWh}$당 29달러로 급락한 상태입니다. 이는 과거에 가장 효율적인 에너지 생산 수단으로 꼽혔던 가스나 석탄 발전소 또는 원자로보다 저렴한 비용으로 전력을 생산할 수 있게 되었음을 의미합니다. 이 같은 사실을 바탕으로 IEA는 10년 뒤에 태양열 기반의 재생 가능 에너지원이 전 세계 에너지 시장의 80%를 차지할 것으로 예상했습니다.

단연 으뜸, ESG ETF의 독보적 강자 TAN

2020년 테마 ETF 가운데 최대 성과를 올린 것은 단연 태양광 펀드 인베스코 솔라 ETF $_{TAN,\ Invesco\ Solar\ ETF}$입니다. 2020년 한 해 동안 미국에서 제일 인기 있는 테마별 ETF 역시 TAN입니다. 2018년 이후 꾸준히 상승세를 보이며 규모가 21억 달러까지 증가한 TAN은 2020년 다시 한 번 큰 성과를 거두었습니다. TAN은 앞으로도 높은 성장세를 기록할 것으로 기대됩니다. 무엇보다도 TAN은 기술적으로 매우 강한 ETF입니다.

---

[*] LCOE, Levelized Cost of Energy: LOCE는 전력 생산 시설을 구축한 후 폐쇄되기 전까지 운영하는데 들어가는 평균 총비용을 해당 기간의 에너지 총생산량으로 나누어 산출하는 경제적 평가 지표입니다.

TAN은 다른 재생에너지 ETF보다 높은 수준의 기술 랠리를 펼치고 있습니다. 내부적으로 TAN은 기술 관련 포트폴리오가 주를 이루며, 특히 IT 부문 주식이 3분의 2를 차지합니다. 기술은 시장의 다른 부분이 상당히 흔들리는데도 불구하고 계속해서 랠리를 이어가고 있는 분야입니다.

TAN은 태양광에너지 산업을 이끄는 기업들로 구성된 MAC 글로벌 솔라 에너지 인덱스MAC Global Solar Energy Index를 추종합니다. TAN은 미국과 특히 중국(홍콩 포함) 시장에 비중을 두고 있으며, 소규모 기업을 선호합니다. TAN의 MSCI ESG 등급은 A이고, ESG 점수는 10점 만점에 6.38점입니다. 탄소강도는 296.08로 높은 수준입니다. TAN은 MSCI ESG 펀드 평가 등급이 적용되는 모든 펀드의 동종 그룹 내에서 상위 35%에, 글로벌 시장 내에서 상위 16%에 포함됩니다.

■ **표 4-15** TAN 개요 ■

구분	내용	구분	내용
상장일	2008년 4월 15일	MSCI ESG 등급	A
운용 비용	0.69%	MSCI ESG 점수	6.38
운용 규모	46억 9000만 달러	MSCI 탄소강도	296.08
추종지수	MAC Global Solar Energy(TR)	수익률 1년 / 3년	222.64% / 59.37%
P/E 가격수익률	80.86	경쟁 ETF	ICLN, YLCO, PBW, SMOG, FAN
P/B 비율	2.67	보유 종목 수	26

* 출처: ETF.com, 2021. 1. 20.

TAN은 자산운용사 인베스코가 2008년 4월에 출시했으며, 2021년 1월 20일 현재 운용 자산이 46억 9000만 달러에 달합니다. 제반 비용 및 보수 등 운용 비용은 0.69%로 높은 편입니다. P/E 가격수익률은 80.86으로 상당히 높은 편이고, P/B 비율은 2.67입니다. 경쟁 펀드는 ICLN, YLCO, PBW, SMOG, FAN입니다. 포트폴리오 내 보유 종목은 26개입니다.

MSCI FACS 기준에 따르면 TAN은 상대적으로 저렴한 편입니다. 2021년 초 2~3개월 주가 조정으로 주춤했지만 기본적으로 상승세를 보이고 있습니다. 대차대조표가 건전한 편이고, 가격 변동성이 크지 않으며, 위험성이 낮은 편입니다.

TAN을 구성하는 포트폴리오를 살펴보면 국적 기준으로 미국이 53.16%를 차지합니다. 다음은 홍콩(16.41%), 중국(9.39%), 독일(5.42%), 노르웨이(4.77%) 순입니다. 상위 5위 섹터별 비중은 재생에너지 66.82%, 독립전력생산자 18.74%, 전기 유틸리티 6.56%, 상업용 부동산 3.51%, 반도체 2.32%입니다.

상위 10위 기업의 비중은 전체의 60.73%에 해당합니다. 상위 10위 기업은 인페이즈 에너지(11.08%), 선런(7.60%), 솔라엣지(7.25%), 신이 솔라 홀딩스Xinyi Solar Holdings(6.84%), 퍼스트 솔라(5.63%), 다초 뉴 에너지(5.42%), GCL-폴리 에너지GCL-Poly Energy(4.92%), 스캐택 솔라Scatec Solar(4.29%), 선파워(3.99%), 해넌 암스트롱Hannon Armstrong(3.71%)입니다.

05

풍력 에너지 증가를 위한
ESG ETF

유럽발 해상풍력 모멘텀, 전 세계로 날아든다

해상 풍력 에너지가 풍부한 유럽에선 탄소 제로 배출을 위해 특히 해상 풍력과 그린수소가 주목받고 있습니다. 풍력 시장에서는 최근 영국 등이 추진하고 있는 해상 풍력이 중요한 모멘텀으로 떠오르고 있습니다. 미국 바이든 정부도 2020년 5월 미국 내 첫 번째 해양 풍력 발전 프로젝트 승인을 기점으로 최근 해양·풍력 에너지를 2030년까지 30기가와트$_{GW}$로 확대한다는 계획을 발표했습니다. 유럽의 회복기금을 바탕으로 한 EU 공동 재정 정책이 친환경 인프라 투자와 맞물린다면 풍력 에너지 ETF의 주가 상승세가 뚜렷할 것으로 보입니다.

유일무이한 풍력 ETF, FAN

자산운용사 퍼스트 트러스트가 2008년 6월 출시한 퍼스트 트러스트 글로벌 윈드 에너지 ETF FAN, First Trust Global Wind Energy ETF 는 이름에서 바로 짐작할 수 있듯 풍력 산업을 목표로 하는 유일한 글로벌 재생에너지 ETF입니다. 태양광은 햇볕이 비치는 동안만, 그것도 구름 등으로 인해 효율이 떨어지지 않는 날만 에너지를 생산할 수 있는 데 비해 풍력은 바람이 부는 곳이라면 밤낮을 가리지 않고 지속적으로 에너지를 생산할 수 있다는 장점이 있습니다.

FAN은 개별 보유에 엄격한 제한을 두고 있으며, 유동 조정 시가총액에 따라 가중치가 적용되는 풍력 에너지 산업 관련 기업의 지수를 추적합니다. 주요 특징으로 풍력 발전에 적극적인 유럽 비중이 높은 편으로, FAN에 속한 기업은 대부분 유럽 기업입니다. 특정 기업이 8%를 넘지 못하게 엄격한 제한하고 있습니다.

FAN의 MSCI ESG 등급은 AA이고, ESG 점수는 10점 만점에 8.03입니다. 탄소강도는 747.77로 아주 높은 수준입니다. FAN은 MSCI ESG 펀드 평가 등급이 적용되는 모든 펀드의 동종 그룹 내에서 상위 86%에, 글로벌 시장 내에서 상위 77%에 포함됩니다.

구분	내용	구분	내용
상장일	2008년 6월 16일	MSCI ESG 등급	AA
운용 비용	0.62%	MSCI ESG 점수	8.03
운용 규모	4억 7341만 달러	MSCI 탄소강도	747.77
추종지수	ISE Clean Edge Global Wind Energy Index	수익률 1년 / 3년	65.84% / 23.53%
P/E 가격수익률	39.5	경쟁ETF	ICLN, PBD, PBW, SMOG, YLCO
P/B 비율	2.60	보유 종목 수	47

* 출처: ETF.com, 2021. 1. 20.

2021년 1월 20일 현재 운용 자산은 4억 7000만 달러가 넘습니다. 제반 비용 및 보수 등 운용 비용은 0.62%로 약간 높은 편입니다. FAN은 ISE 클린 엣지 글로벌 윈드 에너지 인덱스ISE Clean Edge Global Wind Energy Index를 추적합니다. P/E 가격수익률은 39.5이고 P/B 비율은 2.60입니다. 경쟁 펀드로는 ICLN, PBD, PBW, SMOG, YLCO가 있습니다. 포트폴리오 내 보유 종목은 47개입니다.

FAN을 구성하는 포트폴리오를 살펴보면 국적 기준으로 캐나다가 전체의 17.42%를 차지합니다. 다음은 덴마크(17.22%), 스페인(12.28%), 미국(12.13%), 홍콩(8.49%) 순입니다. 상위 5위 섹터별 비중은 전기 유틸리티 38.05%, 재생에너지 26.68%, 독립전력생산자 10.92%, 산업 재벌 7.21%, 멀티라인 유틸리티 6.05%입니다. 상위

10위 기업의 비중은 전체의 57.83%에 해당합니다. 상위 10위 기업은 지멘스 가메사(8.65%), 베스타스 윈드 시스템(8.39%), 오스테드(7.78%), 노스랜드 파워(7.53%), 용원전력 China Longyuan(7.24%), 보랄렉스 Boralex(5.62%), 이너제스 Innergex 리뉴어블 에너지 Innergex Renewable Energy(3.84%), TPI 컴포지티스 TPI Composities(3.50%), 신장 골드윈드 Xinjiang Goldwind(2.78%), 제너럴 일렉트릭 General Electric(2.49%)입니다.

풍력 강국 덴마크 기업을 추종하는 EDEN

세계 최대 자산운용사인 블랙록이 2012년 1월 출시한 아이셰어즈 MSCI 덴마크 ETF EDEN, iShares MSCI Denmark ETF 는 덴마크 주식시장의 광범위한 시장 노출을 측정하도록 설계된 MSCI 덴마크 IMI 25/50 인덱스 MSCI Denmark IMI 25/50 를 추적합니다. 이 지수는 45개 종목으로 구성되어 있으며, 덴마크 주식시장 시가총액의 약 99%를 포함합니다.

EDEN의 MSCI ESG 등급은 AAA이고, ESG 점수는 10점 만점에 9.49점입니다. 탄소강도는 140.61로 보통 수준입니다. EDEN은 MSCI ESG 펀드 평가 등급이 적용되는 모든 펀드의 동종 그룹 내에서 상위 99%에, 글로벌 시장 내에서 상위 98%에 포함됩니다.

구분	내용	구분	내용
상장일	2012년 1월 25일	MSCI ESG 등급	AAA
운용 비용	0.53%	MSCI ESG 품질 지수	9.49
운용 규모	1억 6669만 달러	MSCI 탄소강도	140.61
추종지수	MSCI Denmark IMI 25 / 50 Index	수익률 1년 / 3년	40.2% / 13.87%
P/E 가격수익률	39.12	경쟁 ETF	n/a
P/B 비율	3.60	보유 종목 수	48

* 출처: ETF.com, 2021. 1. 20.

2021년 1월 20일 현재 운용 자산은 1억 6000만 달러가 넘습니다. 제반 비용 및 보수 등 운용 비용은 0.53%로 높은 편입니다. 2020년 연간 수익률은 40.2%입니다. P/E 가격수익률은 39.12이고, P/B 비율은 3.60입니다. 경쟁 펀드는 없습니다. 포트폴리오 내 보유 종목은 48개입니다.

EDEN를 구성하는 포트폴리오를 살펴보면 국적 기준으로 덴마크가 100%를 차지하고 있습니다. 유럽 최고의 풍력 강국이 덴마크임을 짐작할 수 있습니다. 상위 9위 섹터별 비중은 다음과 같습니다. 헬스케어 39.68%, 산업재 16.06%, 금융 9.79%, 에너지 9.22%, 필수소비재 9.16%, 유틸리티 7.31%, 임의소비재 4.16%, 기초소재 3.24%, 기술 1.39%입니다. 상위 10위 기업의 비중은 전체의 67.17%에 해당합니다. 상위 10위 보유 기업은 노보 노디스크Novo Nodisk(22.08%),

베스타 윈드 시스템즈(9.13%), 오스테드(7.24%), DSV 판알피나_{DSV} _{Panalpina}(6.50%), 젠맵_{Genmab}(4.95%), 콜로플라스트_{Coloplast}(3.95%), 칼스버그_{Carlsberg}(3.66%), A.P. 몰러_{A.P.Moller}(3.62%), 단스케방크_{Danske} _{Bank}(3.07%), 노보자임스_{Novozymes}(2.96%)입니다.

배터리 혁신 기술에 주목하는
ESG ETF

세계는 국경 없는 '배터리' 전쟁 중

글로벌 완성차 업체들이 앞다퉈 전기차로의 전환을 선언하고 있습니다. 웨어러블 기기, 전기자전거나 전동 휠, 전동 킥보드 등 퍼스널 모빌리티 역시 인기가 많습니다. 스마트폰은 이제 선택이 아닌 필수품이 되었습니다. 2차전지를 향한 관심이 갈수록 뜨거워지는 이유입니다. 전기차든 웨어러블기기든 퍼스널 모빌리티든 스마트폰이든 2차전지가 반드시 필요합니다. 노트북 컴퓨터나 휴대용 멀티미디어, 시계 같은 소비자 전자 장치에도 2차전지는 필수입니다. 풍력·태양열 에너지를 생산해서 저장하는데도 2차 전지가 사용됩니다.

1차 전지에 비해 2차 전지가 이처럼 뜨거운 관심의 중심이 된 이유는 한 번 쓰면 폐기해야 하는 1차 전지와 달리 충전하면 여러 번 사용할 수 있다는 장점 때문입니다. 2차 전지는 충전 물질에 따라 니켈전지, 이온전지, 리튬이온전지, 폴리머전지, 리튬폴리머전지 등으로 나뉘는데, 이 중 가장 널리 활용되고 있는 것은 단연 리튬이온입니다. 리튬이 니켈, 카드뮴, 납 등 다른 전지 재료에 비해 가볍고 에너지 밀도가 높기 때문입니다.

이런 분위기에 호응하듯 글로벌 첨단 배터리 소재 관련 회사 및 2차 전지 생산 업체, 전기차 밸류 체인이 투자하는 완성차 업체들의 실적이 괄목할 만한 성장세를 보이고 있습니다. 배터리 혁신 기술에 주목하는 ESG ETF의 대표주자인 LIT, BATT에 대해 자세히 살펴보겠습니다.

차세대 에너지 리튬에 주목하는 LIT

자산운용사 글로벌 X가 2010년 7월 출시한 글로벌 X 리튬&배터리 ETF_{LIT, Global X Lithium & Battery Tech ETF}는 전 세계 리튬 광부 및 2차전지 생산 업체의 시가총액 가중 지수를 추적합니다. LIT는 전기차 및 배터리 시장 확대로 많은 이익을 얻을 것으로 기대되는 대표적인 펀드입니다. 미국 외 전 세계 12개 국에서 2차전지를 생산하고 있는데, 필수 재료인 리튬을 채굴하는 업체, 2차전지 생산 업체, 완성차 업체 등 전기차 밸류체인에 분산투자하고 있습니다. 삼성SDI, LG화학 같은 국내 기업들에 대해서도 높은 편입 비중을 나타내고 있습니다.

LIT의 MSCI ESG 등급은 BBB이고, ESG 등급은 10점 만점에 4.69입니다. MSCI ESG 펀드 평가 등급이 적용되는 모든 펀드의 동종 그룹 내에서 상위 29%에, 글로벌 시장 내에서 상위 32%에 포함됩니다.

■ 표 4-18 LIT 개요 ■

구분	내용	구분	내용
상장일	2010년 7월 22일	MSCI ESG 등급	BBB
운용 비용	0.75%	MSCI ESG 점수	4.69
운용 규모	27억 3000만 달러	MSCI 탄소강도	210.49
추종지수	Thomson Reuters Global Metal & Mining Index	수익률 1년 / 3년	132.14% / 20.81%
P/E 가격수익률	78.0	경쟁 ETF	COPX, REMX, PICK, BATT
P/B 비율	4.16	보유 종목 수	41

* 출처: ETF.com, 2021. 1. 20.

2021년 1월 20일 현재 운용 자산은 27억 3000만 달러이고, 제반 비용 및 보수 등 운용 비용은 0.75%로 높은 수준입니다. LIT는 톰슨 로이터 글로벌 메탈 & 마이닝 인덱스Thomson Reuters Global Metal & Mining Index

를 추적합니다. P/E 가격수익률은 78.0이고, P/B 비율은 4.16입니다. 경쟁 펀드로는 COPX, REMX, PICK, BATT가 있습니다. 보유 종목은 41개입니다.

LIT를 구성하는 포트폴리오를 살펴보면 국적 기준으로 상위 5위 국가는 중국(32.47%), 미국(22.02%), 홍콩(12.08%), 한국(11.79%), 일본(6.77%)입니다. 상위 5위 섹터별 비중은 다음과 같습니다. 전기부품 29.76%, 상품화학 28.05%, 자동차&트럭 제조 10.56%, 농업화학 5.45%, 가정전기 5.01%입니다. 상위 10위 기업의 비중은 전체의 60.86%에 해당합니다. 상위 10위 기업은 앨버말(12.48%), 간펑리튬Gangfeng Lithium(6.79%), EVE 에너지EVE Energy(5.77%), 테슬라(5.69%), BYD(5.53%), 삼성SDI(5.44%), 컨템퍼러리 암페렉스 테크놀로지Contemporary Amperex Technology(5.21%), LG화학LG Chem(4.80%), 파나소닉Panasonic(4.60%), 소시에다드 퀴미카Sociedad Qumica(4.53%)입니다.

고급 배터리 소재에 투자하는 BATT

자산운용사 글로벌 X가 2018년 6월 출시한 글로벌 X 리튬&배터리 테크 ETFBATT, Global X Lithium & Battery Tech ETF는 리튬, 코발트, 니켈, 망간 및 흑연을 채굴 또는 생산하는 글로벌 첨단 배터리 소재 회사에 투자하는 시가총액 가중치 지수를 추적합니다. BATT는 전 세계적 첨단 배터리 재료 및 기술 회사에 투자합니다. BATT의 선택 풀에 포함되기 위해서는 리튬, 코발트, 니켈, 망간 또는 흑연의 채굴, 탐사, 생산, 개발, 가공 또는 재활용을 통해 수익의 50% 이상을 창출해야 합니다. 고급 배터리 소재에 대한 글로벌 시장 점유율이 10% 이상이고, 주요 수익원을 보고하는 회사도 자격이 있습니다. 전기자동차 개발 및 생산에서 수익의 90%를 창출하는 회사도 포함됩니다. BATT의 MSCI ESG 등급은 BBB이고, ESG 점수는 10점 만점에 5.37점입니다. BATT는 MSCI ESG 펀드 평가 등급이 적용되는 모든 펀드의 동종 그룹 내에서 상위 33%에, 글로벌 시장 내에서 상위 37%에 속합니다.

■ **표 4-19** BATT 개요 ■

구분	내용	구분	내용
상장일	2018년 6월 6일	MSCI ESG 등급	BBB
운용 비용	0.59%	MSCI ESG 점수	5.37
운용 규모	7196만 달러	MSCI 탄소강도	302.25
추종지수	Thomson Reuters Global Metal & Mining Index	수익률 1년	50.33%
P/E 가격수익률	542.65	경쟁 ETF	COPX, LIT, REMX, PICK
P/B 비율	3.14	보유 종목 수	68

* 출처: ETF.com, 2021. 1. 20.

2021년 1월 20일 현재 운용 자산은 7200만 달러에 달하며, 제반 비용 및 보수 등 운용 비용은 0.59%입니다. BATT는 톰슨 로이터 글로벌 메탈&마이닝 인덱스Thomson Reuters Global Metal & Mining Index를 추적합니다. P/E 가격수익률은 542.65이고, P/B 비율은 3.14입니다. 1년 수익률은 50.33%으로 높은 편입니다. 경쟁 펀드로는 COPX, LIT, REMX, PICK가 있습니다. 포트폴리오 내 보유 종목은 68개입니다.

　BATT를 구성하는 포트폴리오를 살펴보면 국적 기준으로 중국이 26%로 가장 큰 비중을 차지합니다. 다음은 미국(14.45%), 호주(13.26%), 홍콩(10.51%), 한국(9.10%) 순입니다. 상위 5위 섹터별 비중은 다음과 같습니다. 자동차&트럭 제조 22.97%, 전기부품 16.64%, 특별마이닝 15.22%, 상품화학 11.46%, 통합마이닝 11.38%입니다. 상위 10위 기업의 비중은 전체의 44.37%에 해당합니다. 상위 10위 기업은 컨템퍼러리 암페렉스 테크놀로지(7.36%), 테슬라(7.17%), BHP(6.36%), BYD(4.64%), LG화학(3.83%), MMC(3.56%), 니오(3.20%), 글렌코어 Glencore(3.01%), 삼성SDI(2.93%), 간펑리튬(2.32%)입니다.

07

화석연료 노출 감소를 위한
ESG ETF

지구 온난화의 주범, 화석연료 사용에 반대한다

화석연료 감축을 목표로 하는 이 ETF는 포트폴리오를 통해 화석연료 사용량을 줄이는데 관심 있는 투자자를 위해 만들어졌습니다. 기후 변화에 민감한 투자자가 S&P500에서 화석연료 매장량을 소유한 회사를 제거해 투자 전략의 핵심을 화석연료 감축이라는 가치에 맞출 수 있도록 돕습니다.

화석연료 시대에 종언을 고하다, SPYX

스테이트 스트리드 글로벌 어드바이저 State Street Global Advisors가 2015년 11월 출시한 SPDR S&P500 파슬 퓨얼 리저브 프리 ETF SPYX, SPDR S&P500 Fossil Fuel Reserves Free ETF는 S&P500 투자 종목 풀에서 화석연료 관련 기업들을 모두 제외한 S&P500 기반 지수를 따릅니다. SPYX는 S&P500 파슬 퓨얼 프리 인덱스 S&P500 Fossil Fuel Free Index를 추적합니다.

SPYX의 MSCI ESG 등급은 BBB이고, ESG 점수는 10점 만점에 5.28입니다. 탄소강도는 140.06으로 보통 수준입니다. MSCI ESG 펀드 평가 등급이 적용되는 모든 펀드의 동종 그룹 내에서 상위 74%에, 글로벌 시장 내에서 상위 70%에 포함됩니다.

■ 표 4-20 SPYX 개요 ■

구분	내용	구분	내용
상장일	2015년 11월 30일	MSCI ESG 등급	BBB
운용 비용	0.20%	MSCI ESG 점수	5.28
운용 규모	9억 1734만 달러	MSCI 탄소강도	140.06
추종지수	S&P500 Fossil Fuel Free Index	수익률 1년 / 3년	17.36% / 13.14%
P/E 가격수익률	34.12	경쟁 ETF	IVV, OEF, XLG, IWB, IWL
P/B 비율	4.18	보유 종목 수	481

* 출처: ETF.com, 2021. 1. 20.

2021년 1월 20일 현재 운용 자산은 9억 1700만 달러가 넘습니다. 제반 비용 및 보수 등 운용 비용은 0.20%로 높은 편입니다. P/E 가격 수익률은 34.12이고, P/B 비율은 4.18입니다. 1년 수익률은 17.36%의 성과를 보였습니다. 경쟁 펀드로는 IVV, OEF, XLG, IWB, IWL이 있습니다. 포트폴리오 내 보유 종목은 481개입니다.

SPYX를 구성하는 포트폴리오를 살펴보면 국적 기준으로 미국이 100%를 차지하고 있습니다. 상위 10위 섹터별 비중은 기술 34.53%, 임의소비재 14.55%, 의료 13.52%, 금융 12.99%, 산업재 9.70%, 필수소비재 6.58%, 유틸리티 2.95%, 기초재료 2.63%, 통신 1.83%, 에너지 0.72%입니다. 상위 10위 기업의 비중은 전체의 27.54%에 해당합니다. 상위 5위 기업들은 애플(6.76%), 마이크로소프트(5.43%), 아마존(4.46%), 페이스북(2.06%), 알파벳 클래스 A(1.81%)입니다.

08

환경 친화적인
중국 ESG ETF

중국, 최대 탄소 배출국의 오명 벗을까?

'세계의 공장'이란 위명을 떨치며 제조업 중심으로 경제 성장에 박
차를 가해온 중국은 최근 전 세계 환경 문제와 관련, 큰 압박을 받고
있습니다. 2018년 기준 탄소 배출량에서 중국은 112억 톤으로 미
국(53억 톤), 인도(26억 톤), 러시아(17억 톤)를 합친 것보다 많은 양
을 배출했습니다. 이에 시진핑 국가주석이 지난해 9월 UN 총회에
서 2060년까지 탄소 중립을 실현하겠다고 선언했습니다. 이어 12월
UN 기후목표 정상회의Climate Ambition Summit에서도 '2060년 탄소 중립'
목표를 거듭 확인하면서 2030년까지 이산화탄소 배출량을 2005년

대비 65% 이상 줄이겠다고 밝혔습니다. 이에 따라 중국은 강력한 환경 관련 정책을 펼칠 수밖에 없을 것이고 해당 기업들은 크게 성장할 것으로 기대됩니다.

중국의 녹색 기업에 투자하는 KGRN

자산운용사 크레인셰어즈_{KraneShares}가 2017년 10월 출시한 크레인셰어즈 MSCI 중국 환경지수 ETF_{KGRN, KraneShares MSCI China Environment Index ETF}는 청정 기술, 특히 대체 에너지, 에너지 효율성, 지속가능 수자원, 친환경 건물 및 오염 방지라는 5가지 환경 관련 주제에서 수익의 50% 이상을 창출하는 중국 기업의 지수를 추적합니다. 잠재적 보유에는 A주와 홍콩 또는 중국 이외의 지역에 상장된 주식이 포함됩니다. 펀드는 시가총액 가중치가 적용되며 각 유가증권의 가중치는 10%로 제한됩니다. 비중이 5% 이상인 증권은 전체 지수 비중의 40%를 초과할 수 없습니다. 그 결과, 포트폴리오는 매우 좁아서 보유 자산이 수십 개로 한정되며, 유틸리티 및 부동산 부문 소형주를 선호합니다. 지수는 반기마다 재구성됩니다.

KGRN의 MSCI ESG 등급은 A이며, ESG 점수는 10점 만점에 6.34점입니다. 탄소강도는 471.0으로 아주 높은 수준입니다. MSCI ESG 펀드 등급이 적용되는 모든 펀드 중 동종 그룹 내에서 상위

67%에, 글로벌 전 세계 시장에서 상위 98%에 포함됩니다.

■ **표 4-21** KGRN 개요 ■

구분	내용	구분	내용
상장일	2017년 10월 13일	MSCI ESG 등급	A
운용 비용	0.80%	MSCI ESG 점수	6.34
운용 규모	1억 9737만 달러	MSCI 탄소강도	471.0
추종지수	KraneShares MSCI China Environment Index	수익률 1년 / 3년	134.5% / 26.77%
P/E 가격수익률	25.59	경쟁ETF	CXSE, PGJ, KBA, KALL, ASHR
P/B 비율	2.28	보유 종목 수	38

* 출처: ETF.com, 2021. 1. 25.

2021년 2월 25일 현재 운용 자산이 1억 9700만 달러를 넘습니다. 제반 비용 및 보수 등 운영 비용은 0.80%로 매우 높은 편입니다. KGRN는 크레인셰어즈 MSCI 중국 환경 지수KraneShares MSCI China Environment Index를 추적합니다. P/E 가격수익률은 25.59이고, P/B 비율은 2.28입니다. 1년 수익률은 134.5%를 기록했습니다. 경쟁 펀드로는 CXSE, PGJ, KBA, KALL, ASHR이 있습니다. 포트폴리오 내 보유 종목은 38개입니다.

KGRN을 구성하는 포트폴리오를 살펴보면 국적 기준으로 홍콩이 전체의 65.11%를 차지하고 있습니다. 이어서 중국이 34.68%, 싱가포르가 0.22%입니다. 섹터 기준으로는 임의소비재 30.22%, 에너지 21.35%, 산업재 20.57%, 유틸리티 13.23%, 금융 7.89%, 기술 6.74% 순으로 큰 비중을 차지합니다. 상위 10위 기업의 비중은 전체의 62.71%에 해당합니다. 상위 5위 보유 기업은 니오(8.79%), 신이 솔라(8.53%), BYD(7.35%), GCL-폴리 에너지 GCL-Poly Energy (6.63%), 차이나 칸치 China Conch (6.53%)입니다.

09

결론 :
ESG ETF, 투자 시장을 견인한다

코로나도 막지 못한 투자 열풍, ESG ETF가 이어간다

2020년 주식시장은 그 어느 때보다 드라마틱한 실적을 보였습니다. 역사상 최악의 사건인 코로나19 팬데믹 위기로 인해 실물경제가 급속히 위축되면서 2020년 3월 주식시장이 패닉에 휩싸일 정도로 폭락했음에도 불구하고 S&P500은 이내 다시 급등하며 2020년 평균 15%의 수익을 올렸습니다. 일반 주식의 성장과 함께 ETF 시장도 급속히 성장했습니다.

　표 〈4-22〉는 ETF.com에서 6000개가 넘는 전 세계 ETF의 수익률 기준으로 순위를 매겨 그중에서 가장 우수한 20개 ETF를 선정한

순위	티커	펀드명	연수익률
1	ARKG	ARK Genomic Revolution ETF	185.32%
2	TAN	Invesco Solar ETF	179.35%
3	PBW	Invesco WilderHill Clean Energy ETF	162.00%
4	ARKW	ARK Next Generation Internet ETF	150.77%
5	QCLN	First Trust NASDAQ Clean Edge Green Energy Index Fund	149.12%
6	ARKK	ARK Innovation ETF	148.25%
7	IBUY	Amplify Online Retail ETF	112.22%
8	PBD	Invesco Global Clean Energy ETF	112.10%
9	IPO	Renaissance IPO ETF	110.43%
10	ACES	ALPS Clean Energy ETF	108.95%
11	KGRN	KraneShares MSCI China Environment Index ETF	107.37%
12	ICLN	iShares Global Clean Energy ETF	104.88%
13	CNRG	SPDR S&P Kensho Clean Power ETF	104.76%
14	ONLN	ProShares Online Retail ETF	104.58%
15	LIT	Global X Lithium & Battery Tech ETF	101.83%
16	OGIG	O'Shares Global Internet Giants ETF	101.57%
17	WCLD	WisdomTree Cloud Computing Fund	101.41%
18	ARKF	ARK Fintech Innovation ETF	101.33%
19	XVZ	iPath S&P 500 Dynamic VIX ETN	96.64%
20	SMOG	VanEck Vectors Low Carbon Energy ETF	93.97%

* 출처: ETF.com, 2020. 12. 24.

* 관련 데이터는 2020년 12월 14일까지 연간 누계 기간YTD 동안 총수익total return을 측정했습니다.

것으로, 2020년 12월 24일 발표됐습니다.

〈표 4-22〉를 보면 알 수 있듯, 2020년 상위 10위 ETF에 들어가려면 연수익률이 최소한 108% 정도를 기록해야 합니다. 상위 20위에 진입하는데는 94%가 임계값이었습니다. 2020년 최고의 상승률을 기록한 ETF를 살펴보면 기술 부문, 주로 ARK 인베스트가 선보인 상품들이 시장을 지배했음을 알 수 있습니다. 또한 최고 실적을 낸 21개 ETF 중에서는 대체·청정에너지 ETF가 가장 많은 수를 차지했습니다. 예를 들어, TAN, PBW, QCLN이 각각 전년 대비 149% 이상 상승하며 기염을 토했습니다.

〈표 4-23〉, 〈표 4-24〉는 4장에서 지금까지 기후 위기 극복과 관련된 21개 ESG ETF를 소개하며 실증적으로 분석한 내용을 정리 요약한 것입니다. 먼저 이제까지 분석한 21개 ESG ETF 펀드를 두 그룹으로 나누어보았습니다. 21개 ESG ETF 중 2020년 12월 현재 ETF. com이 선정한 상위 20위에 들어간 펀드를 모아 〈표 4-23〉에 요약 정리하고, 21개 중 상위 20위에 속하지 않는 펀드는 따로 〈표 4-24〉에 요약했습니다.

■ 표 4-23 기후 위기 극복 테마 ESG ETF(그룹 A) ■

분류	티커 (운용사)	순위	연수익률 (%)	운용 자산 (달러)	운용 비용 (%)	수익률(%)				ESG 등급 (점수)
						1개월	3개월	1년	3년	
태양광 에너지	TAN(Invesco)	2	179%	4.72 B	0.69%	19.67	47.8	241.21	64.71	A(5.78)
청정에너지	PBW(Invesco)	3	162%	3.10 B	0.70%	28.04	77.65	233.37	72.14	BBB(5.31)
청정에너지	QCLN(First Trust)	5	149%	3.03 B	0.60%	24.99	64.86	212.86	58.51	A(5.90)
청정에너지	PBD(Invesco)	8	112%	453.51 M	0.75%	21.48	57.4	157.04	44.34	A(6.45)
청정에너지	ACES(ALPS)	10	109%	1.08 B	0.55%	26.07	58.41	161.83	n/a	A(6.8)
환경친화적	KGRN (Krane Shares)	11	107%	127.50 M	0.80%	23.64	48.26	153.15	27.75	A(6.06)
청정에너지	ICLN(iShares)	12	105%	6.57 B	0.48%	20.79	48.15	151.96	50.43	AA(7.25)
청정에너지	CNRG(SPDR)	13	104%	351.57 M	0.45%	31.44	59.54	180.92	n/a	BBB(4.46)
리튬&2차전지	LIT(Global X)	15	102%	2.80 B	0.75%	23.41	65.6	136.49	24.83	BBB(4.69)
저탄소 배출	SMOG(VanEck)	20	94%	331.0 M	0.62%	19.17	52.05	135.5	43.05	A(6.73)
평균						23.87	57.97	176.43	48.22	A(5.94)
S&P500 ETF	SPY(SPDR)			334.74 B	0.09%	3.98	12.28	17.85	13.15	BBB(5.17)
나스닥 ETF	QQQ(Invesco)			155.49 B	0.20%	4.61	14.05	45.98	25.85	BBB(4.33)

* 출처: ETF.com, 2021. 1. 24.

* B: Billion, 십억 달러.

* M: Million, 백만 달러.

■ 표 4-24 기후 위기 극복 테마 ESG ETF(그룹 B) ■

분류	티커 (운용사)	운용 자산 (달러)	운용 비용 (%)	수익률(%)				ESG 등급 (점수)
				1개월	3개월	1년	3년	
저탄소 배출	LOWC(SPDR)	82.44 M	0.20%	4.51	15.66	18.15	10.09	A(5.8)
지속가능성	SDG(iShares)	350.33 M	0.49%	8.39	23.14	48.24	19.16	AA(7.39)
지속가능성	SDGA(ImpactShare)	3.86 M	0.75%	4.08	15.21	15.49	n/a	A(6.53)
청정에너지	PZD(Invesco)	526.92 M	0.65%	10.15	27.64	57.56	22.06	AA(7.22)
청정에너지	GRID(First Trust)	175.27 M	0.70%	8.96	25.54	54.04	18.77	AAA(8.6)
청정에너지	RNRG(Global X)	110.42 M	0.65%	10.16	23.9	26.73	19.75	AA(7.58)
풍력 에너지	FAN(First Trust)	491.17 M	0.62%	15.17	32.61	70.66	24.65	AA(8.03)
풍력 에너지	EDEN(iShares)	172.49 M	0.53%	1.86	11.23	42.14	13.81	AAA(9.49)
리튬&2차전지	BATT(Amplify)	74.21 M	0.59%	21.24	65.02	54.98	n/a	BBB(5.37)
화석연료배제	SPYX(SPDR)	936.49 M	0.20%	3.38	11.36	18.5	13.67	BBB(5.17)
저탄소 배출	CRBN(iShares)	646.31 M	0.20%	4.47	15.95	18.02	10.09	A(5.80)
평균				8.39	24.29	38.59	16.89	A(6.99)
S&P500 ETF	SPY(SPDR)	334.74 B	0.09%	3.98	12.28	17.85	13.15	BBB(5.17)
나스닥 ETF	QQQ(Invesco)	155.49 B	0.20%	4.61	14.05	45.98	25.85	BBB(4.33)

* 출처: ETF.com, 2021. 1. 24.
* B: Billion, 십억 달러.
* M: Million, 백만 달러.

전 세계 6000개 ETF, 상위 20위 중 10개가 ESG ETF

4장의 결론은 3가지로 요약할 수 있습니다.

첫째, 〈표 4-22〉는 ETF.com이 선정한 상위 20위 ESG ETF를 소개합니다. 〈표 4-22〉에서 볼 수 있듯, 기후 위기 극복 테마 ESG ETF 중 10개가 2020년 ETF.com이 선정한 최고의 ETF 20위 안에 들어갔습니다. 2020년 기후 위기 극복 관련 ETF 중 수익률이 가장 높았던 펀드는 TAN으로 179%의 높은 수익률을 달성했습니다. 이는 전체 ETF를 놓고 봤을 때도 ARK 인베스트가 출시한 ARKG의 뒤를 이어 2위에 해당하는 성적입니다. 기후 위기 극복 테마 ESG ETF들이 상위 2위부터 20위까지 포진한 것은 매우 인상적인 성과입니다.

또한 〈표 4-23〉은 이들 ESG ETF의 운용 자산 규모, 운용 비용, 수익률(1개월, 3개월, 1년, 3년), ESG 등급과 점수를 비교합니다.

둘째, 〈표 4-24〉에는 ETF.com이 선정한 상위 20위 ETF에는 속하지 않으나 4장에서 설명한 기후 위기 극복 테마의 11개 ESG ETF를 나열해 놓았습니다. 이들 ESG ETF의 운용 자산 규모, 운용 비용, 수익률(1개월, 3개월, 1년, 3년 기간)과 ESG 등급과 점수를 볼 수 있습니다. 상위 20위 ETF에 속하는 ESG ETF(〈표 4-23〉)와 상위 20위 ETF에 속하지 않는 ESG ETF(〈표 4-24〉)를 비교하면 그 결과가 매우 흥미롭습니다.

〈표 4-23〉에서 보듯이 상위 20위 ETF에 속하는 10개 ESG ETF

의 운용 자산 규모는 〈표 4-24〉의 상위 20위 ETF에 속하지 못한 11개 ESG ETF와 비교했을 때 상대적으로 큽니다. 상위 20위 ETF에 속하는 ESG ETF는 10개 중 6개의 운용 자산 규모가 10억 달러 이상에서 66억 달러에 이르는 등 상당히 큰 규모인데 상위 20위 ETF에 속하지 못한 11개 ESG ETF는 규모가 모두 다 10억 달러 미만입니다. 또 하나, 두 그룹을 비교하는 데 있어 가장 중요한 기준은 수익률입니다. 상위 20위 ETF에 속한 ESG ETF(그룹 A)의 수익률 성과는 상위 20위 ETF에 속하지 못한 ESG ETF(그룹 B)에 비해 놀라울 정도로 차이가 있습니다. 상위 20위 ETF에 속한 10개 ESG ETF는 모두 전 기간(1개월, 3개월, 1년, 3년)에 상위 20위 ETF에 속하지 못한 11개 ESG ETF보다 수익률 성과가 월등히 높습니다. 상위 20위 ETF에 포함된 ESG ETF의 1년 수익률은 평균 무려 176%인데 상위 20위 ETF에 포함되지 않은 ESG ETF는 1년 수익률이 38%에 불과합니다.

두 그룹의 ESG 매트릭스는 어떨까요? ESG 등급과 ESG 점수는 다소 비슷한 양상을 보입니다. 상위 20위 ETF에 속한 그룹의 평균 ESG 등급은 A이고, ESG 점수는 10점 만점에 5.94인데 비해 상위 20위 ETF에 속하지 못한 그룹의 평균 ESG 등급은 A이고 ESG 점수는 10점 만점에 6.99로 다소 높습니다.

셋째, 기후 위기 극복 테마 ESG ETF의 두 그룹(그룹 A와 그룹 B)과 일반적인 ETF, 즉 논non ESG ETF의 비교는 중요한 의미를 갖습니다. 양자를 비교하기 위해 ETF 가운데 가장 활발하고 규모가 큰 SPY와 일반 ETF 가운데 가장 대중적인 QQQ를 선정했습니다. SPY는 S&P500 상장 주식 500개의 수정 시가총액 가중지수를 추적하고, QQQ는 나스닥 상장 주식 100개의 수정 시가총액 가중지수를 추적합니다.

여기서 중요한 점은 기후 위기 극복 테마 ESG ETF 21개가 모두 다 (그룹 A에 속하든 그룹 B에 속하든 관계 없이) SPY와 QQQ 두 펀드를 수익률 면에서 압도한다는 것입니다. 그룹 A의 1개월 수익률(24%), 3개월 수익률(58%), 1년 수익률(176%), 3년 수익률(48%)은 SPY의 1개월 수익률(4%), 3개월 수익률(12%), 1년 수익률(18%), 3년 수익률(13%), 그리고 QQQ의 1개월 수익률(4.6%), 3개월 수익률(14%), 1년 수익률(46%), 3년 수익률(26%)보다 훨씬 우수합니다. 그룹 B 경우에도 마찬가지입니다. 그룹 B의 1개월 수익률(8%), 3개월 수익률(24%), 1년 수익률(39%), 3년 수익률(17%)은 SPY의 1개월 수익률(4%), 3개월 수익률(12%), 1년 수익률(18%), 3년 수익률(13%)보다 우수합니다. 다만 그룹 B와 QQQ의 수익률을 비교했을 경우, 그룹 B는 1개월과 3개월 기간에만 나은 수익률을 보였습니다.

또 하나 흥미 있는 결과는 SPY와 QQQ 모두 총 21개 ESG ETF와 비교했을 때 ESG 등급과 ESG 점수가 떨어진다는 것입니다. 이는 일견 당연한 결과처럼 보입니다. S&P500 지수의 500개 대기업 중 적어도 10%가 석유, 석탄, 천연가스, 무기 제조, 담배, 마약, 도박 등에 관련된, 소위 말하는 친환경에 반하는 죄악주sin stock이기 때문입니다.

결론적으로 4장에서 소개된 21개 ESG ETF 중 10개가 ETF.com 에서 발표한 상위 20위 ETF에 속했습니다. 기후 위기 극복 테마 ESG ETF의 우수성이 수익률을 통해 객관적으로 다시 한 번 입증됐 다고 볼 수 있습니다.

Chapter

5

기업의 사회적 책임과
지속가능성을
강조하는 ESG ETF

시장, 기업의 사회적 책임과 지배구조에 주목하다

벤저민 프랭클린Benjamin Franklin은 일찍이 "좋은 평판을 쌓기 위해서는 많은 선행이 필요하고, 그것을 잃는 데는 단 하나 나쁜 것만 필요하다"라고 말했습니다. 기업의 가치와 평판, 명성은 하루아침에 무너질 수 있습니다. 과거에 있었던 수많은 ESG 리스크 사건들에서 충분히 짐작할 수 있는 사실입니다. 2001년 엔론Enron의 회계 부정 사건, 2002년 월드콤WorldCom의 회계 부정 사건, 2010년 BPBritish Petroleum의 기름 유출 사고, 2015년 폭스바겐Volkswagen의 배출가스 조작 사건 등 ESG 리스크 사건이 발생한 후 해당 기업의 주가가 폭락하고 기업가치가 추락하는 것을 우리는 똑똑히 봐왔습니다. 한국도 마찬가지입니다. 사회적 책임을 소홀히 하는 기업 관련 사건으로 많은 사람의 인명을 빼앗아간 가습기 살균제 가해 기업들(2014~2016), 대한항공 오너리스크(2014), 삼성바이오로직스 회계 부정 사건(2018) 등은 우리의 뇌리에 또렷이 새겨져 있습니다.

호주에서는 2020년 5월 광산 기업인 리오 틴토_{Rio Tinto}가 철광석 채굴을 위해 서부 호주 주 북부 주칸협곡에서 암석의 4만 6000년 된 원주민 유적지를 파괴해서 많은 환경 운동가들과 투자자들의 비난을 사고 지역사회 주민들의 반발과 국제적인 분노를 촉발시켰습니다. 광산 대기업 리오 틴토의 CEO와 고위급 임원들은 서부 호주의 신성한 원주민 유적지를 파괴했다는 논란에 책임을 지고 사임해야만 했습니다.

2020년 코로나19 팬데믹 위기가 이어지는 가운데 기업이 사람들과 지역사회를 어떻게 대하는지에 따라 앞으로 평판이 향상되거나 기업 가치가 급락할 수 있다는 것이 증명됐습니다. 시장 조사 기관 오션 토모_{Ocean Tomo}의 연구에 따르면, S&P500 주식의 시장 가치 중 84% 이상이 대차대조표에 없는 브랜드 및 평판 같은 무형 자산을 기반으로 합니다. 무형 자산 가치의 빠른 성장세는 시가총액 변경에 따른 S&P500 5대 기업의 지형 변화와 함께 디지털 경제의 출현과 일치하는 모습을 보입니다. 1975년에는 IBM, 엑슨모빌_{Exxon Mobil}, P&G, GE, 3M이 5대 기업으로 꼽혔습니다. 2020년에는 애플, 알파벳, 마이크로소프트, 아마존, 페이스북이 5대 기업에 이름을 올렸습니다.

그동안 ESG의 세 요소 가운데 'S Social'는 다른 2가지 요소보다 덜 관심을 받아온 게 사실입니다. 그러나 코로나19 팬데믹 위기를 겪으면서 시장은 기업의 사회적 책임에 강하게 주목하고 있습니다. 특히 2020년 5월 미국 미네소타주 미니애폴리스에서 경찰의 과잉 진압으로 비무장 상태의 흑인 남성 조지 플로이드 George Floyd가 사망하면서 사회적 요소에 대한 사람들의 관심은 더욱 고조되었습니다. 코로나19 팬데믹 위기와 전 세계 반인종주의 항의 시위로 기업의 사회적 요소에 대한 중요성은 더욱 커지고 있습니다.

코로나19 팬데믹 위기는 'S'는 물론 'G Governance'의 중요성도 함께 부각시켰습니다. 코로나19 위기 이후 사회적 불평등은 더욱 심화되는 양상을 보이고 있습니다. 특히 교육, 복지, 의료 등의 분야에서 양극화가 심각한 상황입니다. 기업 경영에 있어서 기업들이 직원들 및 지역사회와 어떤 관계를 유지하고, 사회적으로 어떤 역할을 행했는지 비교평가할 수 있게 되면서 'S'의 중요성이 커지고 있습니다. 'G' 관련 이슈도 마찬가지입니다.

특히 우리나라 기업들은 기업의 사회적 책임, 지배구조 이슈가 주식시장에서 코리아 디스카운트 요인으로 지적되어왔기 때문에 'G'의 개선을 위해 지속적으로 노력하고 있습니다. 이에 따라 기업들이 이사회에 ESG 위원회를 도입하는 등 ESG 경영을 실천하려는 노력이 활발하게 이뤄지고 있습니다. 결국 코로나19를 계기로 'E'뿐만 아니라 'S, G' 요소까지도 중요성이 확대되었다고 할 수 있습니다.

코로나 팬데믹, '기업 시민'으로서 사회적 책임을 촉구하다

그런데 왜 코로나19 팬데믹 위기 속에서 기업의 사회적, 그리고 지배구조 요인이 중요하다는 인식이 점점 더 커지고 있는 것일까요? 그 대답은 간단합니다.

첫째, 기업이 직원들의 의료 혜택을 높이고, 일선 직원의 임금을 인상하고, CEO를 포함한 임원들의 보상금을 낮추고, 근로자와 고객 안전을 보호하기 위한 추가 조치를 취하다 보면 보다 참여도 높고 생산적인 인력을 확보함으로써 기업을 경영하는데 있어 충성도 높은 직원들을 기반으로 유리한 위치를 점할 수 있습니다. 코로나19 팬데믹 위기는 회사가 근로자, 고객 및 지역사회를 어떻게 대하는지에 주목하게 함으로써 지속가능 투자가 환경적 고려를 넘어 확장될 수도 있음을 뚜렷이 각인시켰습니다.

둘째, ESG 분석이 강조하는 사회적, 그리고 지배구조 요인은 다양성, 공정한 임금에 대한 약속, 강제노동을 막는 방법을 고민하게 합니다. 또한 이런 것들이 지역 공동체를 어떻게 지원하는지, 고객 개인정보 보호 및 제품 안전을 어느 정도 보장하는지 생각해보게 합니다.

셋째, 무형 자산에 대한 투자는 기업이 직원들에게 관심을 갖고 업무 가치를 높임으로써 직원들이 기업에 더욱 헌신하게 동기를 부여합니다. 직원들의 적극적인 참여를 유지하는 것이 장기적으로 더 효율적이라고 보기 때문에 무형 자산에 대한 투자는 더욱 적극적으로 이뤄지고 있습니다.

사회적으로 책임 있는 기업이 되려고 노력하다 보면 자연스레 기업 이미지를 제고하고 건전한 브랜드 가치를 구축하게 됩니다. 기업이 사회적 책임을 다하다 보면 직원이 회사 자원을 활용해 선을 행할 수 있게 됩니다. 이런 이유로 공식적인 기업의 사회적 책임 프로그램은 직원의 사기를 높이고 직원의 생산성을 높여줍니다.

ESG, 이젠 선택이 아닌 필수

그렇다면 ESG가 강조하는 기업의 사회적 책임이 비즈니스에서 중요한 이유는 무엇일까요? 그 이유는 아주 간단합니다.

첫째, 사람들은 자신이 열정을 가질 수 있는 회사에서 일하기를 원하며, 이를 위한 한 방법은 자신이 일하고 있는 회사를 통해 사회봉사와 기부의 기회를 얻는 것입니다. 이와 관련, 최근 미디어 기업 포브스Forbes의 설문 조사 결과에 따르면 직원의 32%가 자신의 회사가 자선단체에 돈을 거의 또는 전혀 기부하지 않으면 직장을 그만둘 것을 진지하게 고려할 것이라고 답했습니다.

둘째, 기업의 사회적 책임은 기업을 더 경쟁성 있고 시장성 있게 만듭니다. 이미 붐비는 시장에서 경쟁 우위를 차지하는 것은 매우 어려운 일입니다. 그러나 다양한 자선 활동을 실천하는 회사는 일반적으로 사회적 책임 활동을 하지 않는 회사보다 더 시장성이 있다고 인식됩니다. 사회적 책임 마케팅은 환경, 사회 문제 및 경제 성장에 대한 사고방식으로 소비자를 유지하거나 유치하려는 비즈니스에 있어 매우 효과적입니다.

셋째, 소비자 또한 그런 것을 기대합니다. 소비자, 그중에서도 특히 밀레니얼 세대는 그 어느 때보다 브랜드가 기능적 이점뿐만 아니라 사회적 목적도 추구할 것을 점점 더 기대하고 있습니다. 글로벌 정보 분석 기업인 닐슨Nielsen이 기업의 사회적 책임에 대해 설문조사한 결과, 전 세계 소비자의 50%가 사회적 책임을 다하는 기업의 제품에 기꺼이 더 큰 비용을 지불하겠다고 답했습니다.

넷째, 투자자를 유치하고 유지하는데 도움이 됩니다. 펀드 회사에 자금을 투자한 투자자들은 당연히 자신의 자금이 제대로 사용되고 있는지 알고 싶어 합니다. 한 연구에 따르면 전문 투자자의 83%가 사회적 책임을 잘 수행하는 것으로 알려진 회사의 주식에 투자하는 경향을 보였습니다.

다섯째, 기업이 사회적 책임을 다하지 않음으로써, 소위 말해서 ESG를 실천하지 않음으로써 초래하는 ESG 리스크 손실은 생각보다 심각합니다. 뱅크 오브 아메리카의 연구에 따르면, ESG 문제와 관련된 스캔들로 2015년부터 2019년까지 미국 대기업의 가치가 5000억 달러 이상 줄어든 것으로 추정됩니다. ESG 등급이 낮거나 불량한 기업 혹은 전혀 ESG를 실천하지 않는 기업이 감수해야 하는, 소위 말하는 ESG 리스크에서 오는 기업 손실은 지대합니다. ESG를 제대로 실천하지 않았다는 이유로 주가가 크게 떨어져 기업은 물론 투자자에게 큰 피해를 입힌 사례는 부지기수입니다. 실제로 지난 6년 간 주요 ESG 관련 논란은 미국 대기업의 시가총액에 5340억 달러의 손실을 입혔습니다.[*]

* US Equity and Quant Strategy, Fact Set, 2020.

01

기업의 사회적 책임 및
지속가능성 테마 ESG ETF

5장에서는 다양한 가치를 추구하는 ESG 투자자들에게 적합한 몇 가지 ESG ETF를 소개합니다. 구체적으로 기업의 사회적 책임과 지속가능성을 강조하고 실천하는 ESG ETF를 살펴봅니다. 이들을 구체적으로 나열하면 다음과 같습니다.

- CATH: 가톨릭 가치에 기초한 지수를 추구하는 ESG ETF
- KRMA: 기업의 5개 이해관계자인 고객, 직원, 공급업체, 주주, 지역사회와 관련된 ESG 요소에 초점을 맞춘 지수를 추적하는 ESG ETF
- NACP: 인종 및 민족적 다양성 정책이 강한 기업에 중점을 둔

ESG ETF

- WOMN: 성 다양성에 높은 점수를 받은 기업에 대한 노출을 극
  대화하기 위해 선택되고 가중치가 부여된 미국 대형
  주 및 중형주 지수를 추적하는 ESG ETF
- SHE: 임원 및 이사 직책에 여성 비율이 상대적으로 높은 미국
  대형 기업의 시가총액 가중치 지수를 추적하는 ESG ETF

가톨릭의 종교적 신념을 추구하는 CATH

자산운용사 미래에셋이 2016년 4월에 출시한 글로벌 X S&P500 가
톨릭 가치 ETF CATH, Global X S&P500 Catholic Values ETF 는 S&P500 가톨릭 가
치 지수를 추종합니다. 이 지수는 가톨릭 교회의 도덕적, 사회적 가르
침, 즉 미국 가톨릭주교회의 USCCB, United States Conference of Catholic Bishops 에 명
시된 사회적 책임 투자 지침을 반영합니다. CATH는 가톨릭 가치와
상충하는 특정 산업 및 기업을 제외합니다.

　다시 말해, 비전통적인 무기, 피임, 낙태, 줄기세포 연구 및 음란물
제작으로 수익을 올리는 기업을 전혀 용납하지 않습니다. 아동 노동
을 사용한 증거가 있는 기업도 제외됩니다. CATH의 MSCI ESG 등
급은 BBB이고, ESG 점수는 10점 만점에 5.39점입니다. CATH는
MSCI ESG 펀드 평가 등급이 적용되는 모든 펀드의 동종 그룹 내에

서 상위 75%에, 글로벌 시장 내에서 상위 72%에 포함됩니다.

■ 표 5-1 CATH 개요 ■

구분	내용	구분	내용
상장일	2016년 4월 18일	MSCI ESG 등급	BBB
운용 비용	0.29%	MSCI ESG 점수	5.39
운용 규모	4억 6983만 달러	MSCI 탄소강도	148.72
추종 지수	S&P 500 Catholic Values Index	수익률 1년 / 3년	21.10% / 13.21%
P/E 가격수익률	37.53	경쟁ETF	SNPE, VEGN, BIBL, MAGA, ACSI
P/B 비율	3.98	보유 종목 수	451

* 출처: ETF.com, 2021. 2. 5.

2021년 2월 5일 현재 운용 자산은 4억 6900만 달러가량이며, 제반 비용 및 보수 등 운용 비용은 0.29%입니다. P/E 가격수익률은 37.53이고 P/B 비율은 3.98입니다. 경쟁 펀드로는 SNPE, VEGN, BIBL, MAGA, ACSI가 있습니다. 포트폴리오 내 보유 종목은 451개입니다.

CATH를 구성하는 포트폴리오를 살펴보면 국적 기준으로 미국이 100%를 차지합니다. 상위 5위 섹터별 비중은 기술 34.15%, 임의소비재 15.05%, 건강의료 13.08%, 금융 12.78%, 산업재 9.31%입니다. 상위 10위 기업의 비중은 전체의 27.90%에 해당합니다. 상위 10위

기업은 애플(6.82%), 마이크로소프트(5.72%), 아마존(4.60%), 페이스북(2.03%), 알파벳 클래스 A(1.81%), 알파벳 클래스 C(1.77%), 버크셔 해서웨이Berkshire Hathaway(1.43%), JP모건체이스JP Morgan Chase(1.28%), 일라이 릴리Eli Lilly(1.24%), 메드트로닉Medtronic Plc(1.21%)입니다. 특이한 점은 이타적 기업 경영으로 유명한 미국의 메드트로닉이 포함되어 있다는 점입니다.

고객 · 직원 · 공급업체 · 주주 · 지역사회 관계에 초점 맞춘 KRMA

자산운용사 미래에셋이 2016년 7월에 출시한 글로벌 X 컨셔스 컴퍼니스 ETFKRMA, Global X Conscious Companies ETF는 지속가능하면서 책임감 있는 방식으로 재무 성과를 달성하고 긍정적인 ESG 특성을 나타내는, 잘 관리된 기업에 투자할 기회를 제공하도록 설계되었습니다. KRMA는 ESG 특성이 뛰어난 미국 상장 기업으로 구성된 동일 가중치 지수를 추적합니다. KRMA는 회사의 5개 이해관계자인 고객, 직원, 공급업체, 주식 및 채무 보유자, 지역사회와 관련된 ESG 요소에 초점을 맞춘 컨시너티 컨셔스 컴퍼니스 인덱스Concinnity Conscious Companies Index를 추적합니다. 이 지수는 특히 직원 생산성, 고객 충성도, 기업 지배구조, 경영진 윤리성, 재무 보고 품질 같은 긍정적인 ESG 특성에 점수를 매기고 순위를 매깁니다. KRMA의 MSCI ESG 등급은 A

이며, ESG 점수는 10점 만점에 5.94점입니다. KRMA는 MSCI ESG 펀드 평가 등급이 적용되는 모든 펀드의 동종 그룹 내에서 상위 80%에, 글로벌 시장 내에서 상위 83%에 포함됩니다.

■ **표 5-2** KRMA 개요 ■

구분	내용	구분	내용
상장일	2016년 7월 11일	MSCI ESG 등급	A
운용 비용	0.43%	MSCI ESG 점수	5.94
운용 규모	4억 1362만 달러	MSCI 탄소강도	156.97
추종지수	Concinnity Conscious Companies Index	수익률 1년 / 3년	21.49% / 13.65%
P/E 가격수익률	29.98	경쟁 ETF	NACP, WOMN, BOSS, ESGU, VETS
P/B 비율	4.08	보유 종목 수	166

* 출처: ETF.com, 2021. 2. 5.

2021년 2월 5일 현재 운용 자산은 4억 1300만 달러가량이며, 제반 비용 및 보수 등 운용 비용은 0.43%입니다. KRMA는 총자산의 80% 이상을 기초지수 증권에 투자합니다. P/E 가격수익률은 29.98이고, P/B 비율은 4.08입니다. 경쟁 펀드로는 NACP, WOMN, BOSS, ESGU, VETS가 있습니다. 포트폴리오 내 보유 종목은 166개입니다.

KRMA를 구성하는 포트폴리오를 살펴보면 국적 기준으로 미국이 98.95%를, 캐나다가 1.05%를 차지합니다. 상위 5위 섹터별 비중은 기술 29.22%, 임의소비재 16.66%, 건강의료 13.41%, 산업재 12.19%, 금융 12.07%입니다. 상위 10위 기업의 비중은 전체의 20.14%에 해당합니다. 상위 10위 보유 기업은 애플(5.62%), 마이크로소프트(5.43%), 아마존(5.60%), 알파벳 클래스 A(2.96%), 페이스북(1.02%), 일루미나 Illumina(0.56%), 워크데이 Workday(0.56%), 호멜 Hormel(0.56%), 디스커버리 Discovery(0.56%), 이퀴닉스 Equinix(0.55%)입니다.

인종차별 타파 및 다양성에 중심을 둔 NACP

자산운용사 임팩트 셰어즈 Impact Shares가 2018년 7월 출시한 임팩트 셰어즈 NAACP 마이너리티 엠파워먼트 ETF NACP, Impact Shares NAACP Minority Empowerment ETF는 인종차별 없고 민족 다양성에 초점을 맞춘 고용을 실천하는 기업에 투자하는 독특한 펀드입니다. NACP는 인종평등 증진을 추구하는 최초의 ETF입니다. 이 펀드는 서스테이널리틱스의 데이터를 기반으로 모닝스타 마이너리티 엠파워먼트 인덱스 Morningstar Minority Empowerment Index를 추적합니다. 이 지수는 강력한 인종 및 민족의 다양성 정책을 기업 문화에 포함시키고 인종 또는 국적과 관계없이 직원들에게 동등한 기회를 보장하는 상위 200개 미국 회사에 중점을 둡니다. 이 지수는 또한 마이너리티 엠파워먼트 스코어Minority Empowerment Scores가 높은 회사를 선정해 사회적 목표를 추구하고 논란이 있는 회사는 배제합니다. NACP의 MSCI ESG 등급은 BBB이고 ESG 점수는 10점 만점에 5.22점입니다. NACP는 MSCI ESG 펀드 평가 등급이 적용되는 모든 펀드의 동종 그룹 내에서 상위 73%에, 글로벌 시장 내에서 상위 67%에 포함됩니다.

■ 표 5-3 NACP 개요 ■

구분	내용	구분	내용
상장일	2018년 7월 18일	MSCI ESG 등급	BBB
운용 비용	0.49%	MSCI ESG 점수	5.22
운용 규모	2212만 달러	MSCI 탄소강도	61.89
추종지수	Morningstar Minority Empowerment Index	수익률 1년	27.21%
P/E 가격수익률	30.52	경쟁 ETF	KRMA, WOMN, BOSS, ESGU, VETS
P/B 비율	4.19	보유 종목 수	171

* 출처: ETF.com, 2021. 2. 5.

2021년 2월 5일 현재 운용 자산은 2200만 달러가량이며, 제반 비용 및 보수 등 운용 비용은 0.49%입니다. P/E 가격수익률은 30.52이고, P/B 비율은 4.19입니다. 경쟁 펀드로는 KRMA, WOMN, BOSS, ESGU, VETS가 있습니다. 포트폴리오 내 보유 종목은 171개입니다.

NACP를 구성하는 포트폴리오를 살펴보면 국적 기준으로 미국이

100%를 차지합니다. 상위 5위 섹터별 비중은 기술 33.09%, 임의소비재 17.12%, 건강의료 14.42%, 금융 11.99%, 산업재 7.31%입니다. 상위 10위 기업의 비중은 전체의 36.85%에 해당합니다. 상위 10위 기업은 애플(7.30%), 마이크로소프트(5.78%), 아마존(5.76%), 알파벳 클래스 A(3.03%), 알파벳 클래스 C(2.99%), 존슨&존슨(2.88%), JP모건(2.75%), 비자(2.25%), 프록터&갬블(2.08%), 월트 디즈니(2.03%)입니다.

양성 평등, 성별 다양성을 추구하는 WOMN

ESG 투자자는 투자를 통해 사회에 긍정적인 영향을 미치려는 동기를 가지고 있습니다. 투자자는 임팩트 투자 방식으로 재정적 이익을 추구하는 동시에 양성평등 같은 사회적 가치를 실천할 수 있습니다.

비영리단체 임팩트 셰어즈가 2018년 8월 출시한 임팩트 셰어즈 YWCA 우먼스 엠파워먼트 ETF WOMN, Impact Shares YWCA Women's Empowerment ETF는 여성에 대한 권한 부여 및 양성 평등을 지원하는 강력한 정책과 관행을 통해 전 세계 기업에 노출되도록 고안된 모닝스타 우먼스 엠파워먼트 인덱스 Morningstar Women's Empowerment Index 를 추적합니다. WOMN는 성별 다양성에서 높은 점수를 받은 기업을 선택하고, 가중치가 부여된 미국 대형주 및 중형주 지수를 추적합니다. 펀드의

ESG 리서치 제공 업체는 적격 기업의 성별 다양성 점수를 계산하기 위해 5가지 요소를 고려합니다. 리더십과 인력의 성별 균형, 동등한 보상, 일과 삶의 균형, 성 평등을 촉진하는 정책, 여성의 권한 부여에 대한 헌신, 투명성 및 책임이 그것입니다. 이 지수는 최적화 알고리즘을 사용해 시장과 같은 수준의 위험과 수익을 유지하면서 가장 높은 점수를 받은 200개 기업의 포트폴리오를 선택합니다. 또한 심각한 윤리적 논쟁이나 무기, 도박, 담배 등 특정 산업에 관련된 회사는 제외됩니다.

WOMN의 MSCI ESG 등급은 BBB이고, ESG 점수는 10점 만점에 5.15점입니다. MSCI ESG 펀드 평가 등급이 적용되는 모든 펀드의 동종 그룹 내에서 상위 55%에, 글로벌 시장 내에서 상위 33%에 포함됩니다.

■ **표 5-4** WOMN 개요 ■

구분	내용	구분	내용
상장일	2018년 8월 24일	MSCI ESG 등급	BBB
운용 비용	0.75%	MSCI ESG 점수	5.15
운용 규모	1405만 달러	MSCI 탄소강도	101.61
추종지수	Morningstar Women's Empowerment Index	수익률 1년	37.33%
P/E 가격수익률	37.19	경쟁 ETF	KRMA, WOMN, BOSS, ESGU, VETS
P/B 비율	4.76	보유 종목 수	174

* 출처: ETF.com, 2021. 2. 5.

2021년 2월 5일 현재 운용 자산은 1400만 달러가량이며, 제반 비용 및 보수 등 운용 비용은 0.75%입니다. P/E 가격수익률은 37.19이고, P/B 비율은 4.76입니다. 경쟁 펀드로는 KRMA, WOMN, BOSS, ESGU, VETS가 있습니다. 포트폴리오 내 보유 종목은 174개입니다.

WOMN을 구성하는 포트폴리오를 살펴보면 국적 기준으로 미국이 100%를 차지합니다. 상위 5위 섹터별 비중은 기술 28.39%, 임의소비재 14.55%, 에너지 14.34%, 건강의료 14.32%, 금융 9.05%입니다. 상위 10위 기업의 비중은 전체의 43.21%에 해당합니다. 상위 10위 기업은 인페이즈 에너지(8.11%), 아마존(6.36%), 마이크로소프트(5.81%), 애플(5.34%), 솔라엣지 SolarEdge (4.73%), 존슨&존슨(2.79%), 퍼스트 솔라(2.76%), 알파벳 클래스 A(2.47%), 알파벳 클래스 C(2.44%), 엔비디아(2.41%)입니다.

여성 임원 비율을 추적하는 SHE

자산운용사 스테이트 스트리트 글로벌 어드바이저가 2016년 3월 출시한 SPDR SSGA 젠더 다이버시티 인덱스 ETF SHE, SPDR SSGA Gender Diversity Index ETF 는 여성 권한 증진에 앞장서는 기업들만 골라 투자합니다. 기업을 선정하는 데 있어 직장 내 성 다양성과 평등을 촉진하는 조직인 이퀼립 Equileap 의 데이터를 활용합니다. SHE는 임원 및 이사 직책에서 여성의 비율이 상대적으로 높은 미국 대형 기업의 시가총액 가중치 지수를 추적합니다. 또한 고위급 리더십을 필요로 하는 지위에 여성을 고용하는 회사를 찾습니다. SHE는 SSGA 젠더 다이버시티 인덱스 SSGA Gender Diversity Index 를 추적합니다. 이 지수는 미국 내 대기업의 이사회와 임원직에 오른 여성의 비율이 얼마나 되는지 '성별 다양성' 성과를 측정하기 위해 고안됐습니다. 미국에서 가장 큰 1000개 기업을 이사회와 임원직에 있는 여성 비율로 평가합니다.

각 부문에서 상위 10%에 속하는 회사는 포트폴리오에 포함되며, 각 회사는 이사 또는 CEO로 최소한 1명 이상의 여성을 보유해야 합니다. 업종별로 기업을 선택하고 시가총액 가중치를 부여합니다. SHE의 MSCI ESG 등급은 A이며 ESG 점수는 10점 만점에 6.6점입니다. MSCI ESG 펀드 평가 등급이 적용되는 모든 펀드의 동종 그룹 내에서 상위 38%에, 글로벌 시장 내에서 상위 1% 이하에 포함됩니다.

■ **표 5-5** SHE 개요 ■

구분	내용	구분	내용
상장일	2016년 3월 7일	MSCI ESG 등급	A
운용 비용	0.20%	MSCI ESG 점수	6.6
운용 규모	1억 9282만 달러	MSCI 탄소강도	123.86
추종지수	SSGA Gender Diversity Index	수익률 1년 / 3년	20.75% / 11.60%
P/E 가격수익률	55.96	경쟁 ETF	CATH, SNPE, VEGN, BIBL, MAGA
P/B 비율	3.55	보유 종목 수	162

* 출처: ETF.com, 2021. 2. 5.

2021년 2월 5일 현재 운용 자산은 1억 9300만 달러에 달하며, 제반 비용 및 보수 등 운용 비용은 0.20%입니다. P/E 가격수익률은 55.96이고, P/B 비율은 3.55입니다. 경쟁 펀드로는 CATH, SNPE, VEGN, BIBL, MAGA가 있습니다. 포트폴리오 내 보유 종목은 162개입니다.

SHE를 구성하는 포트폴리오를 살펴보면 국적 기준으로 미국이 100%를 차지합니다. 상위 5위 섹터별 비중은 기술 28.08%, 임의소비재 18.03%, 건강의료 14.05%, 산업 14.03%, 금융 12.22%입니다. 상위 10위 기업의 비중은 전체의 40.69%에 해당합니다. 상위 10위 기업은 페이팔 홀딩스_{PayPal Holdings}(6.14%), 텍사스 인스트루먼트_{Texas Instruments}(5.20%), 월트 디즈니(4.59%), 존슨&존슨(4.42%), 넷플릭스_{Netflix}(4.22%), 비자(4.16%), 나이키_{NIKE}(3.37%), 인튜이트_{Intuit}(3.19%), 스퀘어_{Square}(2.91%), 웰스 파고_{Wells Fargo}(2.48%)입니다.

02

결론 :
'E'에 치중된 ESG ETF, 'S·G'에 관심을

미약한 실적 · 기대되는 미래, 새로운 가치에 주목한다

이 장에서는 기업의 사회적 책임과 지속가능성을 강조하는 5개 ESG ETF를 살펴보았습니다. 분석 결과를 정리하면 다음과 같습니다.

첫째, 수익률을 살펴보면, 5개 지배구조 ESG ETF는 모두 연평균 수익률이 20%가 넘는데(수익률 범위는 21~37%), 가장 최근에 선보인 WOMN이 수익률 성과가 제일 좋습니다(37%). 하지만 WOMN은 2018년 8월 출시되어서 운용 기간이 얼마 되지 않는 탓에 운용 자산이 1400만 달러로 규모가 작습니다. ETF를 평가하는 데 있어 기본적으로 운용 자금이 1000만 달러 정도 되고 출시된 지 얼마 안 된 것을 감안하면 거래량이 활발하고 무엇보다 2020년 시장 평균 수익률보다 높은 성과를 보인 점이 눈에 띕니다. 한편 5개 ESG ETF 중에서 운용 자산 규모가 큰 펀드는 CATH(4억 6983만 달러), KRMA(4억 1362만 달러)입니다.

둘째, 5개 ESG ETF의 수수료율을 살펴보면 WOMN이 가장 높은 0.75%이고, SHE가 가장 낮은 0.2%입니다. 5개 ESG ETF 모두 기술 섹터에 대한 투자 비중이 높습니다(28~34%). ESG 등급과 ESG 점수도 모두 비슷해서 ESG 등급은 BBB~A 수준이고, ESG 점수는 5.15~6.6 수준입니다.

셋째, 5개 ESG ETF 중 SHE를 제외하고 나머지 CATH, KRMA, NACP, WOMN 모두 미국 IT 산업을 선도하는 대표 기업인 애플, 마이크로소프트, 아마존, 구글, 페이스북의 비중이 상당히 높습니다. 이들 기업이 전체에서 차지하는 비중은 20~25%에 이릅니다. 다시 말해, 기술 기업이 이들 4개 ESG ETF의 성장을 주도해 나가고 있다고 할 수 있습니다.

또 다른 흥미로운 발견은 이들 기술 기업이 기업 지배구조 영역에서 기업의 사회적 책임, 특히 인종 및 성별 다양성 영역에서는 앞장서고 있으나 임원 및 이사 직책에서 여성의 비율이 상대적으로 높은 기업들을 추적하는 SHE에는 속하지 않는다는 겁니다.

E〈G〈S, ESG의 균형이 필요하다

이 장에서는 기업의 사회적 책임과 지속가능성을 강조하고 실천하는 ESG ETF를 살펴보았습니다. 여기서 한 가지 주목할 것은 ESG 중 'S(사회)', 그리고 'G(지배구조)'를 강조하는 ESG ETF는 많지 않고 대부분의 ESG ETF가 'E(환경)'에 주목해 기후 위기에 대응하려고 한다는 점입니다. 2021년 2월 UNCTAD의 보고에 따르면, 2020년 4분기 ESG ETF는 552개에 이르고 규모도 1745억 달러에 달하는데, UN SDGs에 직접적으로 기여하는 ESG ETF는 약 200개, 전체의 41% 수준으로 나타났습니다. 구체적으로 155개 ESG ETF가 '기후 위기 대응(SDGs 13번)'을 목표로 운용되며, 그다음으로 '적정한 가격의 깨끗한 에너지(7번)'를 목표로 하는 ESG ETF가 18개, '성 평등 (5번)'에 기여하는 ESG ETF 펀드가 13개입니다. 총 17가지 SDGs 목표 가운데 '빈곤 종식(1번)', '식량 부족(2번)' 등 6개 목표에 기여하는 ETF는 단 하나도 없는 것으로 드러났습니다. 향후 이러한 목표를 중심으로 하는 지수를 구성하고 이를 추적하기 위해 새로운 ESG ETF를 개발할 필요가 있습니다.

Chapter

6

ESG 혁신 :
위대한 밥상에 차려진
ARK 메뉴

혁신이란 렌즈로 환경 · 사회 · 지배구조에 집중한다

지금까지 ESG ETF는 지속가능 성장을 추구하고, 기후 위기를 극복하는 데 기여하는 훌륭한 도구라는 점을 설명했습니다. ESG라는 식탁에 펼쳐진 풍성하고 다양한 건강한 음식이라고 할 수 있습니다. 몸에 좋은 건강한 음식을 적절히 먹어야 우리 몸에 유익한 것처럼 적절한 순간, 적절한 방법으로 위대한 투자를 할 때 위대한 수익이 돌아옵니다.

6장에서는 우리 앞에 펼쳐진 또 다른 위대한 밥상을 살펴보려 합니다. 바로 ESG 혁신이라는 건강한 메뉴입니다. 6장에서 살펴볼 자산운용사 ARK 인베스트는 우리에게 너무나 건강한 미래의 먹거리를 제공해줍니다. ARK 인베스트는 놀라운 통찰을 주는 기업입니다. ARK 인베스트는 파괴적인 혁신에 초점을 맞추고 '혁신'이라는 렌즈를 통해 환경, 사회, 지배구조에 집중합니다.

ESG와 혁신의 융합, 디지털 ESG

우리는 여기서 ESG의 미래를 엿볼 수 있습니다. 바로 미래 가치를 주도하는 '디지털 ESG'입니다. 'ESG와 혁신의 융합'이 곧 '디지털 ESG' 혹은 'ESG 혁신'이라고 할 수 있습니다. 조만간 ESG 투자가 모든 기업의 기본 운영 원칙이 되면 4차 산업혁명 시대에 혁신 기업들을 중심으로 디지털 ESG가 발전할 것입니다. 다시 말해, 디지털 ESG가 4차 산업혁명을 주도하는 투자 원칙을 이끌 것입니다. ARK 인베스트 같은 '혁신의 렌즈'를 통해 ESG는 앞으로 4차 산업혁명을 주도해 나갈 것입니다.

이런 이유에서 제6장에서는 ARK 인베스트를 집중적으로 소개하고자 합니다. ARK 인베스트에 대한 간단한 소개로 시작해서 ARK 인베스트 투자 철학의 핵심을 알아봅니다. 간단히 언급하자면 ARK 인베스트의 투자 철학은 ESG 투자 원칙과 일치합니다. ARK 인베스트는 혁신이 성장의 핵심이며, 세상을 더 나은 곳으로 만들 힘이라고 믿습니다. ARK 인베스트가 말하는 혁신이 무엇이고, 왜 우리는 혁신을 향해 움직여야 하는지 알아봅니다. UN의 SDGs 원칙과 밀접하게 일치하는 ARK 인베스트의 5가지 혁신 플랫폼의 기반이 되는 14가지 기술을 설명합니다. 둘째, 이 장의 주요한 내용으로 ARK 인베스트가 운용하는 8개 ETF를 심도 깊게 소개합니다. 이들은 모두 혁신 기업들을 모아 만든 ETF로, 우리에게 건강한 메뉴를 풍성하게 제공합니다. 셋째, ARK 인베스트의 주요 5개 ETF의 수익률 성과를 비교 분석해서 정리합니다. 넷째, ARK 인베스트의 혁신적인 ETF들이 개인투자자에게 주는 메시지를 살펴봅니다. 끝으로 이들 5개 ETF가 보유한 주요 기업 10개를 정리 소개합니다. 이를 통해 ESG ETF의 미래 청사진을 보다 현실적으로 그려낼 수 있을 겁니다.

ARK 인베스트,
'혁신'의 렌즈를 제안하다

ARK 인베스트, 우리는 오직 파괴적 혁신에만 투자한다

혁신적인 행보를 보이고 있는 ARK 인베스트는 2020년 전 세계를 휩쓴 코로나19 팬데믹 위기 속에서도 놀라운 성과를 거뒀습니다. 실제로 최근 2021년 1월 블룸버그퀸트Bloomberg Quint의 기사에 따르면 ARK 인베스트는 현재 5조 5000억 달러 규모에 이르는 전 세계 ETF업계에서 상위 10위 발행자 중 한 자리를 차지했습니다. 2020년은 전 세계 투자자들 모두에게 어려운 해였지만, ARK 인베스트에는 가히 최고의 해였습니다.

창립자이자 포트폴리오 관리자인 캐시 우드Cathie Wood가 이끄는 이 회사는 52억 달러 규모의 ARK 이노베이션_{ARK Innovation} 자산을 운용하면서 현재까지 거의 100억 달러의 순자본 유입을 확보하는 등 적극적으로 관리되는 ETF를 통한 파괴적인 혁신 투자로 열광을 불러일으켰습니다. 2020년 12월 현재 6000개가 넘는 ETF 중에서 상위 20위 ETF 중 5개가 ARK 인베스트가 발행한 ETF입니다.

ARK 인베스트가 이처럼 놀라운 성공을 거둘 수 있었던 비결은 무엇일까요? 그 답은 '파괴적 혁신_{disruptive innovation}'에 있습니다. ARK 인베스트는 '파괴적 혁신'에 대해 잠재적으로 세상의 작동 방식을 바꿀 수 있는, 기술적으로 활성화된 새로운 제품이나 서비스의 도입이라고 정의합니다. ARK라는 이름에서도 ARK 인베스트의 투자 정신을 엿볼 수 있습니다. ARK 인베스트의 'A'는 '적극적인_{Active}', 'R'은 '연구_{Research}', 'K'는 '지식_{Knowledge}'을 뜻합니다. 즉, ARK 인베스트는 연구를 통해 새로운 혁신 지식을 강하게 추구하는 투자 철학을 담은 이름입니다.

다시 한 번 강조하지만, ARK 인베스트는 파괴적인 혁신에 초점을 맞춘 글로벌 투자운용사입니다. 즉, 혁신의 렌즈를 통해 ESG에 집중합니다. ARK 인베스트의 모토는 "우리는 오로지 파괴적인 혁신에만 투자한다"입니다. 그만큼 누가 봐도 ARK 인베스트는 혁신에 투자하는 데 집중하고 있습니다.

ARK 인베스트와 ESG 투자는 닮은꼴

이 장을 시작하기에 앞서 근본적인 질문을 던지겠습니다. 우리는 왜 ARK 인베스트의 파괴적 혁신에 관심을 가지고 투자해야 할까요? 파괴적 혁신이라는 가치를 추구하는 ARK 인베스트에 투자하는 것은 위대한 투자가 아닙니까? 혁신이라는 렌즈를 통해 ESG를 보는 시선이 탁월하지 않습니까? ESG는 투자를 바라보는 새로운 시각이며, ESG가 추구하는 미래는 바로 파괴적 혁신 아닙니까?

기본적으로 ESG의 투자 원칙과 ARK 인베스트의 투자 철학 원칙은 일치합니다. 나아가 ESG의 투자 원칙과 ARK 인베스트의 투자 원칙은 모두 위대한 투자를 위한 원칙이라고 할 수 있습니다. 위의 질문들에 대한 답은 ARK 인베스트의 투자 철학 원칙 3가지로 압축해 설명할 수 있습니다.

첫째, ARK 인베스트는 오직 혁신에만 투자합니다. ESG 투자도 ESG를 실천하는 기업에만 투자합니다. 그런데 사실 파괴적 혁신이 바로 ESG이기 때문에 이는 같은 의미라고 볼 수 있습니다. 둘째, ARK 인베스트는 장기 투자합니다. 지속가능 성장을 추구하는 ESG 투자는 장기 투자가 핵심 원칙입니다. 10년이 기본입니다. ARK 인베스트의 투자 원칙 역시 장기 투자입니다. R&D를 통한 파괴적 혁신에는 장기적 시간이 필요합니다. 미래 가치를 보고 현재에 투자하는 것이라고도 할 수 있습니다. '혁신이라는 우량주'에 장기 투자하는 것입니다. 셋째, ARK 인베스트는 세계적으로 인류 발전에 도움이 되는 기업에 투자합니다. ESG 투자도 투자를 통해 이 세상을 보다 나은 곳으로 만들기 위해 ESG 실천 기업에 투자합니다. 위대한 투자는 위대한 투자 철학 원칙에서 비롯됩니다. ESG 원칙은 ARK 인베스트의 연구 및 투자 철학의 핵심이라고 할 수 있습니다.

자산운용사로서 ARK 인베스트의 투자 철학은 본질적으로 UN의 SDGs를 달성하기 위한 지속가능 투자와 ESG 원칙을 따릅니다. UN의 SDGs와 관련된 ESG 원칙은 ARK 인베스트의 연구 및 투자 철학의 핵심이나 마찬가지입니다. 왜 그럴까요?

첫째, ESG는 이제 파괴적 혁신이 되었습니다. 과거에 인터넷이 처음 나왔을 때는 인터넷이 파괴적 혁신의 좋은 사례였습니다. 인터넷 혁신이 도입되자 어떤 기업들은 이를 재빠르게 수용해 성공가도를 달리기 시작했지만, 많은 기업이 인터넷을 늦게 도입하거나 거부하면서 실패하거나 도태되는 모습을 보였습니다. 지금 투자 세계에서도 마찬가지 일이 벌어지고 있습니다. ESG를 도입하는 기업, 지속가능 투자를 수용하고 실천하는 기업만이 혁신에 성공할 수 있습니다. ARK 인베스트는 파괴적인 혁신을 통해 새롭게 진화하는 프런티어 기업에 투자합니다.

둘째, ARK 인베스트의 연구 및 투자 팀 구성원들은 모두 ESG 문제를 투자 프로세스에 통합시키려는 노력을 기울이고 있습니다. ARK 인베스트의 미래 지향적 연구 방식은 전체 시장 주기에서 비용을 낮추면서 단순성과 접근성을 도모해 우리의 미래에 긍정적으로 기여할 기업을 찾아내는 것을 목표로 합니다. ARK 인베스트는 사회적, 환경적으로 지속가능한 영향을 미칠 강력한 지배구조와 제품을 가진 회사를 적극적으로 식별해내고자 합니다.

셋째, ARK 인베스트의 연구 및 투자 전략은 UN의 SDGs와 밀접하게 일치하는 혁신 플랫폼과 기술에 초점을 맞춥니다. 구체적으로 ARK 인베스트는 SDGs에 명시된 환경 및 사회적 고려 사항이 파괴적 혁신과 어떻게 일치하는지 분석하는 것을 목표로 합니다. 이와 관련, ARK 인베스트가 투자를 결정하는 데 있어 ESG 요소를 본질적으로 고려할 수 있도록 각 혁신 회사와 17개 SDGs의 관계를 분석합니다. ARK 인베스트는 혁신이 성장의 핵심이며 세상을 더 나은 곳으로 만들 수 있는 방법이라고 믿습니다.

넷째, ARK 인베스트는 이러한 신념에 부합하는 기업에 투자하고 사회와 환경을 개선해 더욱 지속가능한 미래로 이끄는 방식으로 자체 기업을 운영하고자 합니다. 이 같은 사명을 성공적으로 수행하기 위해 ARK 인베스트는 ESG에서 강조하는 책임감 있는 지배구조를 구현하고, 다양하고 포용적인 인력을 육성하며, 건강과 웰빙, 양질의 교육, 기업 내 양성 평등을 장려하는 것으로 판단되는 기업 조직에 투자합니다.

다섯째, ARK 인베스트의 연구는 기후 위기 등 현재 세계에서 가장 해결하기 어려운 문제를 일부나마 변화시키고 해결할 것으로 기대되

는 5가지 주요 혁신 플랫폼의 기반이 되는 14개 기술을 발전시키고
자 합니다. 특이한 점은 ARK 인베스트의 5가지 혁신 플랫폼의 기반
이 되는 14가지 기술이 UN의 SDGs와 일치한다는 것입니다.

파괴적 혁신, 보다 나은 세상을 만든다

ARK 인베스트는 5가지 주요 혁신 플랫폼인 게놈 시퀀싱, 블록체인
기술, 인공지능, 로보틱스, 에너지 저장에 긍정적이고 장기적인 투자
를 실현해 세계가 작동하는 방식을 변화시켜 궁극적으로 더 나은 세
계를 만들고자 합니다. 혁신 플랫폼과 관련, ARK 인베스트는 본질적
으로 ESG 원칙에 따르는 기업에 투자하는, 적극적으로 관리되는 주
제 전략을 개발합니다. 이 같은 혁신 플랫폼은 파괴적 혁신에 기반을
둔다고 할 수 있습니다. 그렇다면 왜 파괴적인 혁신이 중요할까요?

첫째, 파괴적인 혁신은 지속가능성과 관련, 전 세계적으로 영향을
미치는 문제를 변화시키고 해결하는 데 도움이 되기 때문입니다. 좋
은 혁신 투자는 환경, 사회를 개선하는 것은 물론, 또 다른 혁신을 창
출하는 세계의 능력에 긍정적 영향을 미치는 기술과 기업에 초점을
맞춥니다. 파괴적인 혁신으로 보다 나은 세상을 만들 수 있습니다.

둘째, 지속가능 투자를 가능하게 해주기 때문입니다. 지속가능 투
자는 전 세계적으로 영향을 미치는 중대한 과제를 해결할 수 있는 최

적의 분야와 회사에 투자하기 위한 적극적인 투자 방법입니다. 더 나은 미래를 조성하기 위해 ESG 문제를 고려해야 합니다.

셋째, 지속가능 투자는 위험 요소를 관리하는 데 도움이 되기 때문입니다. 더 중요하게는 모두를 위한 경제 성장을 촉진하고, 불평등을 감소시키는 한편, 사업 방식을 개선하고, 미래 세대를 위한 환경 지속가능성을 확보하는 데 모든 사람이 참여하도록 장려합니다.

ARK 인베스트는 지속가능 투자(혁신)를 통해 어떻게 보다 나은 세상을 만들까요? 혁신은 어떻게 더 나은 세상을 만드는 것일까요? ARK 인베스트는 혁신이 성장으로 가는 열쇠라고 믿습니다. 이런 이유로 파괴적 혁신을 통해 장기적인 성장과 자본 이익을 추구합니다. ARK 인베스트는 전통적인 투자 운영자와 달리 어떻게 혁신에 집중할 수 있었을까요?

세상은 빠르게 변하고 있습니다. 전통적인 투자자들은 벤치마크를 따르는 소극적이고 수동적인 패시브 전략으로 안전을 추구하지만, ARK 인베스트는 이런 투자 방식이 비생산적이라고 믿습니다. 혁신은 혼란을 일으키며 전통적인 세계 질서에 위험을 초래합니다. ARK 인베스트는 이처럼 혁신의 속도에 맞춰 투자하기 위해 노력하고 있습니다.

ARK 인베스트는 혁신이 기업 이익을 장기적으로 성장시키는 핵심이라고 믿고 4가지 플랫폼에서 파괴적 혁신이라는 투자 주제와 관련 있다고 생각하는 기업의 주식에 투자합니다. 구체적으로 4가지 혁신이 보다 나은 세상을 만드는 방법이라고 믿습니다.

- ARKG : 게놈 혁명 ETF. 유전체학 테마. 의료, 농업 및 제약을 재구성해 질병을 치료하고 삶의 질을 높이기 위해 노력합니다.
- ARKW : 차세대 인터넷 ETF. 차세대 인터넷 테마. 전 세계가 정보를 관리하고, 데이터를 분석하고, 상품을 구매하고, 통신하는 방식을 바꿔 비즈니스 생산성과 소비자 액세스를 향상시키려고 노력합니다.
- ARKQ : 자율 기술 및 로봇 공학 ETF. 자율차 로보틱스 기술 테마. 자동화, 에너지 저장, 3D 프린팅, 현대적인 인프라 및 우주 탐사의 발전으로 소비자 비용과 탄소 배출량을 줄이면서 생산성과 임금 상승을 도모합니다.
- ARKF : 핀테크FinTech 혁명 ETF. 핀테크 테마. 금융 산업에 혁명을 일으키고, 특히 저개발 시장에서 은행 및 기타 금융 서비스에 대한 소비자 및 기업의 접근성을 높입니다.

요약하면, ARK 인베스트는 혁신이 비용을 줄이고 단순성과 접근성을 창출한다고 믿습니다. 더 중요한 것은 혁신이 세상이 움직이는 방식을 바꾸고 더 지속가능한 미래로 이어져야 한다는 것입니다. 파괴적인 혁신은 기후 변화 같은 지속가능성과 관련해 세계적으로 중요한 문제를 해결하는 데 도움이 될 수 있습니다. 좋은 혁신 투자는 환경, 사회 및 추가 혁신을 창출해내는 세계의 능력에 긍정적인 영향을 미칠 수 있는 기술과 기업에 초점을 맞춥니다.

코로나가 불러온 디지털 혁명, ARK 인베스트에 날개를 달다

ARK 인베스트가 2020년 한 해 동안 엄청난 투자금을 모을 수 있었던 성공 요인과 배경은 무엇일까요? 최고 실적을 기록한 ARK 인베스트의 ETF 포트폴리오를 살펴보면 테슬라가 큰 자리를 차지하고 있습니다. 주지하다시피 테슬라는 전기차로 자동차 시장의 판도를 뒤흔든 '파괴적 혁신'을 일궈낸 주역입니다. 이처럼 '파괴적인 혁신'을 추구한 기업에 초점을 맞춘 것이 ARK 인베스트의 ETF가 성공을 거둔 비결이라고 볼 수 있습니다. ARK 인베스트는 '파괴적 혁신'이 세상을 움직이는 방식을 잠재적으로 바꿀 수 있으며 이를 기술적으로 활성화된 신제품이나 서비스의 도입으로 정의합니다.

　코로나19 바이러스가 유행하는 가운데 재택근무가 대세로 자리 잡고 있습니다. 이런 상황에서는 많은 정보를 원격으로 처리하는 주요 애플리케이션과 서비스를 개발 및 실행해서 전 세계 사람들이 직장이나 가정 등 어느 곳에서 작업하든 원활히 협업할 수 있도록 지원해야 합니다. 또한 온라인 쇼핑에 대한 관심이 커짐에 따라 고객들이 청구서를 처리하기 위해 디지털 결제에 의존하고 있습니다. 이런 분위기를 소매업체 운영자들과 유틸리티 제공업체들 역시 옹호하고 있습니다. 비디오 게임 산업은 사내 엔터테인먼트에 활용되고, 전염병 감염 위기 속에서 사회적 거리를 유지하면서 여가를 즐기는 상황에서 유례 없는 호황을 누리고 있습니다. 비디오 게임 분야의 붐은 포스트 코로나 시대에도 계속될 것으로 보입니다.

코로나19 팬데믹으로 디지털 의료에 대한 관심도 커지고 있습니다. 개인이 자신의 이상 증상을 진단하고 이를 알리는 자가진단 앱은 디지털 의료 시장의 미래상과 관련, 중요한 시사점을 제공합니다. 이를 통해 짐작할 수 있듯, 전통적인 '대면' 방식에서 '비대면' 디지털 형식으로의 전환이 빠르게 이뤄질 것으로 기대됩니다. 현재의 원격 의료 서비스는 집에 있는 환자와 병원에 있는 의사를 연결해주는 초기 단계에 머물러 있어 성장 가능성 또한 큽니다. 이와 관련, AI나 블록체인 등 4차 산업혁명의 핵심 기술이 의료 서비스와 연계되면서 디지털 의료에 박차가 가해질 것으로 보입니다. 스마트폰, 웨어러블 기기 등 스마트 기기가 보편화되고 건강에 대한 관심이 커지면서 모바일 헬스 시장 역시 가파른 성장세를 보일 것으로 전망됩니다.

유전체학의 발전은 유전체의 기능, 구조, 진화, 편집 및 매핑 뒤에 숨겨진 미스터리를 해독함으로써 의료 환경을 빠르게 변화시키고 있습니다. 글로벌 유전체학 시장은 시퀀싱, 마이크로 어레이, 중합 효소 연쇄 반응, 핵산 추출 및 정제 기술의 견고한 개발로 인해 선호되고

있습니다. 또한 인공지능, 클라우드 기반 기술 및 R&D 집중 증가의
의미는 경쟁을 불러 일으키고 있습니다.

이 모든 상황에서 우리는 ARK 인베스트의 성장 요인과 배경을 찾
을 수 있습니다.

02

ARK 인베스트의
'파괴적 혁신' ETF

빠르게 변화하는 세계, '혁신'에 투자의 속도를 맞추다

2020년 한 해 코로나 등의 대외 변수로 전 세계 주식시장이 크게 출렁이는 가운데도 ARK 인베스트가 운용한 여러 테마의 ETF는 엄청난 성공을 거두며 투자자들에게 커다란 수익을 안겨주었습니다. ARK 인베스트의 운용 자산은 현재 500억 달러에 달합니다. 그중 절반을 ARK 이노베이션 ETFARKK, ARK Innovation ETF가 차지합니다. ARKK는 지금까지 계속 ARK 인베스트의 가장 큰 펀드였으며, 회사의 순유입에서 가장 큰 비중을 차지했습니다.

2020년 ARKK의 수익은 150% 이상 증가했습니다. 2021년 실적 역시 호조를 보이고 있습니다. 2021년 3월 30일 출시한 ARKX를 제외하고 ARK 인베스트가 출시한 기존 ETF 7개 중 5개 ETF가 2020년 100% 이상의 수익을 올리는 기염을 토했습니다. 그에 따라 투자 자금이 홍수처럼 밀려들면서 틈새 ETF 제공 업체였던 ARK 인베스트는 2021년 2월 24일 현재 총자산이 600억 달러에 달하는 상위 7번째 ETF 발행자로 올라서는 혁혁한 성과를 보였습니다.

자산운용사 ARK 인베스트의 파괴적 혁신이 엿보이는 8개 ETF를 구체적으로 살펴보겠습니다.

- ARKK : 파괴적 혁신을 총괄하는 ETF
- ARKQ : 자율주행과 AI 로봇에 투자하는 ETF
- ARKW : 차세대 인터넷 기업을 추종하는 ETF
- ARKG : 유전체공학으로 미래 바이오 산업의 판도를 바꿀 ETF
- ARKF : 차세대 결제시장을 좌우할 핀테크 기업에 투자하는 ETF
- PRNT : 3D 프린팅 기술에 집중하는 ETF
- IZRL : 이스라엘 기술 혁신 기업에 투자하는 ETF
- ARKX : 우주항공 관련주를 추종하는 ETF

4가지 파괴적 기술 테마에 투자하는 ARKK

혁신이 성장의 핵심이라는 믿음에 초점을 맞춰 ARK 인베스트가 2014년 10월 출시한 ARK 이노베이션 ETF_{ARKK, ARK Innovation ETF}는 ARK 인베스트의 혁신 기반 테마에서 최고의 위험 보상 기회를 제공하는 대표적 ETF로 운용 자산 규모 역시 가장 큽니다. ARKK는 특별히 4가지 파괴적 기술 테마를 모두 포함하는 ETF로 설계되었습니다. 다시 말해, ARKK에는 DNA 기술(유전체 혁명) 분야와 관련된 과학 연구의 발전, 에너지·자동화 및 제조 분야의 산업 혁신, 공유 기술·인프라 및 서비스(차세대 인터넷) 사용 증가, 금융 서비스를 보다 효율적으로 만드는 기술(핀테크 혁신)이 모두 포함됩니다. ARKK의 가장 큰 특징은 파괴적 혁신 잠재력을 가진 48개 기업에 투자한다는 점입니다.

세계적인 금융 데이터 기업 팩트셋_{FactSet}에 따르면 ARK 인베스트의 주력 펀드인 ARKK는 2020년에만 53억 달러의 자금이 유입됐습니다. ARKK는 2020년 거의 150%에 이르는 인상적인 상승세를 기록한 이후 2021년 들어서도 거의 20% 오르는 등 기염을 토하고 있습니다.

구분	내용	구분	내용
세부 명칭/티커	ARK Innovation ETF / ARKK	추종지수	없음
상장일	2014년 10월 31일	수익률 3개월 / 1년 / 3년	42.58% / 171.22% / 51.31%
특징	파괴적 혁신 잠재력을 가진 48개 기업에 투자	ESG 등급	BBB
운용 자산	227억 6000만 달러	ESG 점수	4.33
운용 비용	0.75%	탄소강도	24.49
순자산가치 / 주가	138.33달러/137.44달러	보유 기업 수	48

* 출처: ETF.com, 2021. 1. 30.

ARKK의 운용 자산은 2020년 11월 27일 현재 129억 6000만 달러였는데, 불과 2개월 지난 2021년 1월 30일 현재 227억 6000만 달러로 늘어나는 등 놀라운 성장세를 보였습니다. 제반 비용 및 보수 등 운용 비용은 0.75%로 매우 높은 편입니다. 현재 주가는 137.44달러이고, 순자산가치 NAV, Net Asset Value 는 138.33달러로 매우 비슷한 수준입니다. 특별히 추종하는 지수는 없습니다. ARKK의 3개월, 1년, 3년 수익률은 각각 42.58%, 171.22%, 51.31%로 매우 우수한 편입니다. ARKK의 MSCI ESG 등급은 BBB이고, ESG 점수는 10점 만점에 4.33점입니다. 탄소강도는 24.49로 매우 낮은 수준입니다.

ARKK는 MSCI ESG 펀드 평가 등급이 적용되는 모든 펀드의 동종 그룹 내에서 상위 12%에, 글로벌 시장 내에서 상위 11%에 포함됩니다.

ARKK를 구성하는 포트폴리오를 살펴보면 국적 기준으로 미국이 전체의 92.13%를 차지합니다. 다음은 벨기에(1.99%), 중국(1.79%), 대만(1.58%), 일본(1.19%), 홍콩(0.84%), 싱가포르(0.47%) 순입니다. 상위 6위 섹터별 비중은 헬스케어 34.35%, 기술 30.07%, 임의소비재 18.25%, 산업재 8.62%, 금융 7.10%, 통신 0.99%입니다. 상위 10위 기업의 비중은 전체의 46.77%에 해당합니다. 상위 10위 기업은 테슬라(9.80%), 로쿠_{Roku}(7.37%), 텔라닥 헬스_{Teladac Health}(5.39%), 스퀘어_{Square}(4.40%), 크리스퍼 테라퓨틱스_{CRISPR Therapeutics}(4.33%), 인비테_{Invitae}(3.62%), 프로토랩스_{Proto labs}(3.46%), 스포티파이(2.85%), 바이두_{Baidu}(2.82%), 질로우_{Zillow}(2.72%)입니다.

로봇공학 · 자동화 기술에 투자하는 ARKQ

ARK 인베스트가 2014년 9월 출시한 ARK 오토노머스 테크놀로지&로보틱스 ETF_{ARKQ, ARK Autonomous Technology & Robotics ETF}는 에너지, 자동화 및 제조, 재료 및 운송과 관련된 새로운 제품 또는 서비스 개발, 기술 개선 및 과학 연구 발전에 초점을 맞춘 회사에 투자합니다. 이들 회사는 자율주행차량, 로봇 공학 및 자동화, 3D 프린팅, 에너지 저장 또는 공중 드론 우주 탐사를 개발, 생산 또는 활성화할 것으로 기대됩니다.

ARKQ의 가장 큰 특징은 파괴적 혁신 잠재력을 가진 40개 기업에 투자하는 것입니다. 경쟁 펀드로는 로봇공학 및 자동화 기술을 개발하거나 혜택을 받는 회사의 인덱스를 추적하는 ROBO, ROBT가 있습니다.

ARKQ의 MSCI ESG 등급은 A이고, ESG 점수는 10점 만점에 6.13점입니다. 탄소강도는 35.73으로 낮은 편입니다. ARKQ는 MSCI ESG 펀드 평가 등급이 적용되는 모든 펀드의 동종 그룹 내에서 상위 60%에, 글로벌 시장 내에서 상위 58%에 포함됩니다.

■ **표 6-2** ARKQ 개요 ■

구분	내용	구분	내용
세부 명칭 / 티커	ARK Autonomous Technology & Robotics ETF / ARKQ	추종지수	없음
상장일	2014년 9월 30일	수익률 3개월 / 1년 / 3년	49.60% / 135.23% / 36.36%
특징	파괴적 혁신, 로봇, 자율주행 잠재력을 가진 40개 기업에 투자	ESG 등급	A
운용 자산	29억 4000만 달러	ESG 점수	6.13
운용 비용	0.75%	탄소강도	35.73
순자산가치 / 주가	89.57달러 / 87.25달러	보유 기업 수	40

* 출처: ETF.com, 2021. 1. 30.

ARKQ의 운용 자산은 2020년 12월 7일 현재 11억 달러였으나 불과 2개월이 지난 2021년 1월 30일 현재 29억 4000만 달러로 2배 이상 증가했습니다. 제반 비용 및 보수 등 운용 비용은 0.75%로 매우 높은 편입니다. 2021년 1월 30일 현재 주가는 87.25달러이고 NAV 는 89.57달러로 매우 비슷한 수준입니다. 특별히 추종하는 지수는 없습니다. 3개월, 1년, 3년 수익률은 각각 49.60%, 135.23%, 36.36% 로 매우 우수한 편입니다.

ARKQ를 구성하는 포트폴리오를 살펴보면 국적 기준으로 미국이 전체의 74.52%를 차지합니다. 다음은 홍콩(7.18%), 벨기에(6.80%), 중국(3.16%), 대만(3.13%), 이스라엘(2.98%), 일본(2.24%) 순입니다. 상위 10위 기업의 비중은 전체의 47.14%에 해당합니다. 상위 10위 기업은 테슬라(10.97%), 머터리얼라이즈 Materialise(5.20%), 바이두 (4.42%), 트림블 Trimble(4.36%), 디어&컴퍼니 Deere&Company(4.25%), 징동 상청 JD.com(4.21%), 크라토스 디펜스 Kratos Defense(3.46%), 알파벳 클래 스 C(3.46%), 나노 디멘션 Nano Dimension(3.44%), TSMC(3.33%)입니다.

차세대 인터넷 ETF, ARKW

ARK 넥스트 제너레이션 인터넷 ETF ARKW, ARK Next Generation Internet ETF 는 ARK 인베스트가 2014년 9월 선보인 차세대 인터넷 ETF입니다. 다 시 말해 인공지능, 빅 데이터, 클라우드 컴퓨팅, 사이버 보안, 디지털 미디어, 모바일 기술, 사물 인터넷IoT 및 블록체인 기술을 포함한 '차세대 인터넷'에 초점을 맞춘 파격적인 혁신 펀드입니다. ARKW는 해당 ETF에 편입된 인터넷, 반도체, 사이버 보안 및 클라우드 주식이 우수한 성과를 거두는 등 코로나19 팬데믹으로 인한 변화로 크게 혜택을 봤습니다.

ARKW는 매우 광범위한 권한을 가진, 적극적으로 관리되는 ETF로, 지역이나 산업에 제한을 받지 않는 특성을 보입니다. 대신 ARKW 펀드매니저는 차세대 인터넷을 이끌 회사를 식별해내기 위해 노력합니다. 이를 위해 '사물인터넷', '클라우드 컴퓨팅', '디지털 통화' 및 '웨어러블 기술' 같은 주목받는 유행어에 초점을 맞추고 있는 것으로 보입니다. ARKW는 이러한 신기술의 성장성에 확신을 가진 투자자들에게는 매력적일 수 있지만 일반 투자자들은 이런 기업들로 포트폴리오를 짜는 것이 다소 어려울 수도 있습니다. 왜냐하면 이러한 분야의 발전을 이끄는 대부분의 기업은 초기 기술이 총수익의 극히 일부에 불과한 거대한 기업이기 때문입니다. ARKW의 가장 큰 특징은 파격적인 혁신 잠재력을 가진 50개 기업에 투자한다는 것입니다.

ARKW의 MSCI ESG 등급은 BBB이고, ESG 점수는 10점 만점에 4.67점입니다. 탄소강도는 16.80으로 매우 낮은 편입니다. MSCI ESG 펀드 평가 등급이 적용되는 모든 펀드의 동종 그룹 내에서 상위 21%에, 글로벌 시장 내에서 상위 16%에 포함됩니다.

구분	내용	구분	내용
세부 명칭 / 티커	ARK Next Generation Internet ETF / ARKW	추종지수	없음
상장일	2014년 9월 29일	수익률 3개월 / 1년 / 3년	35.92% / 159.22% / 52.47%
특징	파격적 차세대 인터넷 기술을 가진 50개 기업에 투자	ESG 등급	BBB
운용 자산	65억 달러	ESG 점수	4.67
운용 비용	0.79%	탄소강도	16.80
자산가치 / 주가	158.46달러 / 158.81달러	보유 기업 수	50

* 출처: ETF.com, 2021. 1. 30.

ARKW의 운용 자산은 2020년 12월 7일 현재 40억 8000만 달러였으나 2개월 지난 2021년 1월 30일 현재 65억 달러에 달할 정도로 빠른 성장세를 보였습니다. 제반 비용 및 보수 등 운용 비용은 0.79%로 매우 높은 편입니다. 2021년 1월 30일 현재 주가는 158.81달러이고, NAV는 158.46달러로 매우 비슷한 수준입니다. 특별히 추종하는 지수는 없습니다. ARKW의 3개월, 1년, 3년 수익률은 각각 35.92%, 159.22%, 52.47%로 매우 우수합니다.

ARKW를 구성하는 포트폴리오를 살펴보면 국적 기준으로 미국이 전체의 85.90%를 차지합니다. 다음은 중국(4.51%), 홍콩(4.27%), 싱가포르(2.05%), 일본(1.07%), 대만(1.14%), 네덜란드(0.91%) 순입니다. 상위 6위 섹터별 비중은 소프트웨어 23.18%, 인터넷 서비스 21.76%, 자동차&트럭 10.62%, 엔터테인먼트 7.61%, IT 서비스 5.70%, 비즈니스 서포트 5.17%입니다. 상위 10위 기업의 비중은 전체의 39.29%에 해당합니다. 상위 10위 기업은 테슬라(9.39%), 로쿠(4.40%), 텔라닥 헬스(4.23%), 스퀘어(3.91%), 텐센트(3.57%), 그레이스케일 비트코인 Grayscale Bitcoin(3.56%), 스포티파이(2.97%), 넷플릭스(2.54%), 패스틀리 Fastly(2.39%), 퓨어 스토리지 Pure Storage(2.34%)입니다.

유전체학 · 생명공학에 중점을 둔 ARKG

ARK 인베스트가 2014년 10월 선보인 ETF의 꽃 ARK 게노믹 레볼루션 ETF ARKG, ARK Genomic Revolution ETF는 미래 산업 중 가장 주목받는 생명과 관련된 혁신 ETF입니다. ARKG는 DNA 시퀀싱, 유전자 편집 등 삶의 질을 향상시켜주는 기업에 투자합니다. ARKG는 전통적인 기술이 아닌 유전체학 및 생명공학 분야에 중점을 두고 있다는 점에서 특이합니다.

ARKG는 기술 및 과학적 발전과 유전체학의 발전을 비즈니스에 통합해 삶의 질을 확장하고 향상시키는데 노력하는 기업을 찾습니다. 이러한 회사들은 유전자 가위 CRISPR, 표적 치료제, 생물정보학, 분자 진단, 줄기세포 및 농업 생물학을 개발, 생산 또는 활성화합니다. ARKG의 가장 큰 특징은 파괴적 혁신 잠재력을 가진 48개 기업에 투자한다는 점입니다. 2020년 ARKG는 180%의 상승세를 기록했습니다.

ARKG의 MSCI ESG 등급은 B이고, ESG 점수는 10점 만점에 2.45점입니다. 탄소강도는 24.10으로 매우 낮은 편입니다. ARKG는 MSCI ESG 펀드 평가 등급이 적용되는 모든 펀드의 동종 그룹 내에서 상위 5%에, 글로벌 시장 내에서 상위 1% 이하에 포함됩니다.

■ **표 6-4** ARKG 개요 ■

구분	내용	구분	내용
세부 명칭 / 티커	ARK Genomic Revolution ETF / ARKG	추종지수	없음
상장일	2014년 10월 31일	수익률 3개월 / 1년 / 3년	42.94% / 200.90% / 55.1%
특징	파격적 유전체학 연구 기업 48개 사에 투자	ESG 등급	B
운용 자산	106억 달러	ESG 점수	2.45
운용 비용	0.75%	탄소강도	24.10
순자산가치 / 주가	100.67달러 / 101.93달러	보유 기업 수	48

* 출처: ETF.com, 2021. 1. 30.

ARKG의 운용 자산은 2020년 12월 7일 현재 45억 달러였는데, 2개월이 지난 2021년 1월 30일 현재 106억 달러로 늘어나는 놀라운 성장을 보였습니다. 제반 비용 및 보수 등 운용 비용은 0.75%로 매우 높은 편입니다. 2021년 1월 30일 주가는 101.93달러이고 NAV

는 100.67달러로 매우 비슷한 수준입니다. 특별히 추종하는 지수는 없습니다. 3개월, 1년, 3년 수익률은 각각 42.94%, 200.9%, 55.1%로 매우 우수합니다.

ARKG를 구성하는 포트폴리오를 살펴보면, 지역 기준으로 미국이 전체의 89.51%를 차지합니다. 다음은 스위스(5.90%), 프랑스(2.22%), 일본(2.05%), 이스라엘(0.32%) 순입니다. 상위 6위 섹터별 비중은 바이오테크 55.33%, 제약 13.82%, 고급 의료 기구와 기술 9.30%, 의료 장비 8.75%, 공급과 분배 7.55%, 의료 시설과 서비스 6.13%입니다. 상위 10위 기업의 비중은 전체의 44.25%에 해당합니다. 상위 10위 기업은 텔라닥 헬스(7.97%), 트위스트 바이오사이언스Twist Bioscience(5.61%), 퍼시픽 바이오사이언시스Pacific Biosciences(5.40%), 이그젝트 사이언시스Exact Sciences(3.98%), 리제네론 파마슈티컬스Regeneron Pharmaceuticals(3.82%), 케어Dx CareDx(3.68%), 로슈홀딩(3.67%), 크리스퍼 테라퓨틱스(3.53%), 버텍스 파마슈티컬Vertex Pharmaceuticals(3.44%), 다케다 제약Takeda Pharmaceuticals(3.14%)입니다.

'현금 없는 거래' 핀테크 혁명에 주목하는 ARKF

ARK 인베스트가 2019년 2월 출시한 ARK 핀테크 이노베이션 ETFARKF, ARK Fintech Innovation ETF는 모바일 결제, 디지털 지갑, P2P, 블록

체인 등 혁신적인 금융 산업(핀테크 혁명)을 이끄는 기업에 투자합니다. 핀테크 혁명은 지난 몇 년 동안 꾸준한 성장세를 보였지만 코로나19 위기로 성장 속도가 더욱 가팔라졌습니다. 기업들이 지폐 유통을 통해 코로나 바이러스가 확산될 가능성을 제한하려고 시도하면서 온라인 쇼핑의 성장과 함께 현금 없는 거래가 급성장하고 있습니다. ARKF의 주요 투자 대상은 현금 없는 거래, 온라인 쇼핑의 성장과 함께 모바일 결제, 디지털 지갑, P2P 대출, 블록체인 기술 및 위험 전환을 포함한 핀테크 등 전반적인 혁신 영역으로 확산되고 있습니다. 예를 들어 2020년 말 현재 ARKF 포트폴리오를 구성하는 상위 3개 부문(거래 혁신, 고객 대면 플랫폼 및 마찰 없는 펀딩 플랫폼)이 모두 현금 없는 거래의 성장과 관련되는 등 ARKF 전체 포트폴리오의 3분의 1을 차지하고 있습니다.

온라인 소매 시장의 성장세는 핀테크 성장을 지원하는 경제의 또 다른 요소입니다. 코로나19 팬데믹 이전 온라인 채널의 점유율은 모든 소매 활동의 10%를 약간 넘을 정도였습니다. 그러나 코로나19 팬데믹 위기가 진행되는 동안 그 수치는 30%까지 증가했습니다. 많은 회사가 온라인 플랫폼을 계속 개발할 것이므로 빠른 성장세는 계속 유지될 것으로 기대됩니다. 블록체인과 암호 화폐 시장도 전망이 밝습니다. 블록체인은 일부의 예상만큼 빠르게 폭넓은 수용을 얻지는 못했지만, 핀테크와 관련해서 여전히 밝은 미래가 기대됩니다.

ARKF의 포트폴리오를 구성하는 주요 기업에는 전자 결제 기업인 스퀘어, 이미지 기반 검색 및 소셜미디어 기업인 핀터레스트_{Pinterest}, 인터넷 가상계좌인 페이팔_{PayPal}, 남미 이커머스의 최강자로 불리는 메르카도리브레 _{Mercadolibre}, 부동산 중개 플랫폼 질로우 같은 친숙한 이름이 많이 포함되어 있습니다. ARKF의 가장 큰 특징은 파괴적 혁신 잠재력을 가진 47개 기업에 투자한다는 것입니다.

ARKF의 MSCI ESG 등급은 BBB이고, ESG 점수는 10점 만점에 4.71점입니다. 탄소강도는 12.02로 매우 낮은 수준입니다. ARKF는 MSCI ESG 펀드 평가 등급이 적용되는 모든 펀드의 동종 그룹 내에서 상위 40%에, 글로벌 시장 내에서 상위 33%에 포함됩니다.

■ 표 6-5 ARKF 개요 ■

구분	내용	구분	내용
세부명칭 / 티커	ARK Fintech Innovation ETF / ARKF	추종지수	없음
상장일	2019년 2월 4일	수익률 3개월 / 1년 / 3년	21.27% / 106.69% / na
특징	금융 혁신 기업 투자	ESG 등급	BBB
운용 자산	26억 6000만 달러	ESG 점수	4.71
운용 비용	0.75%	탄소강도	12.02
자산 / 주가	51.47달러, 52.13달러	보유 기업 수	47

* 출처: ETF.com, 2021. 1. 30.

ARKF의 운용 자산은 2020년 12월 8일 현재 13억 2000만 달러를 기록했는데 2개월 후인 2021년 1월 30일 현재 26억 6000만 달러로 단기간에 2배 이상 성장했습니다. 제반 비용 및 보수 등 운용 비용은 0.75%로 매우 높은 편입니다. 2021년 1월 30일 현재 주가는 52.13달러이고 NAV는 51.47달러로 매우 비슷한 수준입니다. 특별히 추종하는 지수는 없습니다. ARKF는 2019년에 출시됐기 때문에 1년간의 성과만 볼 수 있습니다. 1년 수익률은 106.69%로 매우 우수합니다.

ARKF를 구성하는 포트폴리오를 살펴보면 지역 기준으로 미국이 전체의 65.43%를 차지합니다. 다음은 홍콩(14.08%), 네덜란드(3.78%), 싱가포르(3.68%), 일본(3.24%), 중국(2.60%), 캐나다(2.28%), 대만(1.45%), 남아프리카공화국(1.25%), 사이프러스(1.20%) 순입니다. 상위 5위 섹터별 비중은 소프트&IT 바이오 서비스 52.34%, 전문&상업 서비스 11.61%, 투자은행 9.75%, 은행 서비스 7.77%, 부동산 5.56%입니다. 상위 10위 기업의 비중은 전체의 43.54%에 해당합니다. 상위 10위 기업은 스퀘어(9.07%), 텐센트(4.94%), 질로우(4.20%), 메르카도리브레(4.01%), 인터컨티넨털 익스체인지 Intercontinental Exchange (3.92%), 핀터레스트(4.58%), 시 Sea Ltd. Singapore (3.76%), 페이팔 PayPal (3.57%), 에이디언 Adyen NV (3.21%), 알리바바(3.06%)입니다.

3D 프린팅 ETF, PRNT

ARK 인베스트가 2016년 7월 출시한 ARK PRNT 3D 프린팅 ETF PRNT, 3D Printing ETF는 3D 프린팅 하드웨어와 소프트웨어, 측정 및 재료 등 3D 프린팅 관련 기업에 중점을 둔 최초의 ETF입니다. PRNT는 3D 프린팅 산업에 참여하는 기업의 주식 가격 변동을 추적하기 위해 설계된 토털 3D-프린팅 인덱스Total 3D-Printing Index를 추종합니다. 이 기본 지수는 3D 프린팅과 관련된 5가지 비즈니스 라인, 즉 3D 프린팅 하드웨어, CAD 및 3D 프린팅 소프트웨어, 3D 프린팅 센터, 스캐너 및 측정, 3D 프린팅 재료에 중점을 둡니다. 각 비즈니스 라인은 지수에서 각각 50%, 30%, 13%, 5%, 2% 가중치를 부여받습니다. 각 비즈니스 라인에서 선택한 주식에는 동일한 가중치가 부여됩니다. PRNT는 분기별로 재구성되고 재조정됩니다. PRNT의 가장 큰 특징은 3D 하드웨어 소프트웨어 측정 연구를 하는 52개 기업에 투자한다는 것입니다.

PRNT의 MSCI ESG 등급은 A이고, ESG 점수는 10점 만점에 7.03점입니다. 탄소강도는 58.57로 낮은 수준입니다. PRNT는 MSCI ESG 펀드 평가 등급이 적용되는 모든 펀드의 동종 그룹 내에서 상위 82%에, 글로벌 시장 내에서 상위 93%에 포함됩니다.

구분	내용	구분	내용
세부 명칭 / 티커	ARK PRNT 3D Printing ETF / PRNT	추종지수	Total 3D-Printing Index
상장일	2016년 7월 19일	수익률 3개월 / 1년 / 3년	61.63% / 78.94% / 15.48%
특징	3D 하드웨어 소프트웨어 측정연구 52개 기업에 투자	ESG 등급	A
운용 자산	3억 1482만 달러	ESG 점수	7.03
운용 비용	0.66%	탄소강도	58.57
순자산가치 / 주가	40.36달러 / 39.71달러	보유 기업 수	52

* 출처: ETF.com, 2021. 1. 30.

PRNT의 운용 자산은 2021년 1월 30일 현재 3억 1000만 달러 수준으로 ARK 인베스트의 주요 ETF들에 비해 적은 편입니다. 제반 비용 및 보수 등 운용 비용은 0.66%로 높은 수준이지만, ARK 인베스트의 다른 ETF보다는 적은 편입니다. 2021년 1월 30일 현재 주가는 39.71달러이고, NAV는 40.36달러로 매우 비슷한 수준입니다. PRNT의 3개월, 1년, 3년 수익률은 61.63%, 78.94%, 15.48%로 매우 우수합니다.

파괴적 혁신을 추구하는 이스라엘 기업에 투자하는 IZRL

혁신 강국으로서 이스라엘은 혁신적인 제품과 서비스 개발에 있어 세계적인 리더입니다. ARK 인베스트가 2017년 12월 출시한 ARK 이스라엘 이노베이티브 테크놀로지 ETF_{IZRL, ARK Israel Innovative Technology ETF}는 의료, 생명공학, 제조 및 통신, IT 산업 전반에 걸쳐 파괴적인 혁신을 추구하는 이스라엘 기업을 대상으로 합니다. IZRL은 주요 혁신 사업을 추진하는 이스라엘 상장 기업의 가격 변동을 추적하기 위해 고안된 ARK 이스라엘 이노베이션 인덱스_{ARK Israel Innovation Index}를 추종합니다. IZRL의 가장 큰 특징은 이스라엘 혁신 기업 41개사에 투자한다는 점입니다.

■ **표 6-7** IZRL 개요 ■

구분	내용	구분	내용
세부 명칭 / 티커	ARK Israel Innovative Technology ETF / IZRL	추종지수	ARK Israel Innovation Index
상장일	2017년 12월 5일	수익률 3개월 / 1년 / 3년	30.25% / 42.81% / 17.22%
특징	이스라엘 혁신기업 41개사에 투자	ESG 등급	n/a
운용 자산	1억 7790만 달러	ESG 점수	n/a
운용 비용	0.49%	탄소강도	n/a
순자산가치 / 주가	33.10달러 / 32.53달러	보유 기업 수	41

* 출처: ETF.com, 2021. 1. 30.

IZRL의 운용 자산은 2021년 1월 30일 현재 1억 7000만 달러 수준으로, ARK 인베스트의 다른 주요 ETF들에 비교해 적은 규모입니다. 제반 비용 및 보수 등 운용 비용은 0.49%로 ARK 인베스트의 다른 ETF보다 적습니다. 2021년 1월 30일 현재 주가는 32.53달러이고, NAV는 33.10달러로 매우 비슷한 수준입니다. 3개월, 1년, 3년 수익률은 30.25%, 42.81%, 17.22%로 우수한 편입니다. ESG 등급과 ESG 점수, 탄소강도 등의 정보는 공개되지 않았습니다.

미래로 우주로, ARKX

규모가 거의 500억 달러에 달하는 미국 상장 ETF 분야에서 가장 크고 성공적인 주식 운용사인 ARK 인베스트는 2021년 3월 우주 탐사 ETF인 ARK 스페이스 테크놀로지 ETF_{ARKX, ARK Space Exploration ETF}를 출시했습니다. ARK 인베스트의 다른 ETF와 마찬가지로 우주 탐사 및 혁신의 투자 주제에 종사하는 기업을 대상으로 하는 ARKX는 적극적으로 관리되고 있습니다. ARKX가 집중하는 분야는 구체적으로 궤도 인공위성 기업(인공위성 로켓 발사체), 궤도 아래 인공위성 기업(드론, 에어택시, 전기항공기 생산), 우주항공 산업 보조 섹터 기업(AI, 로보틱스, 3D프린팅, 재료, 에너지 저장), 끝으로 항공 우주 활동의 혜택을 받을 수 있는 기업(농업, 인터넷 액세스, GPS, 건설 및 이미징)을 포함합니다. ARKX가 추구하는 6가지 투자 방향은 재사용 가능 로켓 분야, 궤도 우주항공 산업, 준궤도 우주항공 산업, 드론 산업, 3D 프린트 산업, 그리고 우주항공 지원 산업입니다.

ARKX는 4400만 달러 규모의 글로벌 항공 우주 및 방위 ETF 인 프로큐어 스페이스 ETF_{UFO, Procure Space ETF}와 미국 중심 지수를 기반으로 한 SPDR S&P 켄쇼 파이널 프런티어스 ETF_{ROKT, SPDR S&P Kensho Final Frontiers ETF} 같은 펀드와 경쟁 구도를 형성할 것으로 예상됩니다.

03

ARK 인베스트가 추천하는
베스트 5 혁신 기업

기술 혁신이 투자 혁신을 이끈다

2021년 초에 ARK 인베스트의 CEO 캐시 우드가 추천한 5대 혁신 기업은 실제로 ARKK에 편입된 상위 5위 기업이기도 합니다. 이들 5개 기업을 살펴보겠습니다.

단연코 주목! 투자 시장의 핫이슈 '테슬라'

테슬라는 ARK 인베스트가 운용하는 주요 5개 ETF 중에서 3개, 즉

ARKK, ARKQ, ARKW에서 모두 점유율 1위를 차지하고 있습니다. 2021년 2월 23일 기준으로 이들 ETF의 테슬라 보유 지분을 살펴보면 ARKK는 8.97%, ARKQ는 10.01%, ARKW는 8.5%에 이릅니다. ARK 인베스트의 3개 ETF에서 테슬라가 부동의 1위 자리를 유지하고 있는 것을 보면 ARK 인베스트의 CEO 캐시 우드가 얼마나 테슬라를 선호하는지 짐작할 수 있습니다. 한편 미국의 최대 자산운용사 아이셰어스가 발행한 IYK ETF는 테슬라에 19.21%의 지분을 할당함으로써 ETF 가운데 가장 높은 포트폴리오 가중치를 보였습니다.

2021년 2월 현재 미국 ETF 시장에서 운용되는 209개 ETF가 약 5450만 주의 테슬라 주식을 보유하고 있습니다. 테슬라 주식을 가장 많이 보유한 ETF는 2021년 2월 현재 960만 주를 보유한 QQQ입니다. 미국 ETF는 평균적으로 포트폴리오에 테슬라 주식을 2.83% 편입하고 있습니다. 그만큼 테슬라는 높은 인기를 구가하고 있습니다. 테슬라를 보유한 ETF 중 지난 12개월 동안 가장 실적이 좋았던 ETF는 223.83%의 수익률을 자랑하는 PBW로, 자산운용사 인베스코가 발행한 청정에너지 ETF입니다.

한편 한국에서도 테슬라는 가장 인기 있는 해외 투자 주식입니다. 국내 투자자들의 관심이 유독 집중되고 있는 테슬라는 2021년 1월에만 해외 증시 투자액 50조 원에서 11조 원을 차지하며 압도적으로 1위를 기록했습니다. 현재 미국 주식시장에서는 시가총액 순으로 애플, 마이크로소프트, 아마존, 구글, 페이스북에 이어 6위에 올라 있습니다. 800달러가 넘는 주가는 지난 1년치 순이익의 1000배를 훨씬 웃도는 높은 수준입니다. 주가 전망도 상당히 밝은 편입니다.

고평가된 테슬라, 상투인가 거대 상승세의 시작인가?

ARK 인베스트는 2024년까지 테슬라 주가가 7000달러에 이를 것으로 예측했습니다. 낙관적 목표에 따를 경우, 1만 5000달러에 달할 것으로 추정됩니다. ARK 인베스트는 현재 2021년에 발표할 테슬라에 대한 새로운 예측을 준비하고 있습니다. ARK 인베스트의 2020년 연구 및 모델링은 테슬라의 잠재력을 이해하는데 중요한 3가지 주요 독립 변수를 지적합니다.

먼저 총이익입니다. 테슬라의 자동차 제작 비용은 라이트Wright의 법칙에 따라 계속 떨어질까요? 그렇다면 테슬라 자동차의 평균 판매 가격은 어느 정도가 적절할까요? 이 질문에 답하기 위해서는 자본 효율성이 중요한데, 새로운 생산 능력을 구축하기 위한 테슬라의 단위당 비용은 얼마일까요? 미래 자동차 시장의 가장 큰 동인은 자율 주행 능력인데, 테슬라가 완전 자율 택시 서비스를 성공적으로 시작할 수 있을까요?

테슬라 주가는 현재 너무나 고평가되어 있습니다. 단순히 지금 현재 매출만 보면 전 세계 자동차 회사의 1% 수준이나 시가총액은 전체의 20% 이상을 차지합니다. 월스트리트의 많은 애널리스트 역시 테슬라 주가가 지나치게 고평가되어 있다고 지적하는 상황에서 왜 계속 테슬라에 투자해야 한다고 하는 걸까요? 이와 관련, 투자자들은 테슬라가 혁신적 성장 기업이라는 점에 주목해 장기적인 시각을 갖고 계속 적극적으로 투자해야 하는지 질문합니다. 테슬라에 투자해야 하는 이유로 3가지 정도를 들 수 있습니다.

첫째, 많은 투자자가 테슬라를 단순히 전기차 제조업체가 아니라 데이터를 활용한 확장성 있는 모빌리티 플랫폼 기업으로 바라보고 있습니다. 소프트웨어를 기반으로 자율주행, 무인택시, 인포테인먼트, 보험, 통신 등 광범위한 분야로 영역을 확장해 새로운 모빌리티 생태계와 수익 모델을 만들어낼 수 있다고 보는 견해입니다. 이런 관점에서 보면 테슬라가 기존 자동차업체들이 따라올 수 없는 새로운 시장을 만들어낼 것이라는 데 신뢰와 믿음을 가질 수 있습니다.

둘째, 좀 더 구체적으로 ARK 인베스트의 캐시 우드가 강조한 테슬라가 가진 AI 전문성과 자율주행 부문의 성공 가능성을 높이 평가하는 시각이 존재합니다. 테슬라는 전 세계를 달리면서 모아둔 300억 마일의 주행 데이터가 있습니다. 후발 주자들은 근처에도 오기 어려울 정도로 방대한 양입니다. 심지어 구글도 3000만 마일의 데이터를 갖고 있는 데 불과합니다. 테슬라의 자율주행장치는 자동차들이 실제로 도로를 주행하면서 보내는 데이터들을 수집하고 이를 분석해서 만들어집니다. 자율주행은 가능한 한 많은 데이터를 확보해야 합니다. 적절히 분석한 데이터는 자율주행 기술의 핵심입니다. 다시 말해, 데이터의 질도 중요하지만 양도 중요합니다. 또한 테슬라의 CEO 일론 머스크가 설립한 민간 우주 기업 스페이스 X SPACE X의 잠재력도 고려해야 합니다. 전 세계적으로 초고속 인터넷이 제공되면 위성을 통해 테슬라 차량이 서로 소통과 통신을 할 것이고, 그 과정에서 더욱더 완벽한 자율주행을 지원하게 될 것으로 기대됩니다. 이런 점에서 현재의 높은 주가는 테슬라의 미래 기업가치를 합리적으로 반영했다고 볼 수 있습니다.

셋째, 지구 온난화 위기와 인류의 미래를 생각하는 테슬라의 CEO 일론 머스크의 비전입니다. 일론 머스크의 꿈과 비전에 가치를 두고 따르는 젊은 투자자들 사이에선 마치 BTS를 바라보는 소녀들처럼 강력한 팬덤이 형성되어 투자 열풍을 이끌고 있습니다. 일론 머스크는 단순하게 질문합니다. "우리는 왜 전기차를 만들까요? 이게 왜 중요할까요?" 답도 간명합니다. "그건 바로 지속가능 운송으로의 (탄소를 줄이는) 전환을 가속화하는 것이 굉장히 중요하기 때문입니다." 이와 관련, 최근 빌 게이츠 Bill Gates는 일론 머스크에 대해 다음과 같이 언급했습니다. "전기자동차는 환경과 기후 변화 문제를 해결하는 방법의 하나로, 일론 머스크가 가장 크게 기여했다고 생각합니다." 또한 소셜 캐피털 Social Capital의 CEO 차마스 팔리하피티야 Chamath Palihapitiya는 일론 머스크를 지지하며 이렇게 말했습니다. "가장 부자는 기후 변화를 막아내기 위해 싸우는 사람이 되어야 한다고 믿습니다." 차마스는 일론 머스크가 그 역할을 잘하고 있다며 지지했습니다.

결론적으로, 투자에 앞서 CEO가 어떤 꿈과 가치를 추구하는지 살펴봐야 한다는 것은 중요한 투자 원칙 중 하나입니다. 이와 관련, 테슬라의 미래 가치를 보고 장기 투자한 캐시 우드의 통찰은 우리가 눈여겨봐야 할 부분입니다.

코드커팅 시대의 주목받는 플랫폼, 로쿠

미국 1위 스트리밍 플랫폼 로쿠는 디지털 미디어 플레이어를 생산하는 캘리포니아 새너제이에 본사를 둔 미국 상장 기업입니다. 광고 수입은 로쿠의 중요한 수익원 가운데 하나입니다. 로쿠는 또한 리모컨 같은 하드웨어 기기도 판매하고, 로쿠 OS를 통해 온라인 동영상 서비스OTT, Over-The-Top를 제공하는 플랫폼 역할도 합니다.

로쿠는 코드커팅cord-cutting 시대에 소비자와 OTT 서비스를 이어주는 플랫폼 역할을 하고 있습니다. 코드커팅이란 유료방송 시청자가 가입을 해지하고 인터넷 TV, OTT 등 새로운 플랫폼으로 이동하는 현상을 말합니다. 소비자는 로쿠를 통해 OTT 서비스를 이용할 수 있고, OTT 서비스는 로쿠라는 플랫폼을 통해 소비자에게 전달될 수 있습니다. 다시 말해, 로쿠는 소비자와 콘텐츠 제공자 사이에서 중간 다리 역할을 합니다.

2021년 2월 현재 미국 ETF 105개가 로쿠 주식을 970만 주 정도 보유하고 있습니다. 로쿠는 ARKK의 포트폴리오 비중 2위(6.84%), 그리고 ARKW의 포트폴리오 비중 5위(3.73%)를 차지한 혁신 기업입니다. 미국 ETF는 평균적으로 로쿠를 0.92% 정도 보유하고 있습니다. 로쿠를 보유한 지난 12개월 동안 가장 실적이 좋은 ETF는 ARKW로, 173.42%의 수익을 올렸습니다.

원격 헬스 분야의 선두주자, 텔라닥 헬스

텔라닥 헬스는 가상 헬스케어 또는 원격 헬스 분야의 선두주자입니다. 텔라닥 헬스는 환자가 아플 때 직접 병원에 가지 않고 화상으로 증상에 대해 문진을 하고 온라인으로 처방전을 받을 수 있는 시스템을 제공합니다. 텔라닥 헬스의 비대면 서비스는 시간, 공간과 관련해 혁신적인 이점을 제공한다는 면에서 전망이 매우 밝습니다.

사람들은 왜 점점 더 원격 의료 헬스 케어 투자에 관심을 갖는 것일까요? 그 이유로 먼저 세계 주요 국가의 고령화 추이와 고령화가 초래할 의료 비용의 증가세를 들 수 있습니다. 현재, 전 세계 인구의 13%를 차지하는 65세 인구가 전체 의료 비용의 40%를 지출하고 있습니다. 주요 선진국의 고령화 추세를 감안할 때 의료비 증가는 명백히 예견된 미래입니다. GDP 대비 의료 비용도 날로 증가하는 추세입니다. 코로나19 팬데믹 와중에 본격적인 원격 의료 수요를 발견한 의료계의 리더들은 코로나19 이전보다 디지털 헬스 관련 기술에 대한 투자를 늘리려는 경향을 보이고 있습니다.

텔라닥 헬스는 ARK 인베스트의 3개 주요 ETF에서 인기를 끌었습니다. 2020년 11월 30일 현재 ARKG에서 4.33%의 보유율로 상위 6위를 차지했던 텔라닥 헬스는 2021년 2월 23일 현재 8.24%로 가장 보유율이 높은 주식이 되었습니다. 한편 ARK의 주력 ETF인 ARKK도 텔라닥 헬스의 비중을 높이는 추세입니다. 2020년 11월 30일 현재 3.92%로 7위를 차지했던 텔라닥 헬스는 2021년 2월 23일 현재 보유율이 5.17%로 4위로 부상하며 ARKK에서 꽤 높은 보유율을 기록한 주식이 되었습니다. ARKW의 경우, 2020년 11월 30일 현재 3.27%로 5위를 차지했던 텔라닥 헬스는 2021년 2월 23일 현재 4.04%로 4위로 오르며 ARKW의 주요한 보유 주식이 되었습니다. 텔라닥 헬스 주식을 보유한 3개 ARK ETF 중 지난 12개월 동안 가장 실적이 좋은 ETF는 ARKG로, 수익률이 210.39%에 이릅니다.

2021년 2월 현재 128개 미국 ETF가 텔라닥 헬스 주식을 1720만 주 정도 보유하고 있습니다. ETF 가운데 텔라닥 헬스의 최대 보유자는 ARKK로 489만 주 정도를 보유하고 있습니다. 텔라닥 헬스 주식에 가장 높은 포트폴리오 가중치를 둔 ETF는 ARKG로 비중이 8.24% 정도입니다. 미국 ETF는 평균적으로 포트폴리오에 텔라닥 헬스 주식의 비중을 0.81% 정도 할당하고 있습니다.

핀테크 선도 기업, 스퀘어

스퀘어는 캘리포니아 샌프란시스코에 본사를 둔 미국 금융 서비스, 가맹점 서비스 및 모바일 결제 회사입니다. 이 회사는 소프트웨어 및 하드웨어 결제 제품을 판매하고 온·오프라인에서 쓰는 결제 소프트웨어와 기기를 만드는 핀테크 기업입니다. 미국을 비롯한 주요 국가에서 현금보다는 신용카드나 모바일 결제 등을 선호하는 현상이 가속화되고 있고, 전자상거래 시장 규모가 커지고 있는 만큼 장기 성장 잠재력이 높아 보입니다.

ARK 인베스트는 스퀘어 주식을 얼마나 보유하고 있을까요? 현재 미국에서 거래되는 141개 ETF가 스퀘어 주식을 약 2150만 주 보유하고 있습니다. 이들 ETF 중에서 ARKK는 약 519만 주를 보유하고 있어 스퀘어 주식 관련 최대 보유자입니다. 스퀘어는 ARKK 보유 주식 가운데는 상위 3위를 차지하고 있으며, ARKK의 포트폴리오 내 비중은 2021년 2월 24일 현재 5.24%입니다. 또한 ARKW가 소유한 기업 중에서는 3위이고, 비중은 4.27% 정도입니다.

2021년 2월 24일 현재 ARKF는 스퀘어 주식에 가장 높은 포트폴리오 가중치인 9.54% 비중을 유지하고 있습니다. 미국 ETF는 평균적으로 스퀘어에 대해 0.81%의 지분을 보유하고 있습니다.

선도적인 유전자 편집 기업, 크리스퍼 테라퓨틱스

크리스퍼 테라퓨틱스는 2013년 스위스에서 설립된 바이오 기업입니다. 크리스퍼는 심각한 인간 질병에 대한 변형 유전자 기반 의약품 개발에 주력하는 선도적인 유전자 편집 기업입니다. 혁신적인 유전자 편집 기술인 CRISPR를 사용해 제품을 개발하고 있습니다. DNA의 수정 및 치환을 통해 질병 치료 효과를 노리는 것이 유전자 편집의 기본 개념입니다. 혈색소증, 혈액암 등 현재 기술 수준으로는 치료가 힘든 희소 질환을 포함한 다양한 질병 분야의 치료 프로그램 포트폴리오를 보유하고 있습니다.

크리스퍼는 투자할 만한 가치가 있을까요? 단기적으로 지난 몇 달간 주식 가격이 하락했으나, 이 회사는 현금 14억 달러와 부채가 거의 없는 건전한 대차대조표를 보유하고 있습니다. 이를 바탕으로 크리스퍼는 향후 수년간 연구 프로그램에 자금을 지원할 만한 재정적 유연성을 갖추고 있다고 판단할 수 있습니다. 따라서 향후 5년 동안 투자하고 기다릴 수 있는 장기 투자자에게 매력적인 투자처라고 할 수 있습니다.

테슬라와 게임스톱, 우리는 왜 투자해야 하는가?

이 장을 마무리하면서 최근 한국의 젊은 투자자들이 보여준 투자 패턴을 살펴보려고 합니다. 2020년 많은 해외 주식 투자자들이 미국의 테슬라, 애플, 아마존, 구글 등 대형 빅테크 기업에 투자했습니다. 그런데 2021년 2월 18일 기준으로 해외 주식 매입 현황을 살펴보면 특이하게도 테슬라(36억 달러)에 이어 게임스톱GameStop(15억 달러)이 2위를 차지하고 있습니다. 잘 알려져 있다시피 이 업체는 투기성 투자로 논란이 된 미국 비디오게임 소매업체입니다. 여기서 2가지 중요한 질문을 던지고 싶습니다.

첫째, 투자자로서 테슬라의 ESG 등급에 관해 의문을 제기하고 싶습니다. 테슬라는 전기차 업체로, 분명 ESG 등급이 높을 것으로 보입니다. 그런데 2021년 2월 초 일론 머스크는 뜻밖에도 비트코인에 15억 달러를 투자해서 세간의 주목을 받았습니다. 테슬라를 ESG 관점에서 평가할 때 일론 머스크의 비트코인 투자로 인해 지수 제공업체들 사이에서 엄청난 등급 차이가 나타나고 있습니다. ESG 등급 평가기관인 MSCI는 환경 솔루션에 대한 기여도를 ESG 등급의 기준으로 삼아 테슬라에 높은 ESG 점수를 부여한 반면 FTSE 러셀FTSE Russell과 서스테이널리틱스는 약한 지배구조로 인해 테슬라의 ESG 점수를 훨씬 낮게 부여했습니다.

잘 알려진 바와 같이, 비트코인 채굴은 극도로 에너지 집약적이며 엄청난 양의 탄소 배출을 초래합니다. 최근 케임브리지대학이 추정한 바에 따르면, 비트코인 채굴에는 연간 약 116테라와트시$_{TWh}$의 전력이 사용됩니다. 이 같은 사용량은 네덜란드 전체 사용량보다 많고 인구가 2억 1100만 명인 파키스탄보다는 약간 적은 규모입니다. 여기에 더해 비트코인 채굴은 뉴질랜드만큼 많은 이산화탄소를 생성하고 칠레만큼 많은 전기를 사용한다고 디지코노미스트$_{Digiconomist}$는 지적했습니다. 디지코노미스트는 암호 화폐가 환경에 미치는 나쁜 영향은 이보다 더 심각하다고 강조합니다. 비트코인 지지자들은 비트코인 채굴 과정이 때때로 재생에너지에 의해 구동되기도 한다고 주장하지만, 주로 석탄을 태워 에너지를 생산하는 중국에서 비트코인 채굴이 집중되기 때문에 그 비율은 매우 낮습니다.

결론은 분명합니다. 테슬라를 평가할 때는 환경적 관점에서 비트코인 채굴의 영향과 에너지 효율성을 살펴볼 필요가 있습니다. 일론 머스크의 비트코인 투자로 테슬라와 관련, 특히 환경에 대해 더욱 많은 생각을 하게 됩니다.

둘째, 게임스톱 투자에 관한 질문입니다. 무엇보다 그렇게 짧은 기간에 이렇게 많은 투자 자금이 모였다니 정말 놀라운 일입니다. 이를 유행을 따라하는 이른바 '모멘텀 투자'라고 봐야 할까요? 그리고 모멘텀 투자라면 투자가 아닌 투기라고 보는 게 더 설득력 있지 않을까요? 2021년 1월에 불거진 게임스톱 이슈는 거짓 정보를 만들어 흘리고 작전을 통해 주가 가치를 왜곡하는 공매도와의 전쟁이 아니라 단기간에 펼쳐진 카지노 도박처럼 보이지 않나요?

　게임스톱 투자 열풍은 자본시장의 증권거래소에서 도박을 하듯 단기 수익률에 집중하는 '카지노 자본주의 casino capitalism'의 전형적인 모습이라고 할 수 있습니다. 자본주의 금융이 국경을 초월해 단기간에 움직이면서 벌어진 카지노의 '돈 놓고 돈 먹기'식 도박판이나 다름없습니다. 우량한 가치를 지닌 기업에 합리적 기대를 갖고 장기적으로 투자하는 것이 아니라 투자적 광기를 드러낸 초고속 단기 투자로 빚어진 천박한 자본주의입니다. 이처럼 금융이 위대한 투자를 통해 지속가능한 세계에 기여하는 것이 아니라 '머니 게임'에 빠져 사람들을 버블의 세계로 유혹할 때 위기가 초래됩니다. 1992년 영국 파운드화를 공격해 한 달 만에 10억 달러의 차익을 챙긴 조지 소로스 George Soros가 '카지노 자본주의'의 절정을 보여준 것처럼, 이번 사태로 한탕한 개미 투자자들이 유튜브에서 자신의 투기 성공담을 자랑스럽게 이야기하는 모습을 보면 두렵기까지 합니다. 여기서 다시 단순하고 근본적인 질문을 던져봅니다. 우리는 왜 투자하는 것일까요?

　2001년 기자회견에서 워런 버핏 Warren Buffett이 말했습니다. "우리가 투자 결정을 내릴 때 자문해보아야 할 질문이 2가지 있습니다. 첫째는 '그것을 알 수 있는가'이고, 둘째는 '그것이 중요한가'입니다. 중요하지만 알 수 없는 온갖 것이 존재한다는 사실을 알기 때문에 만일 알 수 없는 것이라면 그런 것은 잊어버려야 합니다. 다음으로 알 수 있든 알 수 없든 중요한 것이 아니라면, 그것은 아무런 소용도 없기 때문에 그런 것은 신경 쓰지 않아도 됩니다. 알 수 있으면서 중요한 것도 아주 많습니다. 우리는 그런 것들에 집중해야 합니다. 그 밖의 것은 신경 쓰지 않아도 됩니다."

게임스톱 투자로 공매도 세력과 싸우는 것이 중요한가요? 게임스톱 투자가 인류를 질병에서 구하고 사람의 생명을 구하는 일에 도움이 되나요? 게임스톱의 투자가 지구 온난화와 탄소 배출을 줄이고 우리 세대가 보다 나은 삶을 사는 데 도움이 되나요? 게임스톱 투자는 위대한 투자일까요?

우리의 자본은 한정돼 있는데, 우리가 투자해야 할 중요한 기업은 너무나 많습니다. 빌 게이츠가 최근 쓴 책《기후 재앙을 피하는 법 How to avoid a climate disaster》에서 경고한 것처럼, 기후 재앙은 코로나19보다 더 큰 재앙으로 우리에게 급속히 다가올 것입니다. 지금은 4차 산업혁명 시대를 맞아 지구를 살리고 재생에너지 ESG ETF에 집중적으로 투자해 지구 온난화를 막아야 할 때입니다. 세상을 바꾸는 혁신을 꿈꾸고, 탄소 제로를 실현하기 위해 실용적이고 구체적으로 10년 뒤의 미래를 내다보는 장기 투자를 할 때입니다. 이것이 바로 위대한 투자입니다.

04

ARK 인베스트가 운용하는
ETF의 수익률 비교 분석

ARK 인베스트, 2020년 시장을 지배하다

〈표 6-8〉은 앞서 4장에서 소개한 〈표 4-22〉을 가져온 것입니다. ETF.com에서 6000개가 넘는 전 세계 ETF들을 수익률 기준으로 순위를 매겨 그중 가장 우수한 20개 ETF를 보고한 내용으로, 2020년 12월 24일에 발표한 것입니다. 〈표 6-8〉에서 보듯, 2020년 최고의 상승률을 기록한 ETF를 살펴보면 기술 부문, ARK 인베스트가 운용하는 ETF들이 시장을 지배했음을 알 수 있습니다.

■ 표 6-8 2020년 최고의 수익률 성과를 보인 ETF(표 4-22 참고) ■

순위	티커	펀드명	연수익률
1	ARKG	ARK Genomic Revolution ETF	185.32%
2	TAN	Invesco Solar ETF	179.35%
3	PBW	Invesco WilderHill Clean Energy ETF	162.00%
4	ARKW	ARK Next Generation Internet ETF	150.77%
5	QCLN	First Trust NASDAQ Clean Edge Green Energy Index Fund	149.12%
6	ARKK	ARK Innovation ETF	148.25%
7	IBUY	Amplify Online Retail ETF	112.22%
8	PBD	Invesco Global Clean Energy ETF	112.10%
9	IPO	Renaissance IPO ETF	110.43%
10	ACES	ALPS Clean Energy ETF	108.95%
11	KGRN	KraneShares MSCI China Environment Index ETF	107.37%
12	ICLN	iShares Global Clean Energy ETF	104.88%
13	CNRG	SPDR S&P Kensho Clean Power ETF	104.76%
14	ONLN	ProShares Online Retail ETF	104.58%
15	LIT	Global X Lithium & Battery Tech ETF	101.83%
16	OGIG	O'Shares Global Internet Giants ETF	101.57%
17	WCLD	WisdomTree Cloud Computing Fund	101.41%
18	ARKF	ARK Fintech Innovation ETF	101.33%
19	XVZ	iPath S&P 500 Dynamic VIX ETN	96.64%
20	SMOG	VanEck Vectors Low Carbon Energy ETF	93.97%

* 출처: ETF.com, 2020. 12. 24.

* 관련 데이터는 2020년 12월 14일까지 연간 누계 기간YTD 동안 총수익total return을 측정했습니다.

티커	테마	순위	누적 수익률 (%)	운용 자금 (달러)	운용 비용 (%)	수익률 (%)				ESG 등급 및 점수
						1개월	3개월	1년	3년	
ARKK	혁신기술	6	148	23.1 B	0.75	9.92	50.58	170.12	51.96	BBB(4.34)
ARKQ	로봇 자율주행	n/a	n/a	2.95 B	0.75	19.00	55.89	131.16	36.21	A(6.13)
ARKW	차세대인터넷	4	151	6.67 B	0.79	10.34	42.29	157.51	53.15	BBB(4.67)
ARKG	게놈혁명	1	185	10.83 B	0.75	2.48	52.36	207.11	56.31	B(2.45)
ARKF	핀테크 혁신	18	101	2.74 B	0.75	7.35	27.42	107.73	n/a	BBB(4.71)
PRNT	3D 프린팅	n/a	n/a	315 m	0.66	27.60	68.89	77.92	15.47	A(7.03)
IZRL	이스라엘혁신기술	n/a	n/a	177 m	0.49	9.88	34.45	40.92	17.09	n/a
QQQ	나스닥			155.49 B	0.20	4.61	14.05	45.98	25.85	BBB(4.33)

ARK 인베스트의 5개 주요 ETF

ARK 인베스트의 5개 주요 ETF의 수익률 성과를 살펴봅시다. 〈표 6-9〉는 6장에서 소개한 ARK 인베스트가 발행한 테마 ETF를 정리 요약한 것입니다. 여기서 몇 가지 흥미로운 사실을 발견할 수 있습니다.

첫째, 〈표 6-8〉은 ETF.com이 선정한 상위 20위 ESG ETF를 소개합니다. 〈표 6-8〉에서 보듯, ARK 인베스트의 5개 주요 ETF 중 4개가 2020년 ETF.com이 선정한 최고의 ETF 상위 20위 안에 들어갔습니다. 유전자 관련 게놈 혁명에 투자하는 ARKG가 가장 높은 185%의 수익률을 달성했습니다. ARKW(151%)는 4위, ARKK(148%)는 6위, ARKF(101%)는 18위를 차지했습니다.

둘째, 〈표 6-9〉는 ARK 인베스트 ETF의 운용 자산, 운용 비용, 수익률(1개월, 3개월, 1년, 3년)과 ESG 점수를 소개합니다. ARKK가 231억 달러로 운용 자산 규모가 가장 큽니다. 이어서 ARKG(108억 달러), ARKW(67억 달러), ARKQ(29억 5000만 달러), ARKF(27억 4000만 달러) 순입니다. PRNT와 IZRL은 상대적으로 규모가 작습니다. ARK 인베스트의 5개 주요 ETF 모두 운용 비용은 매우 높은 편입니다(0.75~0.79%). 단, PRNT(0.66%)와 IZRL(0.49%)은 약간 낮은 비용을 보였습니다.

또한 ARK 인베스트의 5개 주요 혁신 ETF의 1년 수익률과 3년 수익률을 비교하면 ARKG가 단연 선두를 차지합니다. 하지만 ARKK, ARKQ, ARKW, ARKF 모두 다 1년 수익률이 100%를 넘는 우수한 성과를 보였습니다. 이들 5개 ETF는 PRNT와 IZRL보다 모두 1년 수익률과 3년 수익률에서 훨씬 우수한 성과를 보였습니다. ESG 등급과 ESG 점수는 다소 비슷한 양상을 보였습니다(모두 B, BBB, A 수준).

셋째, 혁신을 추구하는 ARK 인베스트의 5개 주요 ETF와 세계에서 가장 활발하고 대중적인 ETF인 QQQ의 수익률 성과를 비교했습니다. QQQ는 나스닥 상장 주식 100개의 수정 시가총액 가중 지수를 추적합니다. ARK 인베스트의 5개 혁신 ETF는 모두 QQQ와 비교할 때 수익률에서 압도적으로 우월한 모습을 보였습니다. ARKK의 1개월 수익률(9.92%), 3개월 수익률(50.58%), 1년 수익률(170.12%), 3년 수익률(51.96%)은 QQQ의 1개월 수익률(4.6%), 3개월 수익률(14%), 1년 수익률(46%), 3년 수익률(26%)보다 훨씬 우수합니다. 또하나 흥미 있는 결과는 ARK 인베스트의 5개 ETF와 QQQ를 비교할 때 ARKG를 제외한 나머지는 모두 QQQ보다 ESG 점수와 ESG 등급이 떨어진다는 것입니다.

위대한 투자의 3원칙, 이해 · 신뢰 · 시간을 주는 투자

결론적으로 ARK 인베스트는 세상에서 제일 혁신적인 기업들을 모아 5개 ETF를 발행했으며, 이들은 모두 2020년 최고의 수익률을 보여주었습니다. 이 같은 성과는 2020년 세상을 바꾸는 메가 트렌드 혁신 시대가 열렸음을 확실히 보여주는 증거라 할 수 있습니다. 그렇다면 이 같은 사실에서 개인투자자들은 어떤 메시지를 읽어야 할까요?

6장에서 우리는 ESG 혁신이라는 위대한 밥상에 차려진 건강하고 다양한 ARK 메뉴를 소개했습니다. 이와 관련, 지금까지 ARK 인베스트가 투자하는 테마 ETF, 즉 ESG 혁신 ETF 8개를 살펴보았습니다. ARK 인베스트가 제공하는 이들 ETF의 성과 및 수익률은 전 세계 모든 ETF 금융 상품 중 단연 일류입니다. 메시지는 분명합니다.

4차 산업혁명의 새로운 글로벌 메가 트렌드에 맞춰 개인투자자들은 전 세계 1등으로 꼽히는 성장 혁신 기업을 중요한 투자 메뉴로 가지고 가야 합니다.

ARK 인베스트의 ETF 중에서도 중심이 되는 ARKK는 각 분야에서 혁신 기업으로 손꼽히는 최고의 혁신적 기업들로 풍성히 채워진 ESG 혁신 메뉴입니다. 이렇듯 다양하고 풍성한 메뉴 중에서 무엇을 골라 투자해야 할까요? 우리에게는 합리적인 고민이 필요합니다.

일단 ARK 인베스트의 5가지 혁신 ETF를 구성하는 기업들을 살펴보면 투자와 관련, 몇 가지 조언을 얻을 수 있습니다.

첫째, ARK 인베스트의 5개 주요 ETF 중 가장 규모가 크고, ARK 인베스트가 선보인 ETF 운용 자산의 절반 이상을 차지하는 ARKK에 주목할 필요가 있습니다. ARK 인베스트는 특히 순자산의 대부분이 혁신적인 분야에 투자된 대표적 ETF인 ARKK로 유명합니다. ARKK가 보유한 상위 20위 기업들이 (부록 참조) 다른 ETF들의 상위 20위 기업과 빈번하게 겹치는 것은 이를 잘 설명해줍니다. 예를 들면, ARKQ는 테슬라, TSMC 2개 기업이 겹칩니다. ARKG는 텔라닥 헬스, 트위스트, 이그젝트 사이언시스, 크리스퍼 테라퓨틱스, 인바이테, 퓨어 스토리지 6개 기업이 중복됩니다. ARKF는 스퀘어, 텐센트, 질로우, 페이팔, 트윌리오, 도큐사인 6개 기업이 겹칩니다. ARKW는 테슬라, 로쿠, 스퀘어, 텔라닥 헬스, 스포티파이, 질로우, 텐센트, 퓨어 스토리지, 페이팔, 쇼피파이, 트윌리오 등 무려 11개 기업이 중복됩니다. 에너지를 생성하고 저장하는 방식을 변화시키는 테슬라, TV 콘텐츠 소비 방식의 변화를 주도하는 로쿠, 우리가 지불하고 빌리고 투자하는 방식을 바꾸는 스퀘어, 최근 부상하고 있는 원격 의료 회사 인 텔라닥 헬스, 글로벌 최대 음악 스트리밍 기업인 스포티파이, 집을 검색·임대·구매 또는 판매하는 방식을 변경하는 질로우 등이 주로 중복되는 기업입니다(2021년 1월 30일 기준 데이터).

여기서 얻을 수 있는 교훈은 분명해 보입니다. 같은 기업들이 계속 중복되기 때문에 개인투자자로서 미래에 꼭 필요한 기업들을 골라 투자할 때 이들 모두를 다 염두에 둘 필요는 없습니다. 특히 ARKK 와 가장 많이 중복되는 ARKW에 동시에 투자할 필요는 없습니다. ARKK는 ARK 인베스트의 대표 종목들을 모두 담아놓은 알짜 ETF 입니다. 다시 말해 ARKQ, ARKW, ARKG, ARKF의 주요 보유 종목 들만 모아서 포트폴리오를 만든 것이 ARKK입니다.

둘째, ARK 인베스트의 상위 10위 ETF에서 반복되는 중요한 하나 의 주제는 게놈 혁명입니다. 투자와 관련, 이에 주목할 가치는 충분 합니다. ARKG가 추구하는 게놈 혁명은 ARK 인베스트가 추구하는 파괴적 혁신이라는 모토 가운데도 가장 강력한 모토입니다. 이 목록 에 속하는 많은 회사가 CRISPR, 표적 치료제, 생물 정보학, 분자 진 단 등을 통해 유전체학에 초점을 맞춰 이 분야에서의 혁신을 도모하 고 있습니다. 여기에는 인바이테, 크리스퍼 테라퓨틱스, 트위스트 등 의 기업이 포함됩니다.

ARK 인베스트가 제공하는 주요한 5개 ETF는 모두 다 혁신을 추구합니다. 우리는 그중 특히 ARKG에 주목할 필요가 있습니다. ARK 인베스트의 주요한 5개 ETF가 모두 혁신이라는 가치를 추구하지만 어떤 것이 가장 우선시되는 중요한 가치일까요? ARKG는 인간 생명을 위한 가치투자라는 점에서 다른 무엇보다 우리 삶의 질을 높이고 세상을 보다 나은 방향으로 변화시키기 위해 노력한다고 볼 수 있습니다. 게놈 연구는 인류에게 엄청난 혁신을 가져다줄 뿐만 아니라 암을 비롯한 수많은 질병을 치료할 신약을 개발하는 등 인간의 생명과 관계 깊고, 여기서 한 발 더 나아가 지구 온난화 위기로 다가올 식량 위기를 이겨낼 새로운 품종 개발에 나서는 등 동식물 분야까지 아우르는 등 우리의 상상을 뛰어넘는 수준의 혁신을 가져올 수 있습니다.

ARKG에 주목하는 또 다른 이유는 뛰어난 수익률입니다. ARKG는 2019년 180% 상승한 이후 2020년 최고의 성과를 거둔 펀드 중 하나입니다. ARKG는 크리스퍼 테라퓨틱스, 트위스트 바이오사이언스, 퍼시픽 바이오사이언시스 오브 캘리포니아 Pacific Biosciences of California 등 탁월한 성과를 보여준 기업들에 힘입어 2021년 첫 장이 열린 후 1월 22일까지 한 달 동안 무려 19%라는 높은 수익률을 기록했습니다.

여기서 질문을 하나 던집니다. ARKG가 보유하고 있는 여러 기업에 직접 투자하는 것은 어떨까요? 일반 개인투자자들이 ARKG에 속한 기업들을 분석해서 투자 포트폴리오에 담는 것은 권하고 싶지 않습니다. DNA 시퀀싱 등을 연구하는 기업들을 이해하는 것은 유전공학을 잘 아는 전문가가 아니면 어렵습니다. 따라서 이 분야의 개별 기업에 직접 투자해 만족할 만한 성과를 내는 것은 불가능에 가깝습니다. 지난 몇 년간 ARK 인베스트가 상위 20위 기업을 선정하는 과정을 계속 지켜본 결과, 기업의 개발 현황과 성과에 따라 보유 종목, 보유 비중이 수시로 계속 바뀌었는데, 그에 맞춰 개인이 자신의 포트폴리오 비중을 조정하는 것은 거의 불가능한 일입니다.

이 장에서는 ARK 인베스트가 투자하는 5개 ETF를 살펴보았습니다. 이들 5개 ETF는 각 분야의 글로벌 혁신 기업들로 구성된 놀라운 금융 상품입니다. ARK 인베스트의 ETF는 다양하고 혁신적 기업으로 포트폴리오를 구성했기에 개별적으로 주식에 투자하는 것보다 훨씬 위험이 낮습니다. 이 같은 상품을 통해 우리는 혁신이 가져올 미래의 풍요로운 가치에 안심하고 투자할 수 있습니다. 이러한 분야에 대해 적어도 10년을 내다보고 하는 장기 투자는 위대한 투자입니다.

끝으로, 2020년에는 ARK 인베스트의 3개 ETF가 평균 수익률 150% 이상을 달성했지만 2021년 초부터 3월까지 시장이 조정을 받으면서 수익률이 다소 저조한 모습을 보였습니다. 2021년 2~3월 주가가 20-25% 하락하면서 많은 ARK 인베스트 투자자들이 실망했습니다. 한 가지 첨언하자면, ARK 인베스트 투자자들은 투자하기 전에 ETF 각 상품의 운용 원칙을 명확히 알 필요가 있습니다. ARK 인베스트의 모든 상품은 뚜렷한 투자 철학, 명확한 운용 방침, 특이한 종목 선택 기준이 있습니다. 이와 관련, ARK 인베스트의 모든 ETF가 추종하는 벤치마크 지수가 없는 것은 시사하는 바가 큽니다. 단 하나 목표가 있다면, 앞으로 5년간 매해 연평균 15% 정도의 수익률 성과를 내는 것입니다. 이는 150%를 기록한 작년처럼 높은 수익률을 기대하는 투자자에게는 실망스러울 수도 있지만, ARK 인베스트의 투자 목표를 확실히 이해해야 한다는 점은 꼭 기억해둬야 합니다. 또 하나 명심해야 할 것은 기대 수익률을 낮추고 투자 기간을 늘려야 한다는 것입니다. 즉, 5년 후 총수익률 100%를 목표로 하고 그사이에 단기 손실이 나더라도 적극적으로 투자해야 합니다. 모든 혁신 기업들이 그러하지만 1~2년 사이에 큰 수익률을 기대하는 것은 전혀 쓸모없는 일입니다.

다시 말해 투자의 가장 큰 상식, 원칙은 투자할 때 그 상품의 투자 운용 원칙, 철학, 속성을 이해하고 공부하고 투자를 하는 것입니다. 이것이 바로 투자의 첫 번째 원칙입니다. 두 번째 원칙은 일단 선택하고 투자했다면 신뢰하고 믿고 기다리는 지혜가 필요합니다. 세 번째 원칙은 투자할 때는 특정 시점에 주목하는 것이 아니라 시간의 흐름을 읽을 줄 알아야 합니다. 특히 ARKG 같은 게놈 혁신 기업에 투자한 경우 단기간에 큰 성과가 나올 수 없습니다. 5~10년은 시간을 주어야 합니다.

요약하자면 위대한 투자의 3 원칙은 이해, 신뢰, 시간을 주는 투자라고 할 수 있습니다.

부록 : ARK 인베스트의 ETF 개요

ARKK 상위 20위 기업과 투자비율

순위	상위 20위 기업	보유비율(%)
1	테슬라	9.37%
2	로쿠	7.02%
3	텔라닥 헬스	5.12%
4	스퀘어	4.73%
5	크리스퍼 테라퓨틱스	4.37%
6	인바이테	3.82%
7	프로토 랩스	2.94%
8	바이두	2.88%
9	질로우	2.79%
10	스포티파이	2.78%
11	텐센트	2.29%
12	퓨어 스토리지	2.27%
13	페이팔	2.21%
14	쇼피파이	2.18%
15	트위스트 바이오사이언스	2.12%
16	줌 비디오	2.08%
17	트윌리오	2.07%
18	이그젝트 사이언시스	2.04%
19	TSMC	2.02%
20	도큐사인	1.91%
	상위 20위 기업 보유 비중	67.01%

* 출처: ETF.com, 2021. 2. 2.

ARKQ 상위 20위 기업과 투자비율

순위	상위 20위 기업	투자비율(%)
1	테슬라	10.97%
2	머터리얼라이즈	5.20%
3	바이두	4.42%
4	트림블	4.36%
5	디어	4.25%
6	JD.COM	4.21%
7	크라토스 디펜스	3.50%
8	알파벳 클래스 C	3.46%
9	나노 디멘션	3.44%
10	TSMC	3.33%
11	이리디움	2.92%
12	NXP 세미컨덕터스	2.92%
13	BYD	2.72%
14	버진 갤럭틱	2.59%
15	고마쓰	2.57%
16	캐터필러	2.46%
17	스트라시스	2.30%
18	에어로바이런먼트	2.28%
19	워크호스	2.24%
20	시놉시스	2.08%
	상위 20위 기업 보유 비중	72.22%

• 출처: ETF.com, 2021. 2. 2.

ARKW 상위 20위 기업과 투자비율

순위	상위 20위 기업	투자비율(%)
1	테슬라	9.50%
2	텔라닥 헬스	4.30%
3	로쿠	4.09%
4	**스퀘어**	3.89%
5	그레이스케일 비트코인	3.71%
6	텐센트	3.59%
7	스포티파이	2.91%
8	넷플릭스	2.55%
9	패스틀리	2.41%
10	퓨어 스토리지	2.29%
11	아고라	2.11%
12	시 Ltd.	2.11%
13	페이스북	2.07%
14	인터컨티넨탈 익스체인지	2.07%
15	페이팔	2.00%
16	줌 비디오	1.98%
17	트윌리오	1.93%
18	후야	1.85%
19	질로우	1.78%
20	쇼피파이	1.78%
	상위 20위 기업 보유 비중	58.92%

* 출처: ETF.com, 2021. 2. 2.

ARKG 상위 20위 기업과 투자비율

순위	상위 20위 기업	투자비율(%)
1	텔라닥 헬스	7.97%
2	트위스트 바이오사이언스	5.61%
3	퍼시픽 바이오사이언시스	5.40%
4	이그젝트 사이언시스	3.98%
5	리제네론 파마슈티컬스	3.82%
6	케어Dx	3.68%
7	로슈홀딩	3.67%
8	크리스퍼 테라퓨틱스	3.53%
9	버텍스 파마슈티컬스	3.44%
10	다케다 파마슈티컬스	3.14%
11	페이트 테라퓨틱스	3.12%
12	이오밴스 바이오테라퓨틱스	3.06%
13	노바티스	3.05%
14	인바이테	2.82%
15	아크투루스 테라퓨틱스	2.63%
16	인사이트	2.45%
17	퍼스날리스	2.39%
18	아이오니스 파마슈티컬스	2.06%
19	애콜레이드	1.94%
20	퓨어 스토리지	1.86%
	상위 20위 기업 보유 비중	69.62%

* 출처: ETF.com, 2021. 2. 2.

ARKF 상위 20위 기업과 투자비율

순위	상위 20위 기업	투자비율(%)
1	스퀘어	9.07%
2	텐센트	4.94%
3	질로우	4.20%
4	메르카도리브레	4.01%
5	인터컨티넨탈 익스체인지	3.92%
6	핀터레스트	3.79%
7	시 Ltd.	3.76%
8	페이팔	3.57%
9	아디엔	3.21%
10	알리바바	3.06%
11	메이투안	2.84%
12	실버게이트 캐피털	2.79%
13	트윌리오	2.57%
14	이카	2.54%
15	아마존	2.48%
16	스냅	2.42%
17	중안보험	2.07%
18	도큐사인	2.26%
19	Z 홀딩스	2.17%
20	애플	2.16%
	상위 20위 기업 보유 비중	67.83%

* 출처: ETF.com, 2021. 2. 2.

PRNT 상위 20위 기업과 투자비율

순위	상위 20위 기업	투자비율(%)
1	엑손	7.79%
2	스트라시스	5.69%
3	3D 시스템즈	5.62%
4	프로토 랩스	4.97%
5	MGI	4.46%
6	레니쇼	4.44%
7	PTC	4.40%
8	마이크로소프트	4.38%
9	스타라우만	4.19%
10	HP	4.18%
11	SLM 솔루션스	4.17%
12	다쏘 시스템즈	4.15%
13	데스크톱 메탈	4.07%
14	머터리얼라이즈	4.02%
15	ANSYS	3.91%
16	트림블	3.86%
17	알테어 엔지니어링	3.73%
18	오토데스크	3.59%
19	헥사곤	1.16%
20	얼라인 테크놀로지	1.14%
	상위 20위 기업 보유 비중	83.92%

* 출처: ETF.com, 2021. 2. 2.

IZRL 상위 20위 기업과 투자비율

순위	상위 20위 기업	투자비율(%)
1	질레트 새털라이트	2.40%
2	스트라시스	2.37%
3	인터큐어	2.30%
4	나노-X 이미징	2.07%
5	페리언 네트워크	2.03%
6	아이투란 로케이션	1.85%
7	우로젠	1.83%
8	레드힐 바이오파마	1.83%
9	인모드	1.83%
10	사이버아크	1.82%
11	엘빗 시스템즈	1.81%
12	라다	1.79%
13	타로 파마슈티컬스	1.79%
14	라드웨어	1.78%
15	파트너 커뮤니케이션스	1.78%
16	다넬	1.77%
17	테바	1.76%
18	원 소프트웨어 테키놀로지스	1.75%
19	체크 포인트 소프트웨어	1.75%
20	하이랜	1.75%
	상위 20위 기업 보유 비중	38.06%

* 출처: ETF.com, 2021. 2. 2.

부록 6-1

ARKK의 포트폴리오

1 테슬라는 미국 주식시장에 상장된 회사로, 미국 ETF 209개에 포함돼 있습니다. 미국 ETF 시장에 보유된 테슬라 주식은 약 5450만 주입니다. 가장 큰 보유자는 2021년 2월 현재 960만 주 정도를 보유한 인베스코 QQQ 트러스트 QQQ, Invesco QQQ Trust입니다. 테슬라 주식을 가장 많이 보유한 ETF는 포트폴리오 가중치가 19.21% 인 아이셰어즈 U.S. 컨슈머 굿즈 ETF IYK, iShares U.S. Consumer Goods ETF라는 것은 투자자들이 관심을 가져볼 만한 사실입니다. 미국 ETF는 평균적으로 테슬라에 대해 2.83% 의 포트폴리오 가중치를 할당하고 있습니다. 그만큼 테슬라의 인기는 높습니다. 테슬라를 보유한 지난 12개월 동안 가장 실적이 좋았던 ETF는 223.83%(2021년 2월 기준)의 수익률을 자랑하는 인베스코 와일더힐 클린 에너지 ETF입니다.

2 인바이테는 미국 주식시장에 상장된 회사로, 미국에서 거래되는 57개 ETF에 보유돼 있습니다. 미국 ETF 시장에 보유된 이 회사의 주식은 3370만 주 정도입니다. 인바이테 주식을 가장 많이 보유한 ETF는 ARK 이노베이션 ETF ARKK로, 약 1761만 주를 보유하고 있습니다. 미국 ETF는 평균적으로 인바이테 주식에 0.80%의 포트폴리오 가중치를 할당하고 있습니다. 인바이테 주식을 보유한 지난 12개월 동안 가장 실적이 좋은 ETF는 ARKG로, 수익률은 200.9%(2021년 1월 기준)입니다.
ARKK는 주로 제약·바이오·헬스케어·IT 종목으로 구성돼 있습니다. 제약·바이오·헬스케어 섹터에는 유전자 관련 기술을 보유한 기업이 특히 많은데, 그중 비중이 가장 높은 종목이 바로 인바이테입니다. 인바이테는 미국 샌프란시스코에 있는 기업입니다. 유전자 검사를 통해 특정 질병에 걸릴 확률이 어느 정도인지 예측하는 서비스를 제공하고 있습니다. 2015년 840만 달러에 불과했던 매출이

2018년 1억 4800만 달러, 2020년 2억 1700만 달러로 늘어나는 등 빠르게 성장하고 있습니다. 최근 암 유전자 검사업체 아처DX $_{ArcherDX}$를 인수하겠다고 발표하는 등 기술력을 끌어올리고 사업 영역을 확장하는데도 공을 들이고 있습니다. 덕분에 이 회사의 주가는 고공행진했습니다. 아처DX 인수 소식이 알려지기 전인 2020년 6월 초중순 15~17달러대에 머물던 주가는 이후 급등해 9월 2일 종가 기준으로 37.05달러까지 뛰었습니다. 단, 아직 흑자를 내지 못하고 있다는 점은 유의해야 합니다. 지난해 순손실은 2억 4200만 달러로, 매출액보다 순손실 금액이 큽니다.

3 로쿠 Inc. 클래스 A는 미국 주식시장에 상장된 회사로, 미국에서 거래되는 105개 ETF에 보유돼 있습니다. 미국 ETF 시장에 보유된 이 회사의 주식은 970만 주 정도입니다. 로쿠 주식을 가장 많이 보유한 ETF는 약 290만 주를 보유한 ARK 이노베이션 ETF $_{ARKK}$입니다. 로쿠 주식이 가장 많이 할당된 ETF는 포트폴리오 가중치가 7.27%인 ARK 넥스트 제너레이션 인터넷 ETF $_{ARKW}$라는 것은 투자자들이 관심을 가져볼 만한 사실입니다. 미국 ETF는 평균적으로 로쿠 주식에 0.92%의 포트폴리오 가중치를 할당하고 있습니다. 로쿠를 보유한 지난 12개월 동안 가장 실적이 좋은 ETF는 ARKW이며, 수익률은 173.42%입니다.

4 스퀘어, Inc. 클래스 A는 미국 주식시장에 상장된 회사로, 미국에서 거래되는 141개 ETF에 보유돼 있습니다. 미국 ETF 시장에 보유된 이 회사의 주식은 2150만 주 정도입니다. 스퀘어 주식을 가장 많이 보유한 ETF는 약 519만 주를 보유한 ARK 이노베이션 ETF $_{ARKK, ARK Innovation ETF}$입니다. 스퀘어 주식이 가장 많이 할당된 ETF는 포트폴리오 가중치가 9.54%인 ARK 핀테크 이노베이션 ETF $_{ARKF}$라는 것은 투자자들이 관심을 가져볼 만한 사실입니다. 미국 ETF는 평균적으로 스퀘어 주식에 0.81%의 포트폴리오 가중치를 할당하고 있습니다. 스퀘어를 보유한 지난 12개월 동안 가장 실적이 좋은 ETF는 ARK 넥스트 제너레이션 인터넷 ETF $_{ARKW}$이며, 수익률은 159.22%(2021년 1월 30일 기준)입니다.

5 크리스퍼 테라퓨틱스는 유전자 편집 회사로, 심각한 인간 질병에 대한 변형 유전자 기반 의약품 개발에 중점을 둡니다. 유전자 편집 기술인 CRISPR, CRISPR 관련 단백질 9$_{Cas9}$를 사용해 제품을 개발합니다. 혈색소 병증, 종양학, 재생의학 및 희소 질환을 포함한 다양한 질병 분야의 치료 프로그램 포트폴리오를 보유하고 있습니다.

6 텔라닥 헬스는 미국 주식시장에 상장된 회사로, 미국에서 거래되는 128개 ETF에 보유돼 있습니다. 미국 ETF 시장에 보유된 이 회사의 주식은 1720만 주 정도입니다. 텔라닥 헬스 주식을 가장 많이 보유한 ETF는 ARK 이노베이션 ETF$_{ARKK}$로, 489만 주 정도를 보유하고 있습니다. 텔라닥 헬스 주식이 가장 많이 할당된 ETF는 포트폴리오 가중치가 8.24%인 ARKK라는 것은 투자자들이 관심을 가져볼 만한 사실입니다. 미국 ETF는 평균적으로 텔라닥 헬스 주식에 0.81%의 포트폴리오 가중치를 할당합니다. 텔라닥 헬스를 보유한 지난 12개월 동안 가장 실적이 좋은 ETF는 ARK 게노믹 레볼루션 ETF$_{ARKG}$이며, 수익률은 200.9%(2021년 1월 30일 기준)입니다.

7 프로토 랩스는 미국 주식시장에 상장된 회사로, 미국에서 거래되는 78개 ETF에 보유돼 있습니다. 미국 ETF 시장에 보유된 이 회사의 주식은 720만 주 정도입니다. 프로토 랩스 주식을 가장 많이 보유한 ETF는 ARK 이노베이션 ETF$_{ARKK}$로, 275만 주 정도를 보유하고 있습니다. 프로토 랩스 주식이 가장 많이 할당된 ETF는 포트폴리오 가중치가 4.97%(2021년 2월 2일 기준)인 ARK 3D 프린팅 ETF$_{PRNT}$라는 것은 투자자들이 관심을 가져볼 만한 사실입니다. 미국 ETF는 평균적으로 프로토랩스 주식에 0.52%의 포트폴리오 가중치를 할당합니다. 프로토 랩스를 보유한 지난 12개월 동안 가장 실적이 좋은 ETF는 ARKK이며, 수익률은 171.22%(2021년 1월 30일 기준)입니다.

8 슬랙 테크놀로지 $_{Slack\ Technologies}$는 미국 주식시장에 상장된 회사로, 미국에서 거래

되는 92개 ETF에 보유돼 있습니다. 미국 ETF 시장에 보유된 이 회사의 주식은 3900만 주 정도입니다. 슬랙 테크놀로지 주식을 가장 많이 보유한 ETF는 ARK 이노베이션 ETF_{ARKK}로, 1313만 주 정도를 보유하고 있습니다. 슬랙 테크놀로지 주식이 가장 많이 할당된 ETF는 포트폴리오 가중치가 4.19%인 글로벌 X 교육 ETF_{EDUT}라는 것은 투자자들이 관심을 가져볼 만한 사실입니다. 미국 ETF는 평균적으로 슬랙 테크놀로지 주식에 0.47%의 포트폴리오 가중치를 할당합니다. 슬랙 테크놀로지를 보유한 지난 12개월 동안 가장 실적이 좋은 ETF는 ARK 넥스트 제너레이션 인터넷 ETF_{ARKW}이며, 수익률은 159.22%(2021년 1월 30일 기준)입니다.

9   질로우는 미국 주식시장에 상장된 회사로, 미국에서 거래되는 97개 ETF에 보유돼 있습니다. 미국 ETF 시장에 보유된 이 회사의 주식은 1090만 주 정도입니다. 질로우 주식을 가장 많이 보유한 ETF는 ARK 이노베이션 ETF_{ARKK}로, 330만 주 정도를 보유하고 있습니다. 미국 ETF는 평균적으로 질로우 주식에 0.51%의 포트폴리오 가중치를 할당합니다. 질로우를 보유한 지난 12개월 동안 가장 실적이 좋은 ETF는 ARK 넥스트 제너레이션 인터넷 ETF_{ARKW}이며, 수익률은 159.22%(2021년 1월 30일 기준)입니다.

10   퓨어 스토리지는 미국 주식시장에 상장된 회사로, 미국에서 거래되는 60개 ETF에 보유돼 있습니다. 미국 ETF 시장에 보유된 이 회사의 주식은 4510만 주 정도입니다. 퓨어 스토리지 주식을 가장 많이 보유한 ETF는 ARK 이노베이션 ETF_{ARKK}로 1720만 주 정도를 보유하고 있습니다. 퓨어 스토리지 주식이 가장 많이 할당된 ETF는 포트폴리오 가중치가 2.29%(2021년 2월 2일 기준)인 ARK 넥스트 제너레이션 인터넷 ETF_{ARKW}라는 것은 투자자들이 관심을 가져볼 만한 사실입니다. 미국 ETF는 평균적으로 퓨어 스토리지 주식에 0.30%의 포트폴리오 가중치를 할당합니다. 퓨어 스토리지를 보유한 지난 12개월 동안 가장 실적이 좋은 ETF는 ARK 게노믹 레볼루션 ETF_{ARKG}이며, 수익률은 200.9%(2021년 1월 30일 기준)입니다.

부록 6-2

ARKQ의 포트폴리오

1 테슬라(부록 6-1과 동일합니다.)

2 머터리얼라이즈 NV 스폰서드 ADR은 미국 주식시장에 상장된 회사이며, 미국에서 거래되는 12개 ETF에 보유돼 있습니다. 미국 ETF 시장에 보유된 이 회사의 주식은 760만 주 정도입니다. 머터리얼라이즈 주식을 가장 많이 보유한 ETF는 약 550만 주를 보유한 ARK 이노베이션 ETF_ARKK입니다. 머터리얼라이즈 주식이 가장 많이 할당된 ETF는 포트폴리오 가중치가 5.20%(2021년 2월 2일 기준)인 ARK 오토노머스 테크놀로지&로보틱스 ETF_ARKQ라는 것은 투자자들이 관심을 가져볼 만한 사실입니다. 미국 ETF는 평균적으로 머터리얼라이즈 주식에 1.69%의 포트폴리오 가중치를 할당합니다. 머터리얼라이즈를 보유한 지난 12개월 동안 가장 실적이 좋은 ETF는 ARK 이노베이션 ETF_ARKK이며, 수익률은 171.22%(2021년 1월 30일 기준)입니다.

3 알파벳 클래스 C는 미국 주식시장에 상장된 회사로, 미국에서 거래되는 193개 ETF에 보유돼 있습니다. 미국 ETF 시장에 보유된 알파벳 클래스 C 주식은 1990만 주 정도입니다. 알파벳 클래스 C 주식을 가장 많이 보유한 ETF는 SPDR S&P500 ETF 트러스트_SPY, SPDR S&P500 ETF Trust로, 317만 주 정도를 보유하고 있습니다. 알파벳 클래스 C 주식이 가장 많이 할당된 ETF는 포트폴리오 가중치가 12.30%인 커뮤니케이션 서비스 셀렉트 섹터 SPDR 펀드_XLC, Communication Services Select Sector SPDR Fund라는 것은 투자자들이 관심을 가져볼 만한 사실입니다. 미국 ETF는 평균적으로 알파벳 클래스 C 주식에 1.69%의 포트폴리오 가중치를 할당합니다. 알파벳 클래스 C를 보유한 지난 12개월 동안 가장 실적이 좋은 ETF는 107.36%의 수익

률을 기록한 다이렉션 데일리 다우존스 인터넷 불 3X 셰어스_{WEBL, Direxion Daily Dow Jones Internet Bull 3X Shares}입니다.

4 2U는 미국 주식시장에 상장된 회사로, 미국에서 거래되는 65개 ETF에 보유돼 있습니다. 미국 ETF 시장에 보유된 2U 주식은 1830만 주 정도입니다. 2U 주식을 가장 많이 보유한 ETF는 ARK 이노베이션 ETF_{ARKK}로, 813만 주를 보유하고 있습니다. 미국 ETF는 평균적으로 2U 주식에 0.43%의 포트폴리오 가중치를 할당합니다. 2U를 보유한 지난 12개월 동안 가장 실적이 좋은 ETF는 ARK 넥스트 제너레이션 인터넷 ETF_{ARKW}이며, 수익률은 159.22%(2021년 1월 30일 기준)입니다.
2U와 스플렁크_{Splunk}는 주목받는 종목입니다. 2U는 온라인 강의 플랫폼으로, 75개 대학과 파트너십을 맺었으며 약 135개 학위 과정을 제공합니다. 코로나19가 성장의 발판이 된 사례입니다. 코로나19 팬데믹으로 인해 오프라인 수업이 불가능해지고 온라인 수업이 새로운 돌파구로 떠오르면서 실적이 빠르게 성장했습니다. 2020년 1분기 매출은 44%, 2분기 매출은 35% 늘었습니다. 칩 포섹_{Chip Paucek} 2U CEO는 "2020년 들어 2U를 통해 수업을 들으려는 수요가 증가했고 온라인상에서 교육 과정을 제공하려는 대학도 급증했다"고 설명했습니다. 제프리 뮬러 배어드_{Jeffrey Muller Beard} 애널리스트는 "5~10년 후에는 상위권 대학에 진학해 온라인으로만 강의를 듣는 학생 수가 눈에 띄게 늘어날 것이다. 2U는 이 같은 트렌드의 수혜주"라고 분석했습니다.

5 디어는 미국 주식시장에 상장된 회사로, 미국에서 거래되는 159개 ETF에 보유돼 있습니다. 미국 ETF 시장에 보유된 디어 주식은 1740만 주 정도입니다. 디어 주식을 가장 많이 보유한 ETF는 약 338만 주를 보유한 SPDR S&P500 ETF 트러스트_{SPY, SPDR S&P 500 ETF Trust}입니다. 디어 주식이 가장 많이 할당된 ETF는 포트폴리오 가중치가 18.46%인 아이셰어스 MSCI 글로벌 애그리컬처 프로듀서 ETF_{VEGI, iShares MSCI Global Agriculture Producers ETF}라는 것은 투자자들이 관심을 가져볼 만한 사실입니다. 미국 ETF는 평균적으로 디어 주식에 0.76%의 포트폴리오 가중치를 할당합니다.

디어를 보유한 지난 12개월 동안 가장 실적이 좋은 ETF는 ARK 오토노머스 테크놀로지&로보틱스 ETF ARKQ로, 수익률은 135.23%(2021년 1월 30일 기준)입니다.

6 프로토 랩스(부록 6-1과 동일합니다.)

7 트림블은 미국 주식시장에 상장된 회사로, 미국에서 거래되는 134개 ETF에 보유돼 있습니다. 미국 ETF 시장에 보유된 트림블 주식은 250만 주 정도입니다. 트림블 주식을 가장 많이 보유한 ETF는 약 651만 주를 보유한 아이셰어스 코어 S&P 미드캡 ETF IJH, iShares Core S & P Mid-Cap ETF입니다. 트림블 주식이 가장 많이 할당된 ETF는 포트폴리오 가중치가 4.95%인 프로큐어 스페이스 ETF UFO, Procure Space ETF라는 것은 투자자들이 관심을 가져볼 만한 사실입니다. 미국 ETF는 평균적으로 트림블 주식에 0.46%의 포트폴리오 가중치를 할당합니다. 트림블을 보유한 지난 12개월 동안 가장 실적이 좋은 ETF는 ARK 오토노머스 테크놀로지&로보틱스 ETF ARKQ로, 수익률은 135.23%(2021년 1월 30일 기준)입니다.

8 JD닷컴 스폰서드 ADR 클래스 A는 미국 주식시장에 상장된 회사이며 미국에서 거래되는 100개 ETF에 보유돼 있습니다. 미국 ETF 시장에 보유된 JD닷컴 주식은 4720만 주 정도입니다. JD닷컴 주식을 가장 많이 보유한 ETF는 1053만 주를 보유한 인베스코 QQQ 트러스트 QQQ입니다. JD닷컴 주식이 가장 많이 할당된 ETF는 포트폴리오 가중치가 8.05%인 인베스코 골든 드래곤 차이나 ETF PGJ, Invesco Golden Dragon China ETF라는 것은 투자자들이 관심을 가져볼 만한 사실입니다. 미국 ETF는 평균적으로 JD닷컴 주식에 1.99%의 포트폴리오 가중치를 할당합니다. JD닷컴을 보유한 지난 12개월 동안 가장 실적이 좋은 ETF는 ARK 넥스트 제너레이션 인터넷 ETF ARKW로, 수익률은 159.22%(2021년 1월 30일 기준)입니다.

9 비야디는 자동차, 배터리 구동식 자전거, 버스, 지게차, 태양열 패널, 충전식 배터리(재생에너지에서 대량 저장), 트럭 등을 생산하는 중국 제조업체입니다. 중국 선전

에 본사가 있는 비야디는 BYD 오토모빌 BYD Automobile과 BYD 일렉트로닉 BYD Electronic이라는 두 개의 주요 자회사가 있습니다. 비야디는 1995년 2월에 설립되었습니다.

10 자일링스는 미국 주식시장에 상장된 회사로, 미국에서 거래되는 187개 ETF에 보유돼 있습니다. 미국 ETF 시장에 보유된 자일링스 주식은 2930만 주 정도입니다. 자일링스 주식을 가장 많이 보유한 ETF는 약 280만 주를 보유한 인베스코 QQQ 트러스트 QQQ입니다. 자일링스 주식이 가장 많이 할당된 ETF는 포트폴리오 가중치가 5.54%인 IQ 머저 아비트레이지 ETF MNA, IQ Merger Arbitrage ETF라는 것은 투자자들이 관심을 가져볼 만한 사실입니다. 미국 ETF는 평균적으로 자일링스 주식에 0.60%의 포트폴리오 가중치를 할당합니다. 자일리스를 보유한 지난 12개월 동안 가장 실적이 좋은 ETF는 프로 셰어스 울트라 프로 QQQ TQQQ, Pro Shares Ultra Pro QQQ로, 수익률은 97.49%입니다.

부록 6-3

ARKW의 포트폴리오

1 테슬라(부록 6-1과 내용이 동일합니다.)

2 로쿠(부록 6-1과 내용이 동일합니다.)

3 스퀘어(부록 6-1과 내용이 동일합니다.)

4 텔라닥 헬스(부록 6-1과 내용이 동일합니다.)

5 그레이스케일 비트코인 트러스트 Grayscale Bitcoin Trust는 투자자가 대규모 비트코인 풀을 보유한 신탁 주식을 거래할 수 있는 금융 수단입니다. 펀드의 주식은 비트코인 가격을 추적하지만 대략적으로만 추적합니다. 그레이스케일은 또한 이더리움 Ethereum, 비트코인 캐시 Bitcoin Cash, 라이트코인 Litecoin을 추적하는 여러 다른 교환 거래 제품을 제공합니다.

6 스포티파이는 미국 주식시장에 상장된 회사로, 미국에서 거래되는 63개 ETF에 보유돼 있습니다. 미국 ETF 시장에 보유된 이 회사 주식은 380만 주 정도입니다. 스포티파이 주식을 가장 많이 보유한 ETF는 ARK 이노베이션 ETF ARKK로, 123만 주 정도를 보유하고 있습니다. 스포티파이 주식이 가장 많이 할당된 ETF는 포트폴리오 가중치가 4.38%인 글로벌 X 소셜 미디어 ETF SOCL, Global X Social Media ETF라는 것은 투자자들이 관심을 가져볼 만한 사실입니다. 미국 ETF는 평균적으로 스포티파이 주식에 0.87%의 포트폴리오 가중치를 할당합니다. 또한 스포티파이는 액티브 및 펀더멘털 ETF가 선호하는 주식입니다. 스포티파이를 보유한 지난 12개월 동안 가장 실적이 좋은 ETF는 ARK 넥스트 제너레이션 인터넷 ETF ARKW로, 수익률은 159.22%(2021년 1월 30일 기준)입니다.

7 슬랙 테크놀로지(부록 6-1과 내용이 동일합니다.)

8 퓨어 스토리지(부록 6-1과 내용이 동일합니다.)

9 핀터레스트는 미국 주식시장에 상장된 회사로, 미국에서 거래되는 99개 ETF에 보유돼 있습니다. 미국 ETF 시장에 보유된 이 회사의 주식은 약 3020주입니다. 핀터레스트 주식을 가장 많이 보유한 ETF는 약 499만 주를 보유한 퍼스트 트러스트 다우존스 인터넷 인덱스 펀드 FDN, First Trust Dow Jones Internet Index Fund입니다. 핀터레스트 주식이 가장 많이 할당된 ETF는 포트폴리오 가중치가 7.17%인 르네상스 IPO ETF IPO, Reneissance IPO ETF라는 것은 투자자들이 관심을 가져볼 만한 사실입니다. 미국

ETF는 평균적으로 핀터레스트 주식에 1.01%의 포트폴리오 가중치를 할당합니다. 핀터레스트를 보유한 지난 12개월 동안 가장 실적이 좋은 ETF는 ARK 넥스트 제너레이션 인터넷 ETF_{ARKW}로, 수익률은 159.22%(2021년 1월 30일 기준)입니다.

10 트윌리오는 미국 캘리포니아주 샌프란시스코에 기반을 둔 클라우드 통신 플랫폼 서비스 회사입니다. 트윌리오를 통해 소프트웨어 개발자는 웹 서비스 API를 사용해 프로그래밍 방식으로 전화를 걸고 받고, 문자 메시지를 보내고 받고, 기타 통신 기능을 수행할 수 있습니다.

부록 6-4

ARKG의 포트폴리오

1 크리스퍼 테라퓨틱스(부록 6-1과 내용이 동일합니다.)

2 인바이테(부록 6-1과 내용이 동일합니다.)

3 퍼시픽 바이오사이언시스 오브 캘리포니아_{Pacific Biosciences of California}는 미국 주식 시장에 상장된 회사로, 미국에서 거래되는 40개 ETF에 보유돼 있습니다. 미국 ETF 시장에 보유된 이 회사의 주식은 약 3780만 주입니다. 퍼시픽 바이오사이언시스 주식을 가장 많이 보유한 ETF는 ARK 게노믹 레볼루션 ETF_{ARKG}로, 약 1715만 주를 보유하고 있습니다. 이 회사의 주식이 가장 많이 할당된 ETF는 포트폴리오 가중치가 5.4%(2021년 1월 30일 기준)인 ARK 게노믹 레볼루션 ETF_{ARKG}라는 것은 투자자들이 관심을 가져볼 만한 사실입니다. 미국 ETF는 평균적으로 퍼시픽 바이오사

이언시스 주식에 0.67%의 포트폴리오 가중치를 할당합니다. 퍼시픽 바이오사이언시스 주식을 보유한 지난 12개월 동안 가장 실적이 좋은 ETF는 ARKG로, 수익률은 200.9%(2021년 1월 30일 기준)입니다.

4 아크투루스 테라퓨틱스 홀딩스 Arcturus Terapeutics Holdings는 미국 주식시장에 상장된 회사로, 미국에서 거래되는 35개 ETF에 보유돼 있습니다. 미국 ETF 시장에 보유된 이 회사의 주식은 약 590만 주입니다. 아크투루스 주식을 가장 많이 보유한 ETF는 ARK 게노믹 레볼루션 ETF ARKG로, 약 350만 주를 보유하고 있습니다. 이 회사의 주식이 가장 많이 할당된 ETF는 포트폴리오 가중치가 2.63%(2021년 1월 30일 기준)인 ARKG라는 것은 투자자들이 관심을 가져볼 만한 사실입니다. 미국 ETF는 평균적으로 아크투루스 주식에 0.67%의 포트폴리오 가중치를 할당합니다. 아크투루스 주식을 보유한 지난 12개월 동안 가장 실적이 좋은 ETF는 ARKG로, 수익률은 200.9%(2021년 1월 30일 기준)입니다.

5 트위스트 바이오사이언스 Twist Bioscience는 미국 주식시장에 상장된 회사로, 미국에서 거래되는 53개 ETF에 보유돼 있습니다. 미국 ETF 시장에 보유된 이 회사의 주식은 약 730만 주입니다. 트위스트 주식을 가장 많이 보유한 ETF는 ARK 이노베이션 ETF ARKK로, 약 199만 주를 보유하고 있습니다. 이 회사의 주식이 가장 많이 할당된 ETF는 포트폴리오 가중치가 5.98%인 ARK 게노믹 레볼루션 ETF ARKG라는 것은 투자자들이 관심을 가져볼 만한 사실입니다. 미국 ETF는 평균적으로 트위스트 주식에 0.57%의 포트폴리오 가중치를 할당합니다. 트위스트를 보유한 지난 12개월 동안 가장 실적이 좋은 ETF는 ARKG로, 수익률은 200.9%(2021년 1월 30일 기준)입니다.

6 텔라닥 헬스(부록 6-1과 내용이 같습니다.)

7 케어Dx CareDx는 미국 주식시장에 상장된 회사로, 미국에서 거래되는 43개 ETF

에 보유돼 있습니다. 미국 ETF 시장에 보유된 이 회사의 주식은 약 650만 주입니다. 케어Dx 주식을 가장 많이 보유한 ETF는 ARK 게노믹 레볼루션 ETF ARKG로, 248만 주 정도를 보유하고 있습니다. 케어Dx 주식이 가장 많이 할당된 ETF는 포트폴리오 가중치가 4.45%인 인베스코 다이내믹 바이오테크놀로지&게놈 ETF PBE, Invesco Dynamic Biotechnology & Genome ETF라는 것은 투자자들이 관심을 가져볼 만한 사실입니다. 미국 ETF는 케어Dx 주식에 0.49%의 포트폴리오 가중치를 할당합니다. 케어Dx를 보유한 지난 12개월 동안 가장 실적이 좋은 ETF는 ARKG로, 수익률은 200.9%(2021년 1월 30일 기준)입니다.

8   이그젝트 사이언시스 Exact Sciences는 미국 주식시장에 상장된 회사로, 미국에서 거래되는 86개 ETF에 보유돼 있습니다. 미국 ETF 시장에 보유된 이 회사의 주식은 약 1090만 주입니다. 이그젝트 사이언시스 주식을 가장 많이 보유한 ETF는 ARK 이노베이션 ETF ARKK로, 약 175만 주를 보유하고 있습니다. 이그젝트 사이언시스 주식이 가장 많이 할당된 ETF는 포트폴리오 가중치가 6.02%인 디렉시온 폴른 나이브스 ETF NIFE, Direxion Fallen Knives ETF라는 것은 투자자들이 관심을 가져볼 만한 사실입니다. 미국 ETF는 평균적으로 이그젝트 사이언시스 주식에 0.50%의 포트폴리오 가중치를 할당합니다. 이그젝트 사이언시스를 보유한 지난 12개월 동안 가장 실적이 좋은 ETF는 ARK 게노믹 레볼루션 ETF ARKG로, 수익률은 200.9%(2021년 1월 30일 기준)입니다.

9   이오밴스 바이오테라퓨틱스 Iovance Biotherapeutics는 미국 주식시장에 상장된 회사로, 미국에서 거래되는 55개 ETF에 보유돼 있습니다. 미국 ETF 시장에 보유된 이 회사의 주식은 약 1950만 주입니다. 이오밴스 주식을 가장 많이 보유한 ETF는 ARK 이노베이션 ETF ARKK로, 약 655만 주를 보유하고 있습니다. 이오밴스 주식이 가장 많이 할당된 ETF는 포트폴리오 가중치가 3.93%인 아이셰어스 게노믹스 이뮤놀로지 앤드 헬스케어 ETF IDNA, iShares Genomics Immunology and Healthcare ETF라는 것은 투자자들이 관심을 가져볼 만한 사실입니다. 미국 ETF는 이오밴스 주식에 0.49%의 포트폴리

오 가중치를 할당합니다. 이오밴스를 보유한 지난 12개월 동안 가장 실적이 좋은 ETF는 ARK 게노믹 레볼루션 ETF_{ARKG}로, 수익률은 200.9%(2021년 1월 30일 기준)입니다.

10 퍼스날리스_{Personalis}는 미국 주식시장에 상장된 회사로 미국에서 거래되는 30개 ETF에 보유돼 있습니다. 미국 ETF 시장에 보유된 이 회사의 주식은 약 630만 주입니다. 퍼스날리스 주식을 가장 많이 보유한 ETF는 ARK 게노믹 레볼루션 ETF_{ARKG}로 약 443만 주를 보유하고 있습니다. 퍼스날리스 주식이 가장 많이 할당된 ETF는 포트폴리오 가중치가 3.17%인 ARK 게노믹 레볼루션 ETF_{ARKG}라는 것은 투자자들이 관심을 가져볼 만한 사실입니다. 미국 ETF는 평균적으로 퍼스날리스 주식에 0.22%의 포트폴리오 가중치를 할당합니다. 퍼스날리스를 보유한 지난 12개월 동안 가장 실적이 좋은 ETF는 ARKG로, 수익률은 200.9%(2021년 1월 30일 기준)입니다.

부록 6-5

ARKF의 포트폴리오

1 스퀘어(부록 6-1과 내용이 동일합니다.)

2 핀터레스트(부록 6-3과 내용이 동일합니다.)

3 메르카도리브레_{MELI}는 미국 주식시장에 상장된 회사로, 미국에서 거래되는 82개 ETF에 보유돼 있습니다. 미국 ETF 시장에 보유된 이 회사의 주식은 약 100만 주

입니다. 메르카도리브레 주식을 가장 많이 보유한 ETF는 약 57만 710주를 보유한 인베스코 QQQ 트러스트 QQQ입니다. 메르카도리브레 주식이 가장 많이 할당된 ETF는 포트폴리오 가중치가 24.90%인 아이셰어스 MSCI 아르헨티나 및 글로벌 익스포저 ETF AGT, iShares MSCI Argentina and Global Exposure ETF라는 것은 투자자들이 관심을 가져볼 만한 사실입니다. 미국 ETF는 평균적으로 메르카도리브레 주식에 1.84%의 포트폴리오 가중치를 할당합니다. 메르카도리브레를 보유한 지난 12개월 동안 가장 실적이 좋은 ETF는 ARK 넥스트 제너레이션 인터넷 ETF ARKW로, 수익률은 159.22%(2021년 1월 30일 기준)입니다.

4 인터컨티넨탈 익스체인지 Intercontinental Exchange는 미국 주식시장에 상장된 회사로, 미국에서 거래되는 185개 ETF에 보유돼 있습니다. 미국 ETF 시장에 보유된 이 회사의 주식은 약 3890만 주입니다. 인터컨티넨탈 익스체인지 주식을 가장 많이 보유한 ETF는 SPDR S&P500 ETF 트러스트 SPY로 약 597만 주를 보유하고 있습니다. 인터컨티넨탈 익스체인지 주식이 가장 많이 할당된 ETF는 포트폴리오 가중치가 4.22%인 아이셰어스 U iShares U라는 것은 투자자들이 관심을 가져볼 만한 사실입니다. 미국 ETF는 평균적으로 인터컨티넨탈 익스체인지 주식에 0.51%의 포트폴리오 가중치를 할당합니다. 인터컨티넨탈 익스체인지를 보유한 지난 12개월 동안 가장 실적이 좋은 ETF는 ARK 넥스트 제너레이션 인터넷 ETF ARKW로, 수익률은 159.22%(2021년 1월 30일 기준)입니다.

5 질로우(부록 6-1과 내용이 동일합니다.)

6 텐센트 홀딩스는 미국 주식시장에 상장된 회사로, 미국에서 거래되는 6개 ETF에 보유돼 있습니다. 미국 ETF 시장에 보유된 이 회사의 주식은 약 340만 주입니다. 텐센트 주식을 가장 많이 보유한 ETF는 약 144만 주를 보유한 ARK 이노베이션 ETF ARKK입니다. 텐센트 주식이 가장 많이 할당된 ETF는 포트폴리오 가중치가 3.80%인 ARK 핀테크 이노베이션 ETF ARKF, ARK Fintech Innovation ETF라는 것은 투자자들

이 관심을 가져볼 만한 사실입니다. 미국 ETF는 평균적으로 텐센트 주식에 1.84%의 포트폴리오 가중치를 할당합니다.

7 페이팔은 미국 주식시장에 상장된 회사로, 미국에서 거래되는 217개 ETF에 보유돼 있습니다. 미국 ETF 시장에 보유된 이 회사의 주식은 약 8980만 주입니다. 페이팔 주식을 가장 많이 보유한 ETF는 약 1345만 주를 보유한 인베스코 QQQ 트러스트 QQQ입니다. 페이팔 주식이 가장 많이 할당된 ETF는 포트폴리오 가중치가 5.71%인 ETFMG 프라임 모빌 페이먼트 ETF IPAY, ETFMG Prime Mobile Payments ETF라는 것은 투자자들이 관심을 가져볼 만한 사실입니다. 미국 ETF는 평균적으로 페이팔 주식에 1.26%의 포트폴리오 가중치를 할당합니다. 페이팔을 보유한 지난 12개월 동안 가장 실적이 좋은 ETF는 ARK 넥스트 제너레이션 인터넷 ETF ARKW로, 수익률은 159.22%(2021년 1월 30일 기준)입니다.

8 시 SEA Ltd. (싱가포르) 후원 ADR Class A SE는 미국 주식 시장에 상장된 회사로 미국에서 거래되는 30개 ETF에 보유돼 있습니다. 미국 ETF 시장에 보유된 이 회사 주식은 약 230만 주입니다. 시 주식이 가장 많이 할당된 ETF는 약 45만 5720주를 보유한 ARK 넥스트 제너레이션 인터넷 ETF ARKW입니다. 시 주식을 가장 많이 보유한 ETF는 포트폴리오 가중치가 8.58%인 글로벌 X 비디오 게임&이스포츠 ETF HERO, Global X Video Games & Esports ETF라는 것은 투자자들이 관심을 가져볼 만한 사실입니다. 미국 ETF는 평균적으로 시 주식에 2.50%의 포트폴리오 가중치를 할당합니다. 시를 보유한 지난 12개월 동안 가장 실적이 좋은 ETF는 ARK 넥스트 제너레이션 인터넷 ETF ARKW로, 수익률은 159.22%(2021년 1월 30일 기준)입니다.

9 알리바바는 미국 주식시장에 상장된 회사로, 미국에서 거래되는 111개 ETF에 보유돼 있습니다. 미국 ETF 시장에 보유된 이 회사의 주식은 약 6200만 주입니다. 알리바바 주식을 가장 많이 보유한 ETF는 1640만 주를 보유한 뱅가드 FTSE 이머징마켓 ETF VWO, Vanguard FTSE Emerging Markets ETF입니다. 알리바바 주식이 가장 많이 할당

된 ETF는 포트폴리오 가중치가 17.29%인 인베스코 BLDRS 이머징마켓 50 ADR 인덱스 펀드ADRE, Invesco BLDRS Emerging Markets 50 ADR Index Fund라는 것은 투자자들이 관심을 가져볼 만한 사실입니다. 미국 ETF는 평균적으로 알리바바 주식에 4.59%의 포트폴리오 가중치를 할당합니다. 알리바바를 보유한 지난 12개월 동안 가장 실적이 좋은 ETF는 ARK 넥스트 제너레이션 인터넷 ETFARKW로, 수익률은 159.22%(2021년 1월 30일 기준)입니다.

10 아디옌Adyen은 전자상거래, 모바일 및 POS 결제와 관련된 네덜란드 결제 회사입니다. 아디옌은 3500명 이상의 고객을 보유하고 있으며, 유로넥스트Euronext 증권 거래소에 상장되어 있습니다. 아디옌은 신용카드, 직불카드 같은 은행 기반 지급, 은행 송금 및 온라인 뱅킹 기반 실시간 은행 송금을 포함한 지급 방법으로 전자 지불을 수락하는 온라인 서비스를 판매자에게 제공합니다. 아디옌의 온라인 결제 플랫폼은 전 세계 결제 방법에 연결됩니다. 지급 방법에는 국제 신용카드, 브라질의 볼레토Boleto 같은 현지 현금 기반 방법, 네덜란드의 아이디얼 iDEAL 같은 인터넷 뱅킹 방법이 포함됩니다. 기술 플랫폼은 결제 게이트웨이, 결제 서비스 제공업체 역할을 하며 위험 관리와 로컬 인수를 제공합니다.

Chapter

7

위대한 투자의
철학과 원칙

01

ESG 투자 :
새로운 포트폴리오 이론을 향하여

코로나 등 글로벌 금융시장의 변동성,
MPT 무용론을 제기하다

위대한 투자는 새로운 투자 이론을 요구합니다. 위대한 투자는 우리를 전통적인 2차원 마코위츠 포트폴리오 이론 MPT, Markowitz Portfolio Theory 에서 ESG 요소까지 포함한 새로운 3차원 포트폴리오 이론 TPT, Tri-criterion Portfolio Theory 으로 인도합니다.

- Sebastian Utz et al., "Tri-criterion inverse portfolio optimization with application to socially responsible mutual funds", 2014, European Journal of Operational Research, pp 491~498.

먼저 전통적인 마코위츠 포트폴리오 투자 이론에 대해 알아봅시다. 노벨 경제학상을 받은 해리 마코위츠Harry Markowitz에 의해 체계화된 포트폴리오 이론 MPT는 기대수익(수익률)을 극대화하기 위해 단일 자산에 투자하지 않고 여러 개의 다른 자산, 즉 자산의 포트폴리오를 분산투자함으로써 분산투자하기 전보다 위험을 감소시킬 수 있다는 이론입니다. MPT 이론에 의하면 위험 수준이 같은 여러 포트폴리오 가운데 수익률이 가장 높은 포트폴리오를, 또는 수익률이 같은 포트폴리오 가운데 위험이 가장 낮은 포트폴리오를 '효율적 포트폴리오Efficient Portfolio'라고 합니다. 이 이론에 따르면 투자자들은 효율적 포트폴리오를 찾기 위해 끊임없이 정보를 분석하고 분산투자해야 합니다.

MPT 이론에 따르면 투자자들은 투자 의사를 결정할 때 2가지 변수를 고려합니다. 바로 수익률return과 위험risk 입니다. 위험과 수익률은 트레이드 오프trade off 관계입니다. 기본적으로 위험이 낮으면 수익률도 낮고, 높은 수익률이 기대되는 곳에는 더 큰 위험이 따릅니다. 다시 말해, 위험과 수익률은 상충 관계입니다risk-return trade off.

MPT 이론의 핵심 개념인 효율적 포트폴리오 이론에 따르면 모든 투자자는 주어진 위험 수준에서 가장 높은 수익률을 추구하거나, 아니면 주어진 수익률에서 위험 수준을 최소화하는 것이 효율적인 투자라고 정의합니다. 효율적 포트폴리오와 관련, 투자자들은 지속적으로 정보를 분석하고 투자의 다변화를 통해 최적의 위험-수익률, 곧 효율적 포트폴리오를 찾음으로써 시장을 더욱 효율적으로 만들 수 있다고 주장합니다. 하지만 시장이 단지 효율적 포트폴리오를 찾기 위해 수익률과 위험 변수에만 집중한다면, 예기치 않게 찾아오는 부정적인 충격에는 어떻게 대응해야 할까요? 구체적으로 최근의 코로나19 팬데믹 위기 사태, 글로벌 금융 위기 같은 충격에는 어떻게 대처할 수 있을까요? 더 나아가 MPT 이론의 수익률과 위험 두 변수만으로 투자자들의 투자 의사 결정과 금융시장의 변동성을 다 설명할 수 있을까요? 수익률의 분산으로 과연 진정한 위험을 가늠하고 측정할 수 있을까요?

이제까지 장기적으로 지속가능 경제를 창출하기 위해 ESG 투자를 추구해야 한다고 설명했습니다. 이와 관련, MPT 이론이 기후 변화에 대한 대처를 포함한 지속가능 경제를 이루기 위해 요구되는 ESG 투자의 필요성을 제대로 설명할 수 있는가 질문해봐야 합니다. 우려스럽게도 MPT 이론은 이러한 질문에 거의 관심이 없습니다. MPT 이론은 장기적으로 지속가능한 성장에 필요한 지속가능한 책임 투자를 무시한 채 단기적인 이익과 효율성만을 추구하고 있는 것은 아닌지 우리는 깊이 생각해봐야 합니다.

2020년 코로나19 위기로 경제가 심각한 위기 상황에 처한 가운데도 ESG 펀드는 높은 탄력성을 보이며 논$_{non}$ ESG 펀드보다 높은 수익률을 기록하고 더 낮은 위험을 보였는데, MPT 이론은 어떻게 이것을 설명할 수 있을까요? 전 세계를 휩쓴 코로나19 팬데믹을 겪으면서 MPT 이론의 기본 가정에 대한 의문이 드는 것은 물론, MPT 이론의 근본적인 한계, 한 발 더 나아가 무용론까지 생각하게 됩니다. MPT 이론의 핵심 개념인 효율적 포트폴리오 이론은 글로벌 금융 시장의 시스템 위험을 설명하지 못하고 근본적인 한계를 드러내며 무용론에 직면했습니다.

세계화의 영향으로 전 세계 금융시장은 지난 20~30년간 급속히 소수의 대형 기관투자자들에게 고도로 집중됐습니다. 글로벌 상위 5개 운영사가 전체 시장의 25%를 점유했을 정도입니다.[*] 상위 10위 자산운용사가 24조 달러의 운용 자산을 점유하고 있습니다. 이런 상황에서 시스템에 의한 위험은 시장에 큰 충격을 줄 수 있습니다. 문제는 이렇게 대형 기관투자자의 규모가 커지고 이들이 전 세계 금융 시장에서 차지하는 비중이 커져서 MPT 이론에 따라 포트폴리오의 변동성을 최소한으로 줄이고 수익률을 최대화하기 위해 자산을 분산 투자하더라도 글로벌 위기나 시스템 위험에서 벗어나기가 쉽지 않다는 것입니다.

기업의 규모가 작은 경우, 채권이나 금 같은 경기 침체 대비용 자산에 투자한다든가 경기 침체를 빠져나갈 구멍을 마련한 기업에 투

• 2020년 12월 현재, 상위 5개 자산운용사는 블랙록BlackRock(7조 3000억 달러), 뱅가드 그룹The Vanguard Group(6조 1000억 달러), UBS그룹UBS Group(3조 5000억 달러), 피델리티 인베스트먼트Fidelity Investments(3조 3000억 달러), 스테이트 스트리트 글로벌State Street Global(3조 500억 달러)이다.

자하는 식으로 기후 변화 같은 시스템 위험을 피할 수 있습니다. 하지만 운용 자산 규모가 수조 달러에 이르는 대형 기관투자자와 연기금처럼 덩치가 커지면 시스템 위험을 분산하는 게 불가능해집니다. 다시 말해 현 상황에서는 글로벌 위기에 대비해 투자를 다원화해서 위기를 줄이는 것이 불가능합니다.

MPT 이론의 문제점은 또 있습니다. MPT 이론은 ESG 리스크를 분산 가능하고 덜 위험한 리스크로 간주합니다. 하지만 실제 투자 실적을 보면 ESG 등급이 낮고 불량한 기업 혹은 ESG를 전혀 실천하지 않는 기업은 소위 말하는 ESG 리스크에서 오는 기업 손실이 지대합니다. 지난 6년간 주요 ESG 리스크로 인해 미국 대기업의 시가총액에서 5340억 달러의 손실이 나타났을 정도입니다.[*]

이에 따라 최근 기관투자자들을 중심으로 UN PRI 가입을 통해 ESG 이슈들을 통합하는 것이 장기적 위험을 관리하는 데 매우 중요하다는 인식이 퍼지고 있습니다. 또한 기관투자자, 연기금은 대형 자산 소유자인 블랙록이나 스테이트 스트리트 같은 대형 자산운용사들에 보다 강도 높은 시스템 위험 관리를 요구하고 있습니다.

---

[*] US Equity and Quant Strategy, FactSet, 2020.

MPT를 넘어 ESG 포트폴리오 이론이 대두하다

글로벌 투자 환경은 급격히 변하고 있습니다. 지구 온난화라는 임박한 위기 속에서 세계 금융 투자의 방향은 탈 탄소화에 중요한 역할을 하는 쪽으로 전환될 것으로 기대됩니다. 저탄소 경제로 나아가기 위해 밀레니얼 세대를 중심으로 이제는 많은 투자자가 투자 결정을 내릴 때 ESG 기준을 필수적으로 고려하고, 지속가능한 성장 가치를 추구하며, 논non ESG 펀드보다 다소 수익률이 적더라도 기꺼이 ESG 펀드에 투자하고 있습니다.

기후 위험을 관리하기 위해 투자자들은 수익률과 위험 말고도 ESG 기준을 고려해야 합니다. 투자 포트폴리오에 탄소 위험 노출에 대한 투자자의 선호도를 추가 기준으로 포함시켜야 합니다. 이와 관련, MPT 이론의 접근 방식을 확장하는 3가지 기준을 포함한 TPT 이론을 새로운 투자 기준으로 제안합니다. 투자자가 투자 의사를 결정하는 데 영향을 미치는 요소는 위험과 수익률 두 변수뿐만 아니라 ESG를 포함한 3가지 변수가 되어야 합니다.

우리는 지금까지 장기적으로 지속가능한 경제, 즉 기후 위기를 극복하기 위한 지속가능 투자(ESG 투자)에 대해 이야기했습니다. MPT 이론은 기후 변화를 포함한 지속가능한 경제를 이루기 위해 필요한 ESG 투자를 설명할 수 없습니다. 위험과 수익률은 서로 상충 관계, 즉 트레이드 오프trade off 관계입니다. 투자에 있어서 안정성과 수익률

두 마리 토끼를 쫓기는 불가능에 가깝습니다. 위험도가 낮은 안정적인 방법을 추구하면서 수익률도 높이기는 어렵습니다. 하이 리스크, 하이 리턴high risk, high return, 로 리스크, 로 리턴low risk, low return은 이런 관계를 배경으로 회자되는 말입니다. 이 같은 위험과 수익률의 관계를 그래프로 도식화해보겠습니다.

〈그림 7-1〉은 위험risk과 수익률return 관계를 보여줍니다. 이 그림의 두 축은 각각 위험 변수와 수익률 변수(수평 방향)를 나타냅니다. 단, 〈그림 7-1〉은 위험과 수익률이 트레이드 오프 관계라는 것을 표시하기 위해 기존 그래프와는 다른 기준을 적용합니다. 위험의 경우

■ **그림 7-1** 위험과 수익률은 트레이드 오프 관계 ■

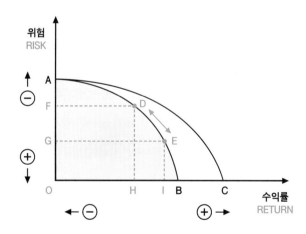

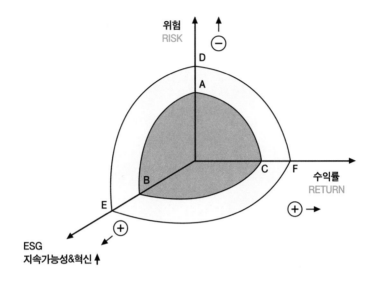

수직선 위로 갈수록 그 정도는 낮아지고, 수익률의 경우 수평선 오른쪽 방향으로 갈수록 그 정도는 높아집니다. 선 AB 위의 점 D, E에 주목하시기 바랍니다. 그래프에 따르면 E는 D와 비교해 높은 위험(G)와 높은 수익률(I)을 보입니다. 하이 리스크, 하이 리턴high risk, high return 입니다. 반대로 D는 E에 비해 낮은 위험(F)과 낮은 수익률(H)을 보여줍니다. 로 리스크, 로 리턴low risk, low return입니다.

위험과 수익률이라는 두 변수를 고려한 이차원 그래프에 지속가능성이라는 세 번째 변수를 적용한 삼차원 포트폴리오를 도식화한 것이 〈그림 7-2〉입니다. 〈그림 7-2〉는 위험 변수와 수익률 변수, ESG 변수 등 세 방향을 나타내는 변수에 대해 설명합니다. 〈그림 7-1〉과 마찬가지로 위험 변수는 수직선 위로 갈수록 그 정도가 낮아집니다 (-). 반대로 수직선 밑으로 갈수록 위험도는 높아집니다(+). A에서 D로 갈수록 위험도는 줄어드는 것이지요. 여기서 중요한 문제는 어떻게 해야 A에서 D로 갈 수 있느냐, 즉 위험도를 낮출 수 있느냐 하는 것입니다. 우선 장기 투자를 하면 단기적 기간에 발생하는 변동성 위험을 회피할 수 있으므로 D를 향해 움직일 수 있습니다. 이보다 더 중요하게 ESG를 실천하지 않는 기업들, 즉 ESG 리스크가 높은 기업들을 투자 포트폴리오에서 배제하고 ESG를 실천하는 기업에 투자하면 리스크를 낮춰 보다 안정적인 D로 갈 수 있습니다.

그렇다면 위험도와 수익률의 관계는 어떨까요? 〈그림 7-2〉에서 보듯, C에서 F로 갈수록 수익률은 높아집니다.

마지막으로 ESG 변수를 살펴봅시다. 예를 들어, B는 낮은 ESG 등급(예: 높은 탄소 배출)을, E(예: 저탄소 혹은 탈 탄소)는 높은 ESG 등급을 나타냅니다. ESG 등급이 높은 ESG ETF에 투자할 때, 즉 B가 아닌 E를 선택할 때 지속가능성은 높아집니다. 마찬가지로 E는 B보다 ESG 혁신성이 높고 지속가능성이 높은 포트폴리오라고 할 수 있습니다. 앞서 설명한 바 있듯, 코로나19 위기 속에서도 ESG에 투자한 ETF들은 높은 회복력을 보였습니다. 무엇보다 ESG ETF는 논[non] ESG ETF보다 투자 수익률이 높았습니다.

투자자가 투자 결정을 내릴 때 수익률, 위험, 그리고 ESG를 모두 함께 고려하면 더욱 높은 파레토 프런트 Pareto Front 혹은 파레토 효율성 Pareto Efficiency 을 달성할 수 있습니다. 파레토 효율성 또는 파레토 최적성은 적어도 하나의 개인 또는 선호도 기준을 악화시키거나 손실을 보지 않고서는 개인 또는 선호도 기준이 더 나아질 수 없는 상황을 말합니다.

〈그림 7-2〉에서 보듯, 파레토 프런트 ABC보다 파레토 프런트 DEF가 훨씬 효율적인 포트폴리오입니다. 나아가 개인투자자의 효율적인 포트폴리오를 모두 통합할 때 사회적 파레토 효율성 social pareto efficiency 은 더욱 증대합니다. 그림에서 보듯, 사회적 파레토 효율성으로부터 오는 유틸리티나 행복은 파레토 DEF가 파레토 ABC보다 큽니다. ESG 투자를 통해 ESG 위험이 줄고, 수익률이 더 높아지고, 지속가능성이 더 증가하면 보다 높은 사회적 파레토 효율성 증가로 사회를 구성하는 모든 구성원들이 보다 더 행복해질 수 있습니다. 한마디로 ESG를 추가한 새로운 3차원 포트폴리오 모델 TPT는 MPT를 능가하는 모델입니다.

투자 성과를 높이기 위해서도 수익률, 위험, ESG 3가지를 모두 함께 봐야 합니다. ESG를 실천하는 기업과 실천하지 않는 논 ESG 그룹의 수익률 성과를 비교하는 것은 의미가 없습니다. 왜냐하면 ESG 기업이 논 ESG 기업보다 수익률이 조금 낮더라도 ESG 지속가능성 기여도가 높기에 사회 전체가 이룬 '사회적 파레토 효율성 social pareto

_{efficiency}'은 더 클 수 있기 때문입니다. 이를 바탕으로 투자자는 위험과 수익률에 대한 특별한 희생 없이도 포트폴리오의 ESG 위험을 낮출 수 있는 여지가 있다는 결론을 내릴 수 있습니다.

다시 한 번 강조하지만, 〈그림 7-2〉에서 보듯 위험, 수익률, 그리고 ESG 요소까지 포함한 TPT는 이제 기존 2차원 MPT 이론의 한계를 뛰어넘어 포트폴리오의 진정한 가치와 의미를 확장하고 위대한 투자자에게 새로운 패러다임을 제공합니다.

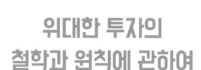

02

위대한 투자의
철학과 원칙에 관하여

위대한 투자자는 깨어 있는 투자자여야 한다

이 책을 마무리하기에 앞서 위대한 투자의 철학 혹은 원칙은 무엇인
지 다시 한 번 정리해봅시다. 위대한 투자자가 지녀야 할 철학과 원
칙은 몇 가지로 규정할 수 있습니다.

위대한 투자를 실천하는 위대한 투자자는 무엇보다 깨어 있는 투
자자가 되어야 합니다. 단순히 돈을 굴려서 수익을 올리고 부를 만들
어 다가올 미래나 노후를 준비하는 것도 중요하지만 거기서 머물지
않고 한 걸음 더 나아가야 합니다. 투자를 보는 시선이 바뀌어야 합
니다. 투자 철학이 있어야 투자 패턴이 바뀌기 때문입니다.

우리는 음식을 소비할 때 정크푸드를 피하고 유효 기간이 지났는지 살펴보는 등 깨어 있는 마음으로 소비합니다. 마찬가지로 투자할 때도 내가 투자한 돈이 좋은 일에 투자되는지 아니면 내가 투자한 돈이 카지노 도박, 마약, 담배, 무기를 생산하는 기업에 들어가는지 살펴보는 깨어 있는 투자를 해야 합니다. 위대한 투자는 깨어 있는 투자로 시작됩니다.

깨어 있는 투자자는 투자의 방향을 잘 결정합니다. 투자 대상을 선택할 때는 깨끗한 회사, 그리고 ESG 기준을 잘 따르는 주식이나 펀드를 골라서 큰 이익보다는 좋은 이익이 우선시되는 위대한 투자를 합니다. 호주의 많은 깨어 있는 밀레니얼 투자자들은 지속가능 성장과 기후 위기 극복을 위해 호주의 대기업인 BHP나 리오 틴토 같은 광산 회사에 투자하지 않습니다. 나아가 이들 광산 회사에 대출해주는 은행(예를 들어, 커먼웰스 은행 commonwealth bank)에도 투자하지 않습니다. 밀레니얼 세대는 현재의 나만을 위한 투자가 아니라 자신의 미래와 사회를 위한 투자를 선택합니다. 이들은 자신의 선택이 지속가능하고 윤리적인지, 사회에 긍정적인 영향을 끼치는지 등을 생각합니다.

깨어 있는 투자자는 근본적인 질문을 던질 수 있어야 합니다. 우리가 투자한 ETF 금융 상품은 우리가 기대하는 것처럼 과연 윤리적이고 지속가능성이 있을까요? 비윤리적이고 환경을 파괴하는 요소가 악마처럼 숨어 있지는 않을까요? 대충 보면 윤리적인 ETF처럼 보이지만 진짜 윤리적인 펀드인지 꼼꼼하고 세밀하게 철저하게 더 많은 시간과 노력을 쏟아부어 검토해야 합니다.

한국 투자자들에게도 잘 알려져 있는, S&P500 지수를 추종하는 SPY는 미국에서 가장 오래된 ETF로, 제일 큰 운용 자산을 가지고 거래량 순위에서도 1위를 고수하고 있습니다. 하지만 2020년 SPY의 수익률은 18%로 재생에너지 ESG ETF들, 예를 들어 태양광 ETF인 TAN의 208%와 비교해 매우 낮은 수익률을 기록했습니다. 또한 2020년 한 해 동안 293억 달러의 자금 유출을 기록했습니다. SPY는 가장 대중적인 ETF이지만 S&P500 지수에 속한 500개 기업 중 적어도 10~15%는 석유·가스·화석연료, 무기, 담배, 게임, 술, 마약, 포르노 관련 기업입니다. 소위 말해서 죄악주sin stock를 포함하기 때문에 깨어 있는 투자자들은 이런 ETF를 투자 대상에서 배제하고 있습니다.

나스닥 100개 기업을 투자하는 QQQ가 있습니다. QQQ는 QQQ에 포함된 어떤 기업에 문제가 생겼을 때 그 기업을 제외하는 것이 불가능해 투자의 유연성이 떨어지는 문제점이 있습니다. 이와 달리 ESG ETF는 ESG 리스크 문제가 있는 기업을 ESG 추종 지수를 사용해 미리 배제하기 때문에 ESG 리스크에 따른 손실을 미리 피할 수 있습니다.

또 다른 사례를 살펴봅시다. 안정적 투자 수익을 바라는 많은 투자자가 고배당 ETF를 선호하고 이에 투자합니다. 미국의 월 배당 ETF로 잘 알려져 있는 인베스코 S&P500 하이 디비던 로 볼리터리SPHD,

Invesco S&P500 High Dividend Low Volatiliy(미국 고배당, 수익률 4.82%)와 글로벌 X 슈퍼디비던 ETF SDIV, Global X SuperDividend ETF(글로벌 고배당, 수익률 8.34%)가 대표적인 고배당 ETF입니다. 이들 두 고배당 ETF의 특징은 보유 기업 중 담배, 석유, 광산 회사가 포함되어 있다는 것입니다. 예를 들면, SPHD는 담배 회사인 알트리아 Altria와 필립 모리스 Philip Morris, 석유 회사인 엑손 모빌 Exxon Mobil 등을 포함합니다. SDIV에는 담배 회사인 알트리아, 광산 회사인 BHP와 리오 틴토, 철강 회사인 KUMBA 등이 포함돼 있습니다. 호주의 경우, 가장 많은 배당을 주는 기업 30개 중 상위 4개 기업 가운데 3개 기업이 광산 회사입니다. 1위는 포테스큐 메탈 그룹 Fortescue Metals Group, 2위는 BHP, 3위는 CBA 은행, 4위는 리오 틴토입니다.

고배당 ETF 편입 종목으로서가 아니라 개별 주식으로서 알트리아 주식을 자세히 살펴봅시다. 미국 주식에 전문적으로 투자하는 많은 한국 투자자들이 꼽는 최고의 배당주는 고배당 주식으로 유명한 AT&T나 엑손 모빌이 아니라 알트리아입니다. 알트리아 주식은 배당주로서 3박자를 모두 갖추고 있습니다. 50년간 지속적으로 배당금을 인상했으며, 2020년 현재 18.53%의 배당률, 10.4%의 배당 성장률 등 3가지 기준에서 최고의 배당주로 꼽힙니다. 세계 최대의 담배 회사 알트리아는 해당 분야에서 독점적인 기업으로, 꾸준한 배당과 좋은 실적을 기록해 안정되고 높은 배당을 노리는 투자자에게 많은 인기를 얻고 있습니다.

알트리아와 대조적으로 배당금을 높게 주면서도 사회적 책임을 잘 수행하는 기업이 있습니다. 1886년에 설립된 이후 사회적 가치를 강조해온 존슨&존슨이 바로 그 주인공입니다. 존슨&존슨은 25년 연속 배당을 늘린 배당 귀족주 기업입니다. 존슨&존슨은 직원들이 담배를 끊도록 지원해 현재 회사 내 흡연자 수가 3분의 2나 줄었습니다. 덕분에 존슨&존슨은 2002년부터 2008년까지 건강 관리 비용을 2억 5000만 달러나 절감할 수 있었습니다. 금연 프로그램에 투자한 돈 1달러당 3달러의 비용 절약 효과를 본 것입니다.

이 같은 성과를 바탕으로 존슨&존슨은 주간지 〈뉴스위크〉로부터 2012년 최고 친환경 기업 3위로 선정되었으며, 2021년 3월에는 미국 10위 친환경 기업으로 선정되었습니다. 존슨&존슨의 사례는 고용주와 직원, 생산자와 소비자가 이익을 공유한다는 것이 어떤 것인지 잘 보여줍니다.

깨어 있는 투자자로서 우리는 다시 근본적인 질문을 던져야 합니다. 우리는 왜 술, 담배 등 사람들의 건강에 해로운 죄악주 기업에 투자할까요? 투자하는데 있어서 큰 원칙을 세우고 꼼꼼하고 세밀하게 자신이 어디에 투자하고 있는지 살펴보는 노력과 슬기가 필요합니다. "악마는 디테일에 있다"는 말이 있습니다. 깨어 있는 마음으로 ESG

• Porter, M., & Kramer, M. January-Feburuary 2011. How to fix capitalism. Harvard Business Review, P.68.

기준을 잘 따르는 펀드, 주식 및 ETF에 투자하기 위해서는 각별한 노력과 관심을 기울여야 합니다.

최근 대한민국은 '촛불 혁명'이라 불리는 깨어 있는 시민들의 운동으로 정치와 경제, 사회가 좀 더 선진화된 방향으로 나아가고 있습니다. 투자에 있어서도 마찬가지입니다. 깨어 있는 투자자들이 주도하는 ESG 투자가 동학개미 군단, 밀레니얼 세대를 중심으로 퍼져 나가기 시작할 때 기관투자자, 자산운용사, 나아가 투자 생태계 전체, 금융 투자 세계 전체가 움직이기 시작할 것입니다. 이 같은 새로운 도약을 발판으로 4차 산업혁명 시대에 부합하는 선진 금융국으로 부상할 수 있을 겁니다.

끝으로 위대한 투자는 의식 있는, 깨어 있는 투자자들이 꿈꿀 수 있는 가장 위대한 야망입니다. 투자자들은 돈을 번다는 단순한 욕망을 가지기보다 더 큰 야망을 가져야 합니다. 야망을 한자로 쓰면 들판을 뜻하는 한자 '야野'가 쓰입니다. 더 넓은 곳을 향해 나아간다는 뜻을 담고 있는 것이지요. ESG 투자는 지속가능한 세계를 꿈꾸며 더욱 새로운 세계로 나아가는 움직임이자 욕망이 아닌 야망의 꿈이어야 합니다. 어떤 식으로든 세상을 보다 바람직하게 바꾸는 것이 바로 투자를 통해 인간이 꿈꿀 수 있는 위대한 야망입니다.

위대한 투자자는 장기적 안목을 가져야 한다

그렇다면 어떤 투자가 위대한 투자일까요? 투자가 위대한 성과를 내기 위해서 무엇보다 중요한 원칙은 장기 투자입니다. 장기 투자는 ESG 투자의 핵심 키워드입니다. 단기적인 이익에 집착해 수익성만 추구한다면 이는 투자가 아닌 투기나 도박입니다. 이는 결코 건강한 투자가 아닙니다. 우리는 투자를 이야기하려는 것이지 투기를 말하고 있지 않습니다.

투기하면 무엇이 생각나십니까? 대박 나는 부동산 투기가 떠오르나요? 주식도 단기간에 대박 나는 일확천금을 꿈꾸는 투기라고 생각하지는 않나요? 주식을 단기간에 돈 놓고 돈 먹는 투기처럼 생각한다면 주식 역시 위험한 도박 수준이 되고 맙니다. 주식 투자를 하는 데 있어 조급함은 금물입니다. 투자를 단기적 관점으로 봐선 안 됩니다. 돈 놓고 돈 먹는 단기 투자나 소위 '몰빵' 투자는 위험할 수밖에 없습니다. 통계적 관점에서 보면, 한국 사람들은 주식을 보유하는 기간이 평균 6개월도 안 되지만 미국 사람들은 6~7년에 이릅니다. 더 놀라운 일은 동학개미투자자들은 주식을 보유하는 기간이 평균 한 달 정도라는 사실입니다. 너무나도 안타까운 일입니다.

단기 투자를 통해 부자가 될 생각은 버려야 합니다. 투자와 관련해서 투자자가 통제할 수 없는 변수가 너무 많기 때문입니다. 투자자들은 다음번 경제 침체를 예측하려고 너무 많은 돈과 시간을 낭비합니다. 그러나 언제 경기 하락이 올지 그 누구도 정확히 예측할 수 없습니다. 경기 침체나 시장의 붕괴를 걱정하는 것은 부질없는 일입니다. 세상 그 누구도 단기적인 주식 가격의 움직임을 예측할 순 없습니다. 그러므로 기업의 펀더멘털에 집중하고 장기적으로 좋은 ESG ETF를 꾸준히 사서 매달 저축하듯 장기 투자해야 합니다. 투자는 평생 해야 할 일입니다. 단기적인 변동성에 마음을 두어서는 안 됩니다. 무엇보다 주식 시장의 성격을 파악해야 합니다. 주식시장은 장기 상승세와 단기 변동성으로 움직이는 시장입니다. 올바른 전략을 바탕으로 장기 투자한다면 어떤 위기가 찾아와도 흔들리지 않습니다. 시간은 투자자의 편이기 때문에 복리의 힘을 믿고 10년, 20년 장기적으로 시장에 남아 있다면 장기 투자 계획을 달성할 수 있습니다.

그런데 더 심각한 문제는 투자자들만 단기 투자주의에 빠져 있는 게 아니라는 것입니다. 투자자들은 투자 결정을 내리면서 기업이 분기마다 좋은 실적을 발표하기를 기대합니다. 금융 투자 기업의 CEO들도 펀드 애널리스트에게 단기적 성과를 요구합니다. 2분기 연속 마이너스 실적으로 보이면 직장에서 퇴출당하는 경우도 있습니다. 이런 자본 시장의 단기화는 많은 문제를 일으킵니다. 단기 순이익에 몰두한 투자, 즉 분기별 성과 위주의 시스템은 R&D 혁신과 ESG 투자 등 길게 내다보고 해야 하는 투자를 더욱더 어렵게 합니다.

위대한 성과를 이뤄내는 위대한 투자에는 시간이 필요합니다. 지속가능 성장을 이룰 수 있는 지속가능 투자, ESG 투자와 관련해서,

특히 기후 위기를 극복하기 위한 우리의 노력은 적어도 앞으로 10년, 20년 동안 유지하는 장기 투자로 이어져야 합니다. 한마디로 ESG 투자는 "길게 보고 장기적으로 투자"하는 것입니다. 장기 투자, 가치투자의 구루guru인 워런 버핏은 이렇게 말했습니다. "투자와의 만남은 하룻밤 데이트가 아니고 사랑하는 사람과 평생 인연을 이어가는 오랜 관계라고 할 수 있습니다. 10년 이상 보유할 주식이 아니면 10분도 보유하지 마십시오."

위대한 투자(가치투자)는 농사를 짓는 것과 같습니다. 씨를 뿌리고 물을 주고 기다려야 합니다. 씨앗이 자라 싹이 트고 열매를 거두려면 여름의 뜨거운 열기와 겨울의 차가운 한파 등 많은 어려움을 이겨내야 합니다. 농작물을 수확할 때까지는 시간이 걸리는 법입니다. 좋은 와인은 하루아침에 만들어지지 않습니다. 인내해야 합니다. 위대한 투자자(가치투자자)에게는 농부와 같은 인내와 끈기가 필요합니다. 다시 말하지만 위대한 투자는 장기 투기입니다. 투자를 장기적 관점으로 하는 일, 그것이 바로 위대한 일입니다. 가치 추구에 대한 열정, 진지함, 용기와 의지가 있어야 성공할 수 있으며, ESG 투자라는 탁월한 투자 경험으로 큰 자본을 만들고 보다 나은 사회를 만들 수 있습니다.

위대한 투자는 철학이자 가치다

위대한 투자자는 또한 투자가 기술이 아니고 철학이며, 가치 추구가 곧 위대한 투자임을 확신합니다. 가치를 추구하는 투자자는 펀드를 수시로 자주 팔고 사는 트레이더가 아니고, 투자 시기를 마켓 타이밍 관점에서 보지 않습니다. 투자는 수익(돈)을 위한 것이기도 하지만 새로운 가치를 실현하기 위한 것이기도 합니다. 위대한 투자는 개인의 수익(이익) 증가와 더불어 사회의 공동가치(예를 들어, ESG 투자로 지구 온난화 해결)를 최대화하는 것을 목표로 해야 합니다.

위대한 투자는 어디에 투자하는지가 중요합니다. 카지노 회사의 주식이 잘 오른다고 해서 카지노 회사에 투자하고, 수익성이 높다고 해서 술이나 담배, 광산 회사에 투자한다면 이것은 가치투자가 아닙니다. ESG 투자의 핵심은 가치투자입니다. 다양한 ESG ETF가 투자자들의 가치를 실현할 수 있도록 풍성한 기회를 마련해놓고 있습니다.

지속가능 성장, 친환경 가치, 인권 노동 같은 사회적 가치 등은 모두 ESG ETF 투자로 추구할 수 있는 가치입니다. 기후 변화 등 환경 이슈에서 모범적인 성과를 내는 기업, 우수한 고용 정책을 펼치는 기업, 지배구조 등에서 사회적 공헌도가 높은 기업, 경영 투명성 개선을 통해 조직 투명성이 좋은 기업 등 환경, 윤리, 지배구조, 사회적 가치가 높은 기업에 선택적으로 투자함으로써 투자자들은 자신들의 투자 철학, 가치를 실현할 수 있습니다.

아울러 가치투자를 실현하기 위해서는 기업들의 발상에도 새로운 전환이 필요합니다. 기업들이 솔선수범해서 ESG 가치를 지킬 때 기업들의 수익성이 높아지고 기업 가치도 커진다는 것을 기업이 먼저 깨달아야 합니다.

현 기성세대의 주축을 이루는 베이비붐 세대는 화석연료에 기반한 산업화의 풍요를 누려온 세대입니다. 산업화의 기본 연료가 화석연료였기에 이 세대는 현재의 기후 위기를 만든 세대라고도 볼 수 있습니다. 그 같은 관점에서 볼 때 이들 세대는 책임이 있습니다. 지금의 젊은 밀레니얼 세대도 기성세대가 누렸던 풍요를 누릴 수 있어야합니다. 이 부분이 다음 세대를 생각하는 이타적인 동기에 바탕을 둔 ESG 투자이자, 가치투자가 자리 매김하는 지점입니다.

탄소 배출량을 줄이는 일, 미래 세대를 위해 우리가 할 수 있는 첫번째 공정하고 정의로운 행동입니다. 재생에너지에 투자하는 것으로 그 첫 발걸음을 뗄 수 있습니다. 청정 재생에너지 ESG ETF에 장기적으로 투자하는 것, 이것이 가치투자이고 위대한 투자입니다. 자신의 가치에 따라 투자하십시오. 자신의 가치에 맞게 사는 것이 더욱 강조되면서 투자자들은 투자를 하는 데 있어 점점 더 자신의 가치를 강하게 표현하고 있습니다. ESG 투자가 투자 포트폴리오의 기본 구성 요소에서 필수 요소로 전환되어야 할 때입니다.

투자자여, 당신의 위대함을 표현하라

위대한 투자자는 어떠한 사람이어야 할까요? 위대한 투자자는 투자자가 가진 위대한 성품이 투자를 통해 표출되는 사람입니다. 영어 단어 중에 '그릿grit'이라는 말이 있습니다. 이 단어는 투자자가 지녀야 할 품성이 무엇인지 보여줍니다. 이 단어는 몇 년 전 세계 언론의 주목을 받고, 버락 오바마Barack Obama와 빌 게이츠 등 세계적 리더들에게 극찬 받은 심리학자 앤절라 더크워스Angela Duckworth의 화제작《그릿GRIT》에서 나온 말입니다. 이 책은 실패와 역경, 슬럼프를 극복하고 뛰어난 성취를 이룬 사람들에게서 공통으로 발견되는 성공의 결정적 요인에 대한 새로운 통찰을 제시합니다. 이 책이 전달하려는 핵심적인 메시지는 간명합니다. 저자는 어떤 영역에서든지 뛰어난 성취를 이루는 가장 큰 요인은 지능도, 성격도, 경제적 수준도, 외모도 아닌 바로 '그릿'이라고 지적합니다. 불굴의 의지, 투지 등으로 번역되는 '그릿'은 열정 있는 끈기, 즉 실패에 좌절하지 않고 자신이 성취하려는 목표를 향해 꾸준히 정진하는 자세를 뜻합니다.

투자자로서 기후 위기를 극복하고, 탈 탄소 문명을 선언하고, 대혁신을 통해 디지털 문명으로 진입하는 4차 산업혁명을 완성하는데 기여하기 위해 지구를 구하는 ESG 투자에 함께할 용기와 열정, 그리고 끈기가 있습니까? 그릿이 우리에게 전하는 첫 번째 메시지는 용기입니다. 그릿을 가진 투자자는 자신이 선택한 가치투자에 대한 신념이 있고, 굳은 의지와 그것을 실천할 용기가 있습니다. 바로 자신이 바라는 윤리적·사회적 가치를 실현하려는 용기입니다.

투자자들은 위험 때문에, 실패에 대한 두려움 때문에 간혹 투자를 주저합니다. 하지만 투자에서 리스크는 위험보다는 불확실에서 비롯됩니다. 위험의 참뜻은 도전에 대한 용기입니다. ESG 투자를 통해 자신과 세상을 바꾸는 이타심을 고양하는 가치를 추구하는 데 도전적 용기를 발휘해봅시다. 기후 위기를 극복하기 위해 ESG로 지속가능한 발전의 동력을 마련하고 힘차게 추진해봅시다. ESG 투자로 기업의 가치를 높이고 나에게 돌아올 멋진 수익률이라는 선물에 다가가는 용기를 내봅시다. 기후 변화 대응, 4차 산업혁명을 완성할 수 있는 지속가능 발전의 동력을 힘차게 추진합시다.

그릿이 우리에게 전해주는 두 번째 메시지는 열정입니다. 랠프 에머슨Ralph Emerson은 "열정 없이는 그 어떤 위대한 것도 이루어지지 않는다"고 말했습니다. 모든 개인투자자가 즐겁게 투자할 때, 그들의 투자 목표, 즉 지속가능 성장 목표와 비전이 결합할 때 지치지 않는 열정이 생겨납니다.

마지막으로 그릿이 우리에게 전하는 메시지는 끈기입니다. 위대한 투자가 성공할 수 있는 지름길은 그 어떤 역경도 이겨낼 수 있다는 마음가짐, 다시 말해 희망을 품는 것입니다.

투자에 성공하기 위해 필요한 것은 투자 정보나 지식, 마켓 타이밍이 아닙니다. 투자에서 성공하는 사람은 장거리 마라톤을 완주하기 위해 끝까지 포기하지 않고 노력하는 힘과 역경이나 실패 앞에서 좌절하지 않고 끈질기게 견디는 마음의 내공을 갖춘 사람입니다. 투자는 누구나 쉽게 시작할 수 있지만, 완성하는 것은 아무나 할 수 없는 일입니다. ESG 투자에서 진정한 성공은 '끝까지 해내는 것'입니다.

끝으로 이 책을 읽는 독자들이 ESG 투자에 확고한 가치를 부여하고, 의지와 열정을 갖고 10년 이상 지속가능한 성장 목표를 향해 꾸준히 끈기 있게 투자하기를 소망합니다.

03

위대한 투자, 그린 뉴딜과
4차 산업혁명을 완성한다

새 시대의 새로운 흐름,

탄소제로 · 그린뉴딜 · 4차 산업혁명

위대한 투자를 실천하는 위대한 투자자는 무엇보다도 시대의 흐름, 올바른 방향, 지금 이 세상이 나아가는 글로벌 트렌드를 보고 투자합니다. 우리는 지금까지 인간이 화석연료를 태워 발전하는 과정에서 초래한 지구 온난화로 생태계가 파괴되고 지구의 생명체가 멸종 위기에 몰리는 크나큰 위기 상황에 직면해 있습니다. 기후 위기에 대응해 인류는 새롭고 지속가능한 미래 문명의 도래를 가져올 혁명의 시대를 열어가고 있습니다. 지금 미래로 향하는 가장 큰 흐름은 화석연료 문명(산업)의 종말과 그린 뉴딜 시대의 출현, 그리고 디지털 뉴딜로 대표되는 4차 산업혁명의 급격한 도래 이렇게 3가지로 나눠볼 수 있습니다. 이 3가지 움직임을 자세히 살펴봅시다.

좌초하는 화석연료 산업, 대책이 시급하다

미래학자 제러미 리프킨은 화석연료에서 생산되는 2차 에너지를 기반으로 운영돼온 여러 핵심 산업(IT 기술, 텔레콤, 전력 및 전기 유틸리티, 운송 물류, 건축 등)으로 인해 2023~2030년 화석연료 산업 문명의 붕괴가 현실화될 것이라고 예고했습니다. 이로 인해 화석연료 산업 내에서 100조 달러에 달하는 자산이 좌초될 수도 있습니다.[*]

특히 태양광·풍력 에너지 가격이 하락해서 석탄 발전소보다 저렴해지면 더 이상 운영할 수 없게 된 석탄 발전소는 쓸모없는 자산이 될 겁니다. 석탄 발전소와 원자력 발전소는 2028년쯤 좌초자산이 될 것으로 전망됩니다.[**]

화석연료의 좌초자산화는 우리가 해결해야 할 또 하나의 문제입니

---

[*] Carbon Tracker Initiative, "Fossil Fuels Will Peak in the 2020s"

[**] 좌초자산stranded asset이란 시장에서 수요가 급격히 줄어서 채굴되지 않고 남는 모든 화석연료, 버려지거나 폐기되거나 포기되는 에너지 생산 시설 설비, 석탄 발전소, 석유화학 공정 시설, 그리고 화석연료와 관련된 산업 등을 말한다.

다. 화석연료를 줄이고 재생에너지를 늘리는 과정에서 어려움을 겪게 될 산업 인력을 보호하고 이들의 일자리를 전환해주어야 합니다. 좌초 산업 문제는 극복해야 할 문제이자 대전환의 기회가 될 수 있습니다. 이에 앞서 우리의 투자 철학이 좌초해가고 있는 화석연료 기반 산업경제에 갇혀 있지 않은지 먼저 질문해봐야 합니다.

지구를 살리는 위대한 한 걸음, 그린 뉴딜 정책

다음으로 그린 뉴딜 정책을 살펴봅시다. 새로운 인프라를 구축해 좌초 위기에 놓인 일자리에 대한 새로운 고용을 일으키고, 사회 안전망을 강화하는 한편, 직업 훈련 등 재교육을 통해 그린 산업으로의 취업 전환 기회를 지원하는 그린 뉴딜 정책이 필요합니다. 화석연료 산업의 몰락은 그린 뉴딜 시대를 촉구하고 있습니다. 그렇다면 전 세계는 어떻게 글로벌 그린 뉴딜 시대를 열고 있을까요?

세계 주요 국가들이 탄소 중립 선언과 함께 그린 뉴딜 시대를 열기 위해 구체적인 그린 산업 투자로 급격히 이동하는 움직임을 보이고 있습니다. 한국을 포함한 전 세계 70여 개 국가가 2050년 탄소 중립을 선언했습니다. 탄소 중립이란 이산화탄소를 배출한 만큼 흡수하는 대책을 세워 실질적 탄소 배출량을 '0'으로 만든다는 개념입니다. 이를 바탕으로 2050년 뒤에 탄소 후 문명의 도래를 선언하기 위해 각국에서 기후 변화 대응 정책이 수립되고 있습니다. 탄소 배출량과 관련, 독일은 2050년까지 80~95%(1990년 대비)를 감축하고, 영국은 2050년까지 80%(1990년 대비)를 감축하고, 프랑스는 2050년까지 50%(2012년 대비)를 감축할 계획입니다. 더욱이 코로나19 이후세계 최대 탄소 배출국인 미국, 중국, 유럽과 한국이 대규모 재정 정책을 통해 화석연료 산업에서 그린 산업으로 투자의 방향을 전환하고 있습니다.

이들 주요 탄소 배출국은 어떤 뉴딜 정책을 펼치고 있을까요? 현재 글로벌 탄소 배출 비중이 15%나 되는 미국은 2050년 탄소 배출제로를 목표로 100% 청정에너지 경제로의 전환, 기후 재앙에 대한회복력 제고를 위해 활발하게 움직이고 있습니다. 이를 위해 미국은청정재생에너지, 스마트그리드, 건물 에너지 효율화, 청정 제조업, 지속가능 농업, 수송 시스템 개혁을 주요 정책으로 추진하고 있습니다. 바이든 정부는 향후 4년간 그린 산업 지원에 2조 달러를 투자할 계획입니다.

글로벌 탄소 배출의 15%를 차지하는 유럽은 2050년까지 탄소 중립을 선언하기 위해 2030&2050 기후 목표 상향 조정, 친환경 에너지, 청정 순환경제 달성, 생물 다양성, 독성 없는 환경 구축을 주요 정책으로 펼치고 있습니다. 이를 위해 향후 10년간 1조 유로를 그린 산업에 투자하겠다고 선언했습니다. 2020년을 탄소 후 문명의 원년으로 선언하면서 2050년 탄소 후 문명으로 진입하기 위한 첫걸음을 내

디딘 것입니다.

현재 글로벌 탄소 배출 비중이 30%나 되는 가장 큰 탄소 배출국인 중국은 2060년까지 탄소 배출 제로를 달성하겠다고 선언하고, 환경 개선 및 에너지 안보를 추가 뉴딜 정책 목표로 설정했습니다. 이와 관련된 중국의 주요 뉴딜 정책은 석탄 사용 감소 및 에너지 절약, 재생에너지 투자 확대, 전기차, 친환경 관련 인프라 구축 등입니다. 향후 30년간 100조 위안 이상을 그린 산업 지원에 투자할 것으로 예상됩니다.

4차 산업혁명, 21세기 사회 · 경제 변혁을 주도한다

마지막으로, 향후 10년간 가장 큰 글로벌 트렌드를 형성할 것으로 보이는 4차 산업혁명을 살펴보겠습니다. 코로나 위기로 우리에게는 5년이나 빨리 4차 산업혁명이 다가왔습니다. 예상보다 빠른 진행입니다. 4차 산업혁명의 핵심은 AI, 자율주행, 로봇, 차세대 인터넷 등 개별적으로 발달한 각종 기술의 '융합'이라고 할 수 있습니다. 디지털, 바이오, 오프라인 기술들이 다양하고 새로운 형태로 융합되어 새로운 부가가치를 창출해내는 것입니다. 또 다른 주요한 특징은 '속도'라고 할 수 있습니다. 비유하자면, 4차 산업혁명의 비행 시계가 24시간 동안 흘러간다고 봤을 때 현재는 겨우 10분쯤 지난 테이크

오프_{take off} 상태이지만, 지금부터 곧 무서운 속도로 비상할 것으로 보입니다.

4차 산업혁명 패러다임이란 무엇일까요? 4차 산업혁명의 패러다임 개념을 규정한 제프리 리프킨에 따르면 인류 역사에서 주요한 경제적 변혁이 일어나기 위해서는 기본적으로 3가지 혁신 요소가 갖춰져야 합니다. 커뮤니케이션 매개체, 동력원, 그리고 운송 메커니즘이 바로 그것입니다. 이 3가지 요소가 서로 상호작용해서 경제 시스템은 하나의 완전체로서 돌아가기 시작합니다. 커뮤니케이션이 없으면 경제 활동과 사회 생활을 관리할 수 없습니다. 에너지가 없으면 경제 활동과 사회 생활에 동력을 제공할 수 없습니다. 운송과 물류가 없으면 경제 활동과 사회 생활을 가동할 수 없습니다. 이 3가지 요소는 사회 전반적 인프라라고 말할 수 있습니다.

얼마 전 한국 정부가 발표한 뉴딜 정책을 이 패러다임에 적용해서 설명해보면 다음과 같이 풀어볼 수 있습니다. 대한민국은 4차 산업혁명 기술(디지털 뉴딜)과 그린 성장 기술(그린 뉴딜)이 융합된 3가지 혁신 추진 요소(커뮤니케이션 매개체 혁신, 재생에너지 동력원, 운송 메커니즘 혁신)를 통해 통합된 파괴적 혁신을 이끌고 선도국으로 발돋움할 경제적 변혁을 이룰 수 있습니다. 여기서 파괴적 혁신이 성장의 핵심입니다. 자산운용사 ARK 인베스트의 CEO 캐시 우드는 "혁신의 렌즈"를 통해 ESG가 4차 산업혁명을 주도해나갈 것이라고 강조했습니다. 여기서 선도국이란 다른 나라와 비교해 여러 분야에서 발달한 '선진국'이 아니라 여러 분야에서 앞서 있는 다른 나라들을 이끄는 나라를 의미합니다. 예를 들어봅시다. 위대한 투자자들이 재생에너지 ESG ETF에 투자함으로써 태양열, 풍력 등에 기초한 재생에너지를 주에너지 동력으로 만듭니다. 그 재생에너지를 동력원으로 하는 사물 인터넷을 사용해 커뮤니케이션 매개체 혁신을 이룹니다. 이 같은 혁신은 녹색 에너지로 구동되는 AI, 자율주행차량을 이끄는 운송 메커니즘의 혁신으로 이루어집니다. 다방면에서 이런 혁신이 이뤄지면 대한민국은 시대의 흐름을 이끄는 선도국이 될 수 있습니다.

4차 산업혁명과 관련, 제러미 리프킨의 설명을 옮겨봅니다. "디지털화한 커뮤니케이션 인터넷과 태양열 및 풍력 에너지를 동력원으로 삼는 디지털화한 재생에너지 인터넷, 그리고 녹색 에너지로 구동되는 전기 및 연료 전지 자율주행차량으로 구성된 디지털화한 운송 및 물류 인터넷이 상호작용하며 수렴하고 있습니다. 이들의 상호작용 및 수렴은 상업용, 주거용, 산업용 건축물 및 시설에 설치되는 사물 인터넷 플랫폼을 기반으로 삼으며 21세기의 사회와 경제에 변혁을 주도할 것입니다."•

• 제러미 리프킨의 《글로벌 그린 뉴딜》.

키워드는 재생에너지, 답은 ESG ETF

위대한 투자는 어떻게 그린 뉴딜과 4차 산업혁명을 완성할 수 있을까요? 그 답은 분명합니다. 4차 산업혁명과 그린 뉴딜이 융합한 3가지 혁신을 이끄는 힘은 재생에너지입니다. 우리는 재생에너지에 집중해야 합니다. 사물 인터넷에 기반한 커뮤니케이션 매개체 혁신과 녹색 에너지로 구동되는 자율주행 운송 메커니즘을 혁신하는 힘은 모두 재생에너지에서 비롯됩니다. 4차 산업혁명의 디지털 뉴딜과 그린 뉴딜이 융합해 파괴적 혁신을 이끌고 선도국으로 갈 수 있는 경제적 혁명을 이루기 위해서는 재생에너지 투자에 장기적으로 집중해야만 합니다. 다행히 2020년 대한민국은 ESG ETF에 대거 투자하며 재생에너지로의 전환에 청신호를 보냈습니다.

다시 질문을 던져보겠습니다. 기후 위기 대처와 4차 산업혁명 완성을 위해 개인투자자들은 구체적으로 무엇을 할 수 있을까요? ESG ETF 투자로 이바지할 수 있습니다. ESG ETF 형태의 지속가능 투자가 세계의 그린 산업을 키우는 주요한 도구가 되리라 조심스럽게 예측해봅니다.

세계 최대 규모의 자산운용사인 블랙록은 2020년부터 향후 10년간 ESG ETF가 놀라운 성장세를 보일 것으로 예상했습니다. 블랙록이 시장 동향을 분석한 결과, 지속가능성에 투자하는 외환 거래 펀드에 투자한 자산은 2020년 250억 달러에서 2028년 4000억 달러로 증가할 것으로 보입니다. 블랙록은 지속가능한 투자, 곧 ESG ETF 투자로 이미 선회한 것으로 보입니다. 개인투자자들의 경우, 재생에너지 관련 ESG ETF에 투자할 것을 추천합니다. 주식 투자처럼 거래하기 쉽고 투명하고 비용도 저렴한 ESG ETF에 투자함으로써 그린 뉴딜과 4차 산업혁명(디지털 뉴딜)을 함께 완성할 수 있습니다. 위대한 투자를 통해 기후 온난화 극복에 이바지하는 데는 지속가능 투자가 답입니다.

지금 우리 앞에는 풍성하고 건강하며 위대한 ESG ETF 밥상이 차려져 있습니다. 탄소 중립을 달성하고 기후 변화 위기를 극복하기 위한 구체적인 ESG ETF 투자 방법으로 저탄소 배출 ESG ETF, 지속가능 임팩트 ESG ETF 등 다양한 메뉴가 있습니다. 청정에너지와 태양광으로 더욱 효율적으로 저렴하게 전기를 생산하고, 풍력 에너지를 증대시키고, 배터리 혁신을 달성하고, 화석연료 노출을 줄이는 등 4차 산업혁명을 이끌어갈 주동력이 되는 재생에너지와 관련된 다양한 ESG ETF 전략에 집중하는 것은 탁월한 선택지가 될 것입니다.

'탁월한 전략'이라는 면에서 큰 그림을 그려가며 추가할 점이 있습니다. 재생에너지가 4차 산업 혁명을 완성하는 핵심 요소라는 것을 다시 한 번 강조하고 싶습니다. 재생에너지에 투자하면 인류가 당면한 기후 위기를 극복할 수 있습니다. 뿐만 아니라 저렴하고 효율성 큰 재생에너지는 4차 산업혁명의 원동력인 디지털 혁신 기업에 에너지를 원활히 공급함으로써, 생산가를 훨씬 낮춰 기업의 한계비용을 줄임으로써 기업의 이익 창출 또한 개선될 것으로 기대됩니다.

　다만, 4차 산업혁명으로 넘어가는 과정에서 경쟁력을 갖추지 못해 직업을 잃거나 소외되고 취약해질 계층에 대한 돌봄이 필요합니다. 값싼 재생에너지를 사용해 창출된 기업의 더 많은 소득 중 일정 부분은 기본적인 삶을 영위하는데 도움이 필요한 사회 구성원에게 당연히 분배되어야 합니다. 바로 여기에서 기본소득의 개념이 시작됩니다. 기본소득은 4차 산업혁명과 함께 부각되고 있는 인간의 기본권을 지켜주고 유지해주는 새로운 미래 소득 개념입니다.

　이 같은 전략적 모색은 4차 산업혁명의 도래로 더욱 심화될 것으로 예견되는 계층간 불평등, 격차 문제를 해결하면서 동시에 인류를 새로운 문명으로 도약하게 만드는 '탁월한 전략'이 될 것입니다. 우리 모두 깨어 있는 투자자가 됩시다. 시대의 흐름을 잘 읽고 위대한 투자로 지구를 살리고 지속가능한 삶, 4차 산업혁명을 완성하고 더 나은 세상을 일구는 위대한 투자자가 됩시다.

위대한 투자,
그 위대한 한 걸음

지금 우리는 어디로 가고 있는가?

제가 20대 청년이던 시절, 함석헌 선생이 세상에 계셨습니다. 평생을 권력과 독재에 맞서 싸운 민중운동가이자 사상가이고 시인이었던 함석헌 선생과의 만남은 저에게 한 알의 깨어 있는 '씨알(민중)'의 자각이 어떤 새로운 눈높이로 세상을 열어가고 또 만들어가느냐에 대한 가슴 떨리는 눈뜸이 되어주었습니다. 지금처럼 인터넷으로 쉽게 연결될 수 있는 세상이 아니었을 때, 열심히 그분을 쫓아다니며 강의를 들었던 그 시절, 그때의 열정이 이 책을 쓰면서 다시 소환되는 듯합니다.

모든 '위대함'에 대한 눈뜸을 자각하면서, 제가 알고 있는 금융 전문 지식으로 무엇인가 해야 한다는 깨달음이 생겨났습니다. 현재 전 세계 투자 환경에서 이미 시작된 새로운 방향으로의 거대한 변화와 움직임을 알려서 대한민국 투자자 개개인 스스로가 자각하고 그 깨달은 바를 확실하게 실행으로 옮기도록 하는 일이 매우 중요하다고 생각하게 됐습니다.

'지금 이 세상은 어디로 가고 있는가? 우리가 당면한 문제는 무엇인가? 그 해결법은 무엇인가? 당신은 누구인가? 당신이 할 수 있는 일은 무엇인가?' 함석헌 선생의 "깨어 있는 씨알", 즉 문제를 자각하는 개개인(자기 혁명)과 그 깨달음을 행동으로 실천(사회 혁명)하는 개개인의 활동만이 미래를 새로운 눈높이로 이끌어갈 수 있습니다. 젊은 날 제가 자각한 문제가 대한민국의 민주화였다면, 지금 제가 자각한 또 하나의 큰 화두는 전 인류가 당면한 지구 온난화로 인한 기후 위기 문제입니다. 그리고 그 과제와 관련, 저는 책을 통해 또 한 분의 "탁월한 사유의 시선"을 선보인 철학자를 만날 수 있었습니다. 철학자 최진석 교수의 책과 강의는 이 책을 쓰는데 큰 영감을 주고 실질적인 도움이 되었습니다.

이 책《위대한 투자》는 니체를, 함석헌을, 최진석을 소화해 대한민국 개미투자자들에게 가치투자로의 새로운 방향, 곧 ESG ETF 투자를 제시하기 위한 것입니다. 대한민국 개미투자자들이 위대한 투자라는 화두를 자각하고 투자 대열의 선두에 서서 이를 실행한다면 대한민국을 금융 투자 선진국으로 도약하게 하고, 궁극적으로는 현 인류가 처한 기후 위기를 극복하는 데 위대한 역할을 할 수 있으리라 믿습니다.

ESG 동학개미, 세계를 인류를 구한다

그런데 왜 하필 동학개미투자자일까요? 저에게 이 이름은 가슴을 뛰게 하는 의지와 강한 힘을 연상시킵니다. 깨어 있는 개인의 힘, 건강한 힘, 한계를 뛰어넘는 행동의 힘, 연대하는 위대한 민중의 힘이 바로 그것입니다. 이 책의 제목을 '위대한 투자'로 명명한 것은 바로 니체가 말한 "위버멘쉬 Ubermensch", 즉 위대한 인간상에 대한민국 개미투자자의 상(이름)을 하나 더 추가하고자 하는 저의 바람을 담은 까닭입니다. 공교롭게도 니체가 살았던 19세기 말(1844~1900)과 우리 동학운동(1894)은 그 시기가 비슷합니다.

시대 정신으로 깨어 있고 행동하는 'K-ESG 동학개미 투자 운동'으로 이제 조선을 넘어서 대한민국을 극복하고, 전 인류를 위해 미래 지향적인 한 걸음을 내디뎌야 합니다. 더 고양된 인간으로, 수준 높은 투자자로 좀 더 높은 인간상을 바라보며 위대한 투자를 실천해야 합니다.

다행히도 현재 전 세계 ESG ETF 투자 환경은 개인의 사적 욕망과 인류의 공적 욕망이 함께 구현될 수 있는 위대한 투자의 기회, 다양하고도 건강한 메뉴를 가지고 우리 앞에 위대한 상을 차려주었습니다. 이제 개미투자자들은 한 걸음 더 나아가 'K-ESG ETF 동학개미 운동'을 선도해 전 세계에 대한민국을 투자 선진국으로 확실히 자리 매김시키고 인류를 구하는 위대한 투자자로서 위상을 한 단계 높여야 합니다.

다시 한 번 니체의 말을 빌리자면, ESG 투자를 실천하면서 새로운 가치 창조를 하는 우리 한 사람 한 사람은 정신적 귀족 투자자, 또한 ESG 동학개미투자자라고 정의할 수 있습니다. 우리 모두는 깨어 있는 의식, 강한 힘의 의지로 이 시대의 문제를 고민하고 해결하고자 행동하는 투자자, 시대의 위기를 뛰어넘어서는 탁월한 눈높이를 지닌 투자자, 위대한 투자자로 자리매김해야 합니다.

지금 우리나라는 국력으로 보나 문화적 영향력으로 보나 과거 어느 때보다 전 세계의 주목을 받고 있습니다. 동학운동이 조선의 깨어 있는 개개인이 반봉건 반외세 변화를 외치며 연대한 운동이었다면 'K-ESG 동학개미 투자 운동'은 인류를 기후 위기에서 구하려는 세계인들과 함께 연대하는 위대한 투자 운동으로 거듭날 수 있습니다. 위대한 투자, ESG 동학개미 운동으로 우리는 우리의 지구를, 우리의 삶을, 우리의 후손을 위기에서 구해낼 수 있습니다.

"위대한 투자, ESG 동학개미 지구를 구한다."

"위대한 투자, ESG 동학개미 정신적 귀족 투자자, 탁월한 눈높이로 인류를 구한다."

위대한 투자, 위대한 도움들

이 책이 나오기까지 도움을 주신 많은 분이 있습니다. 무엇보다 평창 생태 마을의 황창연 신부님께 감사합니다. 이미 9년 전 지구 기후 위기의 상황을 선각자로서 《북극곰! 어디로 가야 하나?》라는 저서를 출간하고 많은 강연으로 저에게 기후 위기에 대한 큰 깨달음을 주셨습니다. 또한 호주 모나시대학에서 ESG 관련 국민연금 프로젝트를 함께하면서 ESG의 중요성을 일깨워준 여러 프로젝트팀 교수들에게 감사합니다. 특히 길재욱 한양대학 경영학부 교수, 신진영 연세대학 경영학과 교수, 위경우 숙명여대 경영학과 교수에게 인사드리고 싶습니다. 오랫동안 연구를 함께해온 김동석 KAIST 교수와 KAIST의 우수한 인재들, 그리고 학자로서 롤모델이 되어준 곤 리Ghon Rhee 교수이자 하와이대학의 아시아태평양 금융시장 연구센터 소장은 이 책을 쓰게 된 계기를 만들어주었습니다. 이 책을 기꺼이 출간해준 이레미디어와 편집진에게도 감사의 인사를 드리고 싶습니다. 끝으로 이 책의 초고를 여러 번 읽어주고 통찰과 혜안을 준 아내에게 이 책을 바치고 싶습니다.